U0012525

深度導覽 吳哥

神廟建築
神話傳說
藝術解析
完整版

企畫彙編◎
貓頭鷹編輯室

採訪撰稿◎
張蘊之

攝影◎
許紘捷　張蘊之

貓頭鷹

目次

關於本書內文的譯名

景點中文譯名

以法國遠東學院台北分部與台北科技大學王維周教授於二○一二年為「考古與柬埔寨吳哥遺址──法國遠東學院攝影特展」共同制定之版本為基礎，並依據柬文發音與詞義校訂之。凡佛寺一律稱為「寺」，印度教神廟則為「廟」。若原本是印度教神廟，於十四世紀後改為佛寺，且持續作為佛教聖地者（如吳哥寺），則維持其名為「寺」。

景點英文拼音

由於吳哥遺蹟的英文拼音主要乃依據法文改寫，各國拼法不一，與柬文發音亦存在些微誤差。為方便使用者在當地洽詢相關資訊，本書依據柬埔寨 Canby Publication Co. Ltd. 所出版的《暹粒吳哥遊客指南（Siem Reap Angkor Vistors Guide）》校訂之，該書為暹粒市內最普及的免費旅遊刊物。

神話來源與中文譯名

由於印度諸神及相關神話故事在高棉化之後，名稱、屬性和故事情節均與發源地不盡相同，本書以柬人口述的版本為基礎（受訪者：高培恩、Chong Cham Reun）。中文譯名主要依據為貓頭鷹出版社《圖解100個印度史詩神話故事》、《吳哥深度旅遊聖經》，《羅摩衍那》則依據季羨林的譯本。

■推薦序

跟著澄澈的歷史之眼，
一窺吳哥的精緻、宏偉與世故

謝哲青（藝術史學者、節目主持人）

　　我在寮國琅勃拉邦的東部小城，在荒煙蔓草中，找尋塵封的流金往事。就在百年前，他也是以熾烈的好奇與熱忱探索中南半島，這位來自法蘭西東南方蒙貝利亞爾的語言學家、博物學家，身後乏人問津，當我來到他永恆的安息之地，蓬生的野芒幾乎淹沒了大半園區。我在斑駁的石碑中探尋蛛絲馬跡，透過指尖，我感受到消蝕在風吹雨淋下的文字。我拿出空白的紙張拓摹碑文，被時間遺忘的名字躍上紙面，亨利・穆奧（Henri Mouhot, 1826 - 1861），與大衛・李文斯頓（David Livingstone, 1813 - 1873）、籌組印度考古探勘團，發現鹿野苑、那爛陀、桑奇大塔的亞歷山大・卡寧厄姆（Sir Alexander Cunningham, 1814 - 1893），及第一位抵達坦干依喀湖的西方人理察・弗朗西斯・伯頓（Richard Francis Burton, 1821 - 1890），並列為十九世紀最偉大的探險家之一。

　　亨利・穆奧，與同時代的生物學家華萊士、達爾文相同，對生命科學與真理懷抱宗教信仰般的誠摯，透過環遊世界的方式，探索生命形式演進的可能。根據可靠史料顯示，亨利・穆奧於1859年重新發現消失在雨林中的古王國，是無心插柳的美麗錯誤。「吳哥」（Angkor），中世紀最傑出的古文明，在亨利・穆奧的文字出版推動之下，重回世人的關注。廿一世紀的遊客，大多感嘆於吳哥寺與大小寺院的工藝雕琢，無論是在壁上舞動的吉祥天女，或是史詩《摩訶婆羅多》中驚心動魄的末世大戰，每個觀照都絲絲入扣，引人入勝。

　　當你更了解吳哥文明所處的地理與氣候條件，你會更驚艷於高棉人以自然為先的生存之道。方圓將近三千平方公里的都市聚落，婆羅門化的上部座佛教是吳哥文明的生活體現：象徵世界中心須彌山，君權與神權合而為一的偉大建築吳哥寺（Angkor Wat）、表現精巧絕倫細緻手工的班迭絲雷廟（又稱女王宮，Banteay Srei）、融合自然與人工完美意象的塔普倫寺（Ta Prohm）、存在著神祕微笑的王族

班迭絲雷廟的南塔與中央聖殿。

頭像，以及細膩手法刻畫風土生活的壁畫，最讓我流連不已的巴戎寺（Bayon），甚至是淤塞的巨大人工湖……在在令喜愛古美術與建築工藝的旅行者，低迴忘返。

給後世最重要的啟示，在於高度發展的吳哥文明，為何走向破敗衰亡？連年的兵燹狼煙，九到十二世紀緩慢卻影響深遠的氣候變遷「中世紀溫暖期」（Medieval Warm Period），再加上政治金融系統的崩解、高棉人對土地與水資源過度開發，都是導致吳哥文明頹圮的因素。走在這些經過歲月風霜淘洗過的磚牆石堆，每個人都應該去深思箇中耐人尋味的歷史進程。

走訪吳哥文明，除卻坊間及網路吃喝玩樂的旅遊訊息，我們更需要一雙澄澈的歷史之眼，以清晰的考據帶我們重返現場，鉅細靡遺地審視每個我們可能忽略的片段，透過蘊之的文字，你會發現作者對歷史獨特的觀點。

無論是新手上路，抑或是故地重遊，你手上的這份文字正因為你的需要而存在。即使你從未造訪吳哥，我相信吳哥的精緻、宏偉與世故，一定能深深撼動你的感官。

行家好評強推

好友們，留住吳哥，就在這本「門道裡」的好書上！

吳哥——是近年國人旅遊的人氣點，去過三次以上者大有人在，只是嘆息著……無法擁有一本指引的門道好書。尤其看到國外人士手上皆有一本時……

現在您可以擁有了一本值得您首選且珍藏的入門專書！

吳哥的一切，尤在建築雕刻的紋理之美，是東南亞文明最勝的代表標的！更是東南亞登上人類世界文化遺產極致高峰的「天際線」，作為世界文化村的吾輩，應有勇氣與驕傲，走進她，認識她，品味她，就從這本門道書開始吧！

——林保堯（國立臺北藝術大學名譽教授）

吳哥是知性與審美的寶庫，即使臥遊都可以獲得意外的驚奇與滿足。

——吳繼文（作家、出版人）

去吳哥要帶著心走，
到吳哥要帶著書走。
唯有心與書都齊備，
亙古的石頭才會充滿生命。
心在你那裡，書則在這裡，推薦給你。

——馬繼康（世界遺產領隊、作家）

曾經去過吳哥二十多次，對於每個石頭上的雕刻記憶猶新，更因此打開了對於印度教神話的認識；如今能看到這本詳盡的導覽全書，相信能讓前往的旅人更容易理解它博大精深的文化內涵。

——工頭堅（「欣旅遊」、「一次旅行」總編輯）

太生動、太精采、太扎實了。這是一本世界級的吳哥指南，中文世界從未出現過的吳哥文化、宗教、藝術深度之旅。

——陳穎青（《老貓學出版》作者）

Shadow Puppet Show Performance｜皮影戲
這個由吳哥兒童醫院不定期舉辦的皮影戲表
演，完全免費但歡迎現場捐款。
吳哥兒童醫院網站 http://angkorhospital.org/

Siem Reap river｜暹粒河
暹粒河是暹粒地區的重要河流，自古便為灌
溉與民生用水的重要來源。

柬埔寨的土地仍有許多未開發之處，公路兩旁時常可見這樣的景觀。
由於大部分村民仍在自家焚燒垃圾，所以清晨與傍晚時常可見煙霧四起的畫面。

Preah Vihear｜泰柬邊境之爭——柏威夏
圖為濃霧中與柏威夏共處的柬埔寨駐軍，霧
與軍人，是該寺廟特有的畫面。

Super Hot Wheels｜無敵風火輪
村民前來參加義診，結束之後開心乘坐鐵牛
車賦歸的情形。

吳哥寺，2011年採訪時正在維修西塔門。

歷史：吳哥王朝與當代高棉

　　歷經二十世紀無情的戰火洗禮，以及紅色高棉（Khmer Rouge，或譯為「赤柬」）在境內的大規模屠殺、銷毀歷史檔案，現代的柬埔寨正一步步從滿目瘡痍的廢墟中重建自己的文明。吳哥遺蹟為柬埔寨帶來了豐厚的觀光收入，也是東南亞文明在國際舞台上繁盛一時的重要證據，它驚人的建造水準與藝術成就，在在顯示了高棉民族優異的創造天賦，唯有足夠強大的國力，才能產生如此精緻優雅的文明。然而，十六世紀之後隨著鄰國「暹」（今泰國）的崛起，吳哥王朝日漸衰微，不但拱手讓出中南半島霸主的位置，國土也被鄰近國家瓜分，吳哥首都甚至成為暹的一部分，被迫遷都至今日的金邊。

　　對照今日羸弱不堪的現狀，也許令人難以置信，柬埔寨曾經擁有如此輝煌的過去。儘管貧窮、貪腐的問題仍十分普遍，但不容忽視的是，柬埔寨境內土壤肥沃、農產與天然資源豐饒、氣候穩定、地形平緩，且人口的平均年齡僅二十二歲，國內的工作年齡人口高達63.8%，這個藉由貿易而興起的古國，若能善用其地理、氣候、交通、物產與人口的種種優勢，也許在不久的將來，古老的高棉民族又會重新崛起，在國際舞台上大放光芒。

前吳哥時期

　　柬埔寨的歷史文獻在時代的更迭中幾乎全數佚失，目前我們可以依賴的文字資料主要來自中國的史書，以及寺廟石磚上的碑銘。直到最近的一百多年，藉由考古學發展，這個神祕古文明的過往才緩慢地被拼湊出來，然而其中仍存在著大片的空白與謎團，留待後人發掘。

　　根據已出土的文物推算，大約在西元前三千年，就已經有人在這片土地上生活。東漢末年，胡沖的《吳曆》確切記錄著「扶南」遣使中國進獻琉璃，這是「扶南」文明最早的史籍記載。扶南為古高棉語中的「bnam」，意思就是「山」，現代的高棉語則將山稱為「phnom」。扶南位於現在的越南南部，是高棉族建立的第一個國家，大約在西元一世紀的時候崛起。西元一世紀的東半球熱鬧非凡，印度和中國這兩個大陸文明強盛發達，中國的漢朝正值西漢末年，國際商業繁榮，印度佛教經由陸路傳入中土。不僅是路上絲路，東南沿海一帶的海上貿易亦極為繁盛。馬來人在馬來半島與印尼諸群島建立了東亞第一批海洋貿易帝國，以農為本的高棉族與占人則在中南半島建立了扶南與占婆，同時透過貿易，迅速吸納來自印度的語言、文字、宗教與政治制度，與原本的文化結合，建立起強固的國家治理系統。

　　中南半島的氣候深受季風影響，雨季與乾季每年激烈地交替，如何配合氣候特性、控制水文系統，就成了農業民族存續的基本能力。高棉族憑藉卓越的水利技術，有效運用自然資源，並利用沿海的地理優勢，在海洋貿易中迅速累積財富，並吸收異文化的長處，為高棉文明接下來的發展奠定了良好的基礎。越南南部芽莊附近的考古基地喔呿（Óc Eo），在高棉語中意謂「玻璃運河」，曾是扶南的海港，在當地挖掘出數量豐富的各國器物，包括羅馬錢幣，證明了當時的東南亞海運航線已遠達地中海文明。扶南與中國亦保持著一定程度的外交關係，雙方都持續派遣使節互相訪問。梁武帝時，曾為扶南僧侶設立扶南館，翻譯佛經；三國時，扶南向孫吳進獻了一支樂團，為皇帝演奏精緻優美的扶南音樂，皇帝大為讚賞，還在建業（今南京）附近為扶南音樂成立了專門的研究機構。

　　西元七世紀，真臘取代了扶南成為中南半島的霸主。它原是扶南的屬國，與扶南有著血緣關係，屬於高棉族的另外一支。這一支民族沿著湄公河由西北向東南擴張，他們崛起於內陸山陵，在生存上極為依賴農耕，因此需要湄公河三角洲肥沃的土壤。消滅扶南後，真臘無

力繼承扶南的海洋貿易霸業，原來的海上航線由印尼、馬來西亞群島與馬來半島的馬來人主宰，真臘則盤踞中南半島。繼承了印度化文明的真臘，隨著政治勢力的分化，在八世紀初分裂為南部的水真臘與北部的陸真臘，雙方實力互有消長，整體而言，水真臘的勢力是比陸真臘強大的。直到西元七九〇年，闍耶跋摩二世即位，才結束了這種長期分裂的局面。

在真臘內亂期間，東南亞海面上的諸島趁隙壯大，其中以爪哇的夏連特拉王朝對真臘最具威脅性。爪哇多火山，地形崎嶇，農地不足，夏連特拉王朝覬覦真臘肥沃的土地，一直不放棄奪取陸地的計畫；水真臘深具前朝扶南的性格，對海洋貿易的獲利虎視眈眈，雙方關係一直都很緊張。隨著真臘的控制力逐漸減弱，夏連特拉王朝便屢次進犯。闍耶跋摩二世還是王子的時候，曾有很長的一段時間待在爪哇，咸認為是被夏連特拉王朝擄去作為人質的緣故。

闍耶跋摩二世是一位深具雄韜武略的君主，他整合了原本分散的各路領袖，南爭北討，最後在訶里訶羅洛耶建立新都，也就是羅洛士遺址群的所在地，吳哥王朝璀璨耀眼的霸業也由此開始。

吳哥時期

闍耶跋摩二世在位近半個世紀，恢復了吳哥王朝「神王崇拜（Devaraja）」的政治體系，將宗教與政治結合，確保君主的絕對權威。「神王崇拜」的制度援引自印度，在東南亞諸古國中被廣泛採用，前面提到的扶南、占婆、夏連特拉王朝等古國也都是依據這個制度立國的。在這套制度中，國君就是神在人間的化身，國廟祭祀的主神就是國君所依歸的神，國王死後回歸天上，國廟就是國王的舍利塔。在神聖的庫倫山上，闍耶跋摩二世請一位來自印度的婆羅門主持了一場儀式，向天下宣告自己是濕婆神的化身，正式確立了「神王」崇高的地位。庫倫山作為吳哥王朝重要的開國基地，留存了非常豐富的遺蹟，但因為赤柬時期在山中埋藏了太多地雷，所以現在無法在這個區域進行大規模的研究，除了小面積的地面搜尋，主要依賴航天和遙測技術，緩慢地勘查中。

闍耶跋摩二世在位期間，吳哥的發展重心也從水真臘所在的湄公河三角洲，遷往西北的洞里薩湖畔。為了調節雨季與旱季懸殊的降雨落差，在此發展出極為精密的水利控制系統。西元八三五年，闍耶跋摩二世崩逝後，其子闍耶跋摩三世在父親奠定的基礎下進行國家建

闍耶跋摩七世為吳哥全盛時期的君主。（攝於泰國‧披邁寺）

設，後繼者因陀羅跋摩一世也在訶里訶羅洛耶繼續耕耘，這三任國王為訶里訶羅洛耶留下了巴孔廟、神牛廟與水庫因陀羅塔塔迦湖。然而，因陀羅跋摩一世的死因成謎，很可能是死於篡位，政爭過程中，訶里訶羅洛耶元氣大傷，繼任的耶輸跋摩一世便將國都遷至吳哥中心區，以巴肯山為中心，為新都「耶輸陀羅補羅」建立國廟；基於民生需求，也建立了大型水庫東巴萊湖。鄰近的豬山、博山等聖地所興建廟宇，可能也是因陀羅跋摩一世為鞏固統治基礎而建設的。

耶輸跋摩一世過世後，其子曷利沙跋摩一世繼位，在他執政期間，王朝再一次出現神祕的分化，他的兄弟伊奢那跋摩二世繼位後五年便離奇崩逝，國都亦遠遷科克。執掌科克的闍耶跋摩四世身分不明，從種種跡象推測，闍耶跋摩四世不是皇室原定的繼承人，但他握有實權，因此能在科克進行大規模的建設，科克的建築水準與藝術成就極高，城市規模龐大，表明了闍耶跋摩四世在科克長治久安的決心；科克與耶輸陀羅補羅也可能是同時並存，吳哥王朝在此時分裂成兩個派系，耶輸陀羅補羅一派明顯處於劣勢，但仍有少數建設持續進行。

雖然科克實力強大，但內鬥也非常激烈，闍耶跋摩四世並未平息奪權的風波，甚至連繼任的曷利沙跋摩二世都不是他指定的繼承人。曷利沙跋摩二世在位僅三年，就被扶持自己登基的羅貞陀羅跋摩二世拉下王座。羅貞陀羅跋摩二世與吳哥皇室有血緣關係，原是波瓦婆羅王國的國王。波瓦婆羅王國位於現在的柬埔寨中部，這個小國的成立詳情不明，羅貞陀羅跋摩二世可能是趁著皇室政爭據地為王，進而利用協助曷利沙跋摩二世奪位的機會，為自己奪取吳哥鋪路。

羅貞陀羅跋摩二世是個極具野心且思慮精明的人，掌握了科克一派的實力後，他將國都遷回吳哥中心區，但沒有回到巴肯山，而是選擇在東巴萊湖南側落腳。這樣不但可以遠離科克的紛擾，也不用直接面對耶輸陀羅補羅的衰敗，同時利用現有的東巴萊湖作為新都的水利基礎。羅貞陀羅跋摩二世任內，吳哥王朝唯一留下姓名的國家建築師迦維因陀羅梨摩多那，為新都監造了許多驚人建築物，包括國廟變相廟、東巴萊湖中央的東梅蓬廟、景致絕美的皇家浴池，以及吳哥王朝第一座佛教寺廟巴瓊寺。巴瓊寺的出現，表示佛教勢力已滲入以印度教教義作為統治基礎的吳哥皇室，也為之後的宗教衝突埋下伏筆。

羅貞陀羅跋摩二世的野心並不只是奪取吳哥，他的目標是在中南半島建立一個版圖寬闊的大一統王國。前朝耶輸陀羅補羅時代，曾被

高棉軍出征圖。（攝於巴戎寺）

納入國家版圖、後來趁亂自立的各地領袖，均被他出兵鎮壓；原本從屬於吳哥的眾小國，則被他降級為「省」。長久以來，與吳哥存在著利益衝突的占婆，羅貞陀羅跋摩二世選擇了積極出兵，希望透過武力奪取占婆的領土，將勢力擴張到中南半島的東面沿海一帶。唐代以降，中國與印度之間的海洋貿易，隨著商業高度發展而迅速提升，這是一塊極具誘惑力的市場，唯有扼住商港，才有可能透過貿易取得優勢。出兵占婆的行動造成與占婆之間的激烈大戰，也使國境東面一直處於動蕩的局勢之中。

西元九六八年，羅貞陀羅跋摩二世之子闍耶跋摩五世以十歲的稚齡繼位。相較於野心勃勃的父親，闍耶跋摩五世顯得低調沉穩許多。闍耶跋摩五世將國都略微西遷到比較安全的位置，命名為「闍因陀羅那迦梨」，意即「征服者因陀羅之城」；在他長達三十二年的執政期間，除了一座始終未完成的國廟塔高廟，以及替先王賜予國師耶若婆羅訶的班迭絲雷廟立碑外，就沒有其他已知的重大建設。在國師耶若婆羅訶睿智的指導下，闍耶跋摩五世虔心學習佛法、醫藥和天文學，成為一位學養深厚、慈悲寬容的君主。耶若婆羅訶是曷利沙跋摩一世的孫子，也是一位僧侶，雖然國家仍是依照印度教的教義運作，而闍耶跋摩五世也是濕婆的信徒，但他對佛教非常寬容，佛教在他任內大

為流行，北喀霖寺可能就是在他晚年的時候，由臣民所建造的。闍耶跋摩五世在朝中任用多位女性擔任高官，也是吳哥王朝的創舉。除此之外，他也鼓勵商業，使人民透過貿易的拓展來累積財富。總的來說，闍耶跋摩五世是讓國民在祥和穩定的環境中休養生息。

可惜太平的日子並不長久，闍耶跋摩五世死後，王國再度陷入奪位之爭，繼任的優陀耶迭多跋摩一世即位才幾個月就被殺害，自一○○二年至一○一○年，闍耶維羅跋摩與蘇耶跋摩一世同時宣稱自己是王位繼承人，雙方互不相讓，展開了長達九年的內戰。蘇耶跋摩一世擊敗對手後，大力整頓殘破的首都，不但重建了皇宮，並且為都城重新挖了一座大水庫，也就是沿用至今的西巴萊湖。這位崇尚武功的國王，確立政治地位後仍無法停止征戰，他不斷擴張疆域，驅逐了國境西側的孟族，將版圖擴張到今日的泰國南部。為了穩定邊遠的領土，建造宏偉寺廟就成了宣示主權的手段，現今寮國境內的瓦普、泰柬邊界的柏威夏，都是這個時期的產物。高布斯濱的水底浮雕，可能也是蘇耶跋摩一世下令修築的，透過將河水神聖化，祈求國祚強盛綿長。

可惜天不從人願，蘇耶跋摩一世期望的強盛帝國只延續了三代。西元一○八○年，皇室遭遇了毀滅性的打擊，來自呵叻高原（今泰國東部）的勢力崛起，這股勢力不是蘇耶跋摩一世的血脈，他們一路攻進耶輸陀羅補羅，取代皇室執掌政權。領導者延續神王傳統，以「闍耶跋摩六世」之名即位。而他們的根據地披邁，也建起了美輪美奐的神廟，素有「小吳哥寺」之稱。披邁為吳哥歷史城市中，唯一保持原貌且存活至今的城市。

闍耶跋摩六世的繼位者達蘭因陀羅跋摩一世，也是個短命國王，即位才五年，就被皇室血親中的孫兒輩篡奪了王位。這位年輕的篡位者就是創建吳哥寺的蘇耶跋摩二世。西元一一一三年，蘇耶跋摩二世即位，吳哥也迎來了歷史上武功最盛的時代。蘇耶跋摩二世是個優秀的軍事人才，東征西討，吳哥版圖在他麾下不斷拓展，疆界也變得空前龐大。然而，拓展和治理永遠都不是同義詞，被攻陷的新領地始終存在著反抗勢力，國王忙著領軍奔波，內政自然虛空，吳哥的皇室成員也與鄰國勾結，內憂外患迭相滋擾，與占婆的戰爭再度激化。蘇耶跋摩二世的繼位者崔婆梵那迪提耶跋摩也是經由篡位登基，卻沒有能力處理混亂的局勢。吳哥與占婆的戰爭持續了至少半個世紀，西元一一七七年，占婆攻陷吳哥都城，崔婆梵那迪提耶跋摩也死於這場戰

役。

即使都城陷落，一位極具傳奇性的王子仍帶領著吳哥的臣民奮力抵抗，歷時四年，終於將占人逐出吳哥，收復都城。這位王子在一一八一年即位，他就是現在柬埔寨人心中最崇敬的偉大君主，闍耶跋摩七世。我們無法得知他是如何在烽火煙硝的餘燼中，在短短的四十年內，同時做到休養生息、富國強兵、大興土木等驚人的壯舉，與占婆的戰爭在他任內（一一九〇年）以勝利終結，今日大吳哥城內外絕大部分的重要建設也都是他留下的，從大吳哥城向四面八方延伸出去的「皇家高速公路」也是他修築的，據碑銘記載，闍耶跋摩七世在境內設置了一〇二座醫院、一〇一座客棧、兩萬座寺廟。

闍耶跋摩七世之後，吳哥王朝不再出現大規模的石造建設，而以木竹為材料的建物又都悉數消失，因此後繼者的歷史定位也面貌模糊。唯一可以確信的是，在十三世紀末，蘇耳因陀羅跋摩在位期間，吳哥王朝仍是欣欣向榮、文明繁盛，來自中國元朝的使節周達觀為此時的吳哥記錄了一冊《真臘風土記》，我們所理解的古代吳哥，大都以這本書為根據。

吳哥的衰亡與西邊鄰國暹的崛起息息相關。西元十三世紀，素可泰王國擺脫了吳哥的控制，於昭披耶河畔立國，成為中南半島西側不容小覷的新興勢力；西元十四世紀，大城王國（Ayutthaya）藉由貿易日益壯大，取代了素可泰的位置，其勢力的擴張也對吳哥構成威脅。西元一四三一年，暹人（泰族）攻克吳哥首都，吳哥被納入暹的版圖，各界人才也被暹所俘擄。雖然後來吳哥掙扎復國，但中南半島的經貿重心已移轉到昭披耶河沿岸。吳哥城距離大城王國僅四百公里，距離太近又缺乏屏障；而且吳哥城內外的水利設施毀圮，已不堪使用；洞里薩湖南側的金邊，則因為商業位置而日漸發達。大勢所趨，吳哥王朝不得不放棄舊都，於十七世紀時遷都至金邊，吳哥王朝告終。

柬埔寨王國時期

定都金邊後，高棉人依然稱自己是「高棉（Khmer）」，但「吳哥」已不再是這個國家的代名詞。中國史籍記載的甘勃智、柬埔寨，都是「Kampuchea」的音譯。柬埔寨力量衰微，不得不依賴東邊的南越與西邊的暹，藉由種種利益交換保住皇室的延續。至為關鍵的兩件事，是十七世紀時，南越在利益交換中取得了湄公河三角洲的領

巴戎寺中央聖殿的大佛曾被砸入深井中，修復後被供奉在勝利路南方的夏帕毗洛達寺。

土，這裡是真臘的發源地；暹則取得了吳哥、馬德望、詩梳風等土地。柬埔寨在兩國的夾縫中苟延殘喘，直到一八六三年，柬埔寨國王諾羅敦一世被迫與法國簽訂保護國協定，這種局面才有所轉變。不過，情勢也只是從依賴暹、越，轉變成依賴法國而已。為了保住皇室，柬埔寨進一步便成了法國的殖民地，在法國的強力介入下，迫使泰國歸還吳哥與附近的領土，柬埔寨終於收回了舊都，法國則成為吳哥古文明寶庫的最大獲利者。

一九四五年，日本貫徹執行南進政策，取代法國成為柬埔寨的統治者；直到一九四九年日本戰敗，二次大戰結束，法國才又取回柬埔寨。歷經國際局勢的持續動蕩，柬埔寨的施亞努國王在聯合國會議中不斷爭取獨立，終於恢復了柬埔寨的主權，並確立國家名稱為「Kambuja」。他結束了柬埔寨的王權統治，從國王的位置上退位，將王位讓予父親，從此皇室僅作為國家的象徵，而他自己則成為憲政的實際掌權者；他對柬埔寨的現代化貢獻卓著，建立現代海港，還熱中拍電影，種種出人意表的創舉使他成為人民心中的偶像。但他反美、親北越與中國共產黨的傾向，也為後來的赤柬浩劫埋下了導火線。

越戰期間，美軍為了消滅越南共產黨，密集轟炸柬埔寨，使得柬埔寨滿目瘡痍、民不聊生；越共則扶植了柬埔寨鄉間的貧困人民，教導他們如何取得武器和權力。未受教育的民眾很快就接受了越共的洗腦，以極端殘暴的手段屠戮自己的同胞。一九七五年，赤柬占領金邊，短短的三年八個月又二十一天，赤柬屠殺了數百萬的同胞，因飢餓與疾病而死的人數，更是難以計數。雖然赤柬政權在一九七八年被越南終結，但赤柬並未消失，而是轉進叢林，繼續地下化的攻擊行動。強人洪森繼赤柬之後成為柬埔寨的領導者，在洪森的帶領下，柬埔寨成為「名義上的民主國家」，雖然定期舉辦全國性的總理民選，但每次都是洪森當選，選舉的真實性備受質疑。雖然柬埔寨在洪森執政的三十餘年當中，無論是經濟還是基礎建設，均呈現高度成長，但年輕一代愈來愈無法忍受洪森強硬的政治手段，以及政府長期掌權造成的嚴重貪腐。二〇一三年的大選，執政黨的做票嫌疑再次引爆民怨，柬埔寨邁向現代民主的道路，或許還很遙遠，但人民的覺醒，也可能大大縮短了這個距離。

亡人節是柬埔寨三大節日之一，
相當於華人世界的清明節。

宗教：印度教與佛教的更迭

在國家制度開始發展之前，中南半島與其東部的眾島嶼，其社會制度是以簡單的部落形態組成。部落社會最大的特色，就是「萬物有靈」的自然神崇拜。即使在今日，幾乎全國都以南傳（上座部）佛教為精神生活的依歸，柬埔寨人民仍堅信亡魂（鬼）、精靈與各種鬼神，包括降頭術、巫醫、中國傳來的財神與土地公，以及柬埔寨歷史中的英雄人物（尤其是闍耶跋摩七世），都是現代柬人信仰的重要內容。

因此，在認識印度教與佛教對柬埔寨的影響之前，必須先了解一件事：自古以來，柬埔寨擁有自己的原生信仰、語言與風俗習慣，印度教與佛教的傳布，是「被吸收」與原本的文化結合，並隨著本土化的過程而不斷流變，無論是典籍、思想、文字、神話傳說，都與原生地印度有所區別。以印度神話中的「閻摩」為例，他是第一個死去的人，因此成為冥界的引路人，並非賞善罰惡的判官，但傳布到中國後，卻變成面貌兇惡的閻羅王。同理，在東南亞，任何一個曾受印度文化影響的國家都是如此，不能視為和印度相同的文化系統。

印度教傳入與海洋貿易

在越南中部的美山曾出土一塊以梵文刻成的石碑，說明美山一帶曾為扶南的領土，後來成為占婆的中心。這塊石碑立於西元六五八年（時值扶南晚期），記載著一位婆羅門考恩迪尼亞遵循夢的指示，帶著箭（一說是長矛）來到此地，擊敗了那迦女王蘇摩後，娶她為妻，開啟了王朝。

《梁書》為中國典籍中第一部記有扶南的史書，也記載了這則開國神話：

「扶南國俗本裸體，文身被髮，不製衣裳。以女人為王，號曰柳葉。年少壯健，有似男子。其南有徼國，有事鬼神者字混塡，夢神賜之弓，乘賈人舶入海。混塡晨起即詣廟，於神樹下得弓，便依夢乘船入海，遂入扶南外邑。柳葉人眾見舶至，欲取之，混塡即張弓射其舶，穿度一面，矢及侍者，柳葉大懼，舉眾降混塡。混塡乃教柳葉穿布貫頭，形不復露，遂治其國，納柳葉為妻，生子分王七邑。」

從這兩個大同小異的故事中，可以觀察到幾件事：

一、扶南地區原本就以蛇（那迦）為信仰，高棉人認為自己是蛇的子孫；

二、高棉人原是母系社會，異鄉人來此後，開創了父系王朝；

三、這位異鄉人是信仰印度教的貴族，為祭司階級，「婆羅門」可能就是對祭司的尊稱；

四、這位祭司階級的外籍貴族，為那迦族建立起典章制度，包括引入印度式的服飾，在身上披布，頭上則包著頭巾。

五、考恩迪尼亞與蘇摩都是梵文名字，以梵文為名，說明了這次的印度化包括了語言和文字。

六、考恩迪尼亞是搭著商船進入扶南的，證明了印度文化隨著國際貿易而來。

活躍的海洋貿易航線為東南亞帶來了豐厚的獲利，也帶來了異文化的種種刺激。在政治與宗教方面，印度文化的影響最為劇烈。印度教也是泛靈信仰，崇拜日、月、星辰、風、雷、雨、河……以濕婆、毗濕奴和梵天為三大主神，且與政治、社會制度緊密結合，相信業報輪迴，人的業果決定了他的種姓，並依種姓制度區分社會階級。「印度教」是一個籠統的名詞。雅利安人主宰印度次大陸後，以吠陀經典為基礎的宗教信仰是為「婆羅門教」，後來又衍生出耆那教與佛教，「印度教」則是泛稱承繼「婆羅門教」教義的各種教派。婆羅門教經

由商人與婆羅門（僧侶，為貴族階級）流傳到柬埔寨後，由於經過高棉民族的重新詮釋，因此以「印度教」稱呼這個信仰系統。

　　高棉民族原本就相信人的靈魂是不平等的，印度的種姓制度與古高棉既有的觀念相通，而且更具控制力，很容易就被採納、效仿，作為治理的基礎。不只是高棉民族，東南亞的其他部落社會在印度商人與婆羅門的鼓勵下，吸收了印度宗教與社會制度，有許多部落首領皆自立為「神王」，如占婆、吉打（Kedah）等皆是。他們的稱號以神為名，如羅洛士遺址群的奠基者因陀羅跋摩一世，其稱號「Indravarman」，「Indra」即印度教中的因陀羅，為雷電之神、戰神、司法之神；「varman」即梵文中的「保護人」，在中國的史書裡，「varman」則被記載為「范」姓。

印度諸神的高棉化

　　雖然印度教是吳哥王朝維繫皇室世系的主要依據，但在吳哥這片土地上，印度教是與高棉的原生信仰混同、流布的。印度教的諸神並非單一個體，祂們千變萬化，代表著各式各樣的力量、自然現象、個性、氣質、能量、屬性，神也因此擁有許多名字、無數化身。數個神可能結合為一體，象徵某個概念；某些神也會因為屬性相近而彼此混同，無法絕對明確的畫分出誰是誰。其屬性、定義與祭祀方式也隨著高棉化而與原生地印度不盡相同。

　　相較於印度、中國與印尼諸島，中南半島的中南部地區缺乏高山，因此少數的幾座山丘，便成為高棉人心中極為神聖的地區。山是最接近天的地方，是眾神的居所，對山的崇拜，就是對天神的敬畏。從扶南起始，古高棉人便將國王稱為「山中國王」，國王即神。他們信仰的印度諸神主要有濕婆、毗濕奴與梵天，濕婆的信徒最多，毗濕奴居次，梵天的位置則遠低於前面兩位。由於國王就是濕婆或毗濕奴的化身，國王的妃子也就被視為烏瑪（濕婆的妻子）或拉克希米（毗濕奴的妻子），一併被供奉在國廟中。

　　古高棉人崇敬的大神還有一位「訶里訶羅」，為濕婆和毗濕奴的綜合體，其形象就是一半濕婆、一半毗濕奴。訶里訶羅在扶南時期便受到古高棉人的廣泛崇拜，但在洞里薩湖畔的吳哥中心區，則罕見崇拜訶里訶羅的神廟。

　　吳哥遺蹟中常見的諸神，可參考以下的簡單介紹：

　　濕婆：地位最為崇高，吳哥大部分的印度教寺廟都是以濕婆為主

神，與毗濕奴、梵天為「三位一體」神，坐騎是神牛南迪，高棉人主要崇拜祂的陽具象徵——「林伽」。林伽通常以砂岩雕成，有時會具象地雕出龜頭的細節，有時僅以一根簡單的短石柱表示。若石柱殘跡的一端刻有眼睛的圖像，就一定是林伽，這隻眼睛即濕婆的「第三隻眼」，可噴發出毀滅世界的火焰。

承載著林伽的基座是「優尼」，與一般基座不同的地方在於，優尼的一側具有突出的管狀開口，象徵女陰。開口處有時會細膩刻畫出陰脣的皺摺，儀式進行時，高棉人在林伽頂部澆水，並於優尼的管狀開口處取水，洗手拍臉，象徵接受淨化與神的庇佑。

在柬埔寨的觀光區，隨處可見販售給遊客的林伽紀念品，石柱部分由下而上分別是四方形、八角形與圓柱，為「三位一體」的象徵，

金翅鳥是毗濕奴的坐騎。（攝於塔瑪儂廟）

這是吳哥特有的林伽信仰，四方形象徵梵天，八角形象徵毗濕奴，圓柱則象徵濕婆。

　　在吳哥遺蹟中常出現的濕婆形象有三種，分別是「跳舞濕婆」、「與烏瑪共乘南迪」以及「隱士（苦行僧）」。「跳舞濕婆」為一男性神明呈舞蹈姿態；「與烏瑪共乘南迪」則是一男一女，共同騎乘在牛背上；「隱士」則是長鬚老者，須與壁畫中的其他元素一起搭配，才能判斷畫面中的長鬚老者是否是濕婆。

　　毗濕奴：毗濕奴被稱為「保護神」，妻子拉克希米則被稱為「吉祥天女」。在吳哥，毗濕奴主要的形象是四隻手臂或八隻手臂，拿著法輪（神盤）、海螺、神杖和寶珠（一說是蓮子，象徵地球），坐騎為金翅鳥。毗濕奴有十個化身，其中最常被應用在吳哥浮雕中的化身為史詩《羅摩衍那》中的羅摩、人獅、乳海攪拌中的龜、黑天，偶爾也可見到以化身侏儒為主題的浮雕壁畫。

　　羅摩：詳見後文中「《羅摩衍那》與《摩訶婆羅多》」的說明。

　　人獅（納羅辛哈）：阿修羅希蘭耶格西布因為弟弟被毗濕奴所化身的野豬殺死，心懷忿恨，便請求梵天賜予祂神力，不但人、神、獸都不能傷害他，而且不論白天或黑夜、屋內或屋外，都不會受傷。擁有無敵威能的希蘭耶格西布獨霸天下、作威作福，最後被毗濕奴化身的人獅撕成碎片，時間是傍晚時分，地點是宮殿門口，既非白天亦非黑夜，不在屋裡也不在屋外。吳哥遺蹟中常見的構圖，是一名獅面人身的男子，撕裂仰臥男子的胸膛，將臟腑挖出來。

　　乳海攪拌：詳見吳哥寺「乳海攪拌」的壁畫說明。

　　黑天：為毗濕奴最有名、信徒最多的化身，主要出現在《摩訶婆羅多》中。祂的舅舅剛沙王邪惡兇殘，聽聞妹妹迪瓦琪的第八個兒子將會對自己不利，從妹妹懷孕時便不斷迫害他們母子。黑天出生後寄養在牧人家中，從小便展現非凡的神力。在吳哥遺蹟中，常以吹笛的牧童、與惡魔鬥毆的男子、單手舉起哥瓦爾丹山等形象出現。

　　梵天：雖然是三大神祇之一，但梵天的支持度遠低於前面兩位。因為梵天是「創造之神」，無論是誰向梵天祈求，願望都會成真。柬埔寨當地流傳著一個笑話：「有個小偷向梵天祈求：『偉大的梵天啊，請保佑我順利偷到東西。』而警察也向梵天祈求：『偉大的梵天啊，請保佑我順利抓到小偷。』於是小偷真的順利偷到了東西，而警察隨後也抓到了小偷。這種無分是非黑白的庇佑，也大大降低了對梵天的評價。根據印度神話，梵天是從毗濕奴的肚臍中誕生的，盤腿端

那迦象徵著連接天界的彩
虹橋。（攝於班梅雷雅廟
南參道）

坐在蓮花上。梵天原本有五個頭，當祂創造了美麗的女兒後，便深深
的愛上了自己的女兒，目不轉睛地凝視著她。女兒受不了，向濕婆求
助，濕婆聽到這麼荒唐的行徑後勃然大怒，便將梵天的其中一個頭燒
毀（一說砍除）。在吳哥遺蹟中，梵天有四個頭，但浮雕只雕出三
個，一個正面、兩個側面，大多以坐在蓮花上的姿態呈現。

　　那迦：高棉人認為自己是那迦（蛇）族。在扶南的開國神話中，
「蘇摩女王為那迦族的首領」，這件事暗示了對水和月亮極為依賴。
那迦是水的象徵，「蘇摩」在印度吠陀時期的神話中則是月神的名字
（柬人稱月神為旃陀羅）。蛇蛻皮、水的潮汐漲落，都與月亮的周期
密切相關。可以說，高棉人自古以來就是擅於治水、對天文與氣候變
化極為敏銳的民族。

　　對水的崇拜，來自農業社會祈求風調雨順的民生需求，高棉人非
常重視水，從以下幾件事可以看出端倪：吳哥寺設有兩組田字形的水
池，作為淨身之用；幾乎每座神廟均築有護城河；規模巨大、可供給
首都用水的水庫，是城市建設中的首要設施；位於神山的河流上游，
在河床中雕琢難以計數的林伽，以及各路神明，是強化水的神聖性；

毗濕奴躺臥在阿難陀身上，下有十位印度教神祇。（攝於吳哥寺西北角樓閣）

水利設施的維護是否到位，象徵著國力的興衰。現在的柬埔寨仍以每年十一月的「送水節」為全年最盛大的節日，在雨季結束後的月圓之日舉行。

九頭那迦具有生殖的象徵，據周達觀記載，吳哥古皇宮旁的空中宮殿即九頭那迦的居所，國王每夜都必須上去與之交媾，否則國家將發生不幸。那迦也是橋梁，為人間通往天界的彩虹橋。神廟前的參道多半築有那迦欄杆，象徵人通過此處，即往神的世界邁進。

在佛教中，那迦是佛陀的守護者，因此在吳哥遺蹟中也常看到佛陀與那迦的石雕。那迦盤曲身體，佛陀安坐其上，蛇頭張開，為佛陀遮風擋雨。

金翅鳥：金翅鳥是那迦的天敵，也是毗濕奴的坐騎。在印度神話中，金翅鳥與那迦的母親是一對姊妹，姊妹兩個打賭，為太陽神蘇利耶拉車的馬的尾巴，究竟是黑色還是白色？那迦的母親認為是黑色，金翅鳥的母親則認為是白色，輸的一方必須擔任贏家的奴僕。那迦的母親為了贏得賭局，便叫那迦去纏住馬尾巴，遠遠看起來，馬的尾巴就是黑色的。金翅鳥替母親求情，那迦便要求以長生不死甘露為代

價，金翅鳥只好克服萬難，打敗了許多對手，以求取甘露。在這段不斷打架的過程中，金翅鳥遇到了毗濕奴，雙方纏鬥許久仍不分勝負，毗濕奴問清楚原因後，便讓金翅鳥將甘露帶走，代價是必須擔任自己的坐騎。因此，在吳哥的神廟中，金翅鳥常與毗濕奴有關。

取回甘露的金翅鳥也不是笨蛋，祂知道那迦是使詐取勝的，便騙那迦說，飲用甘露前必須沐浴淨身，然後偷偷把空的甘露瓶翻倒在水邊。那迦上岸後以為甘露都漏光了，紛紛伸出舌頭舔食地面，結果舌頭被銳利的草割開，於是蛇的舌頭就成了分裂的兩半。這場糾紛使那迦與金翅鳥結下夙仇，每次見面都會打成一團，因此在吳哥遺蹟中，也常看到金翅鳥的石雕，以伸出雙臂緊緊攀住那迦的形象為造型。

神鵝漢薩、魚龍魔羯：漢薩是吳哥遺蹟中常見的裝飾。在印度神話中，漢薩原是梵天的坐騎，但在吳哥的石雕造像中，通常是水神伐樓那的坐騎。除了與伐樓那一起被刻在門楣浮雕上，也常以連續排列成帶狀的形式出現，在鬥象台步道的兩側最為明顯。伐樓那為西方之神，也是水神，在印度神話中的坐騎原是魚龍魔羯。魚龍魔羯為象鼻、獠牙、龍角，在吳哥也是水中神獸，通常被應用在門楣浮雕的兩側；在水戰、水池的場景中，也會看見魚龍魔羯的身影。印度教石造建築的出水口通常也是魚龍造型。

魚龍魔羯在全世界流布得非常廣，西洋占星術中的「摩羯座」即自魚龍變化而來，在中國則是慶典中百戲的表演之一，從漢代以降，即以「魚龍曼衍」描述慶典中場面熱鬧華麗的盛況。中國的器物裝飾也大量運用魚龍，在唐代尤其流行。

十首魔王羅波那：羅波那是印度神話中的大反派，其形象為十個頭、二十隻手，威力強大，是楞伽島的國王。楞伽島就是斯里蘭卡，在印度神話中是惡魔之島。羅波那主要出現在史詩《羅摩衍那》的相關場景中，詳情請見後文「《羅摩衍那》與《摩訶婆羅多》」。此外，吳哥遺蹟中常見的羅波那主題壁畫，是「羅波那搖撼凱拉薩山」，羅波那的母親命兒子求取甘露，羅波那只好來到濕婆的居處凱拉薩山。然而濕婆正在與妻子進行長達千年的性愛，且由於世界正逢群魔亂舞，只有濕婆的兒子可以平定亂局，因此諸神千方百計阻止羅波那打擾濕婆。羅波那失去了耐性，便用力搖晃凱拉薩山，企圖逼濕婆出來見他。

羅波那原本是個學者，在一段艱困殘酷的苦行後，他向梵天祈求，成為比天神更強大的王。然而權力腐蝕人心，羅波那的貪婪永無

止盡，最後，死於毗濕奴化身的羅摩之手。

《羅摩衍那》與《摩訶婆羅多》：《羅摩衍那》與《摩訶婆羅多》是印度兩大史詩，為印度文化的基礎，其影響遍及中國、日本、東南亞。在東南亞，《羅摩衍那》遠比《摩訶婆羅多》更深入民心，每個國家的文學、藝術都以《羅摩衍那》為題材，創造出不朽的藝術瑰寶。如泰國的孔劇、玉佛寺的「拉瑪堅」壁畫、柬埔寨的吳哥浮雕等，印尼在回教化之後，民間依然傳唱著《羅摩衍那》的故事，而今日惹的巴蘭班南廟仍以《羅摩衍那》舞劇聞名全球。每年，東南亞各國都會聯合舉辦「羅摩衍那藝術節」，結合各種類型的展演與國際學術研討會，為東南亞最重要的藝術節。

《羅摩衍那》描述拘薩羅國的王子羅摩受父親的妃子陷害，與妻子悉多、弟弟羅什曼那被逐出國境後的遭遇。三個人原本在森林中過著靜修生活，然而楞伽島的國王羅波那垂涎悉多的美貌，派出手下假扮金鹿引誘悉多離開保護圈，順利劫走悉多，回到楞迦島。羅摩兄弟為救回悉多，四處打聽悉多的去向，途中遇到了神猴哈奴曼，在哈奴曼的請求下，以猴軍的支援為交換條件，協助調解猴王須羯哩婆與哥哥婆黎的王位之爭。須羯哩婆勝利後，羅摩便與猴軍結盟，前往楞伽島。楞伽島的戰役極為慘烈，最後羅摩終於擊敗羅波那，救回悉多。

然而，羅摩與皇室都不相信悉多依然保持清白之身，於是悉多決定自焚，以明心志。火神阿耆尼從熊熊烈火中托起悉多，悉多毫髮未損，羅摩才決心相信妻子。雖然皇室願意接納悉多，但百姓仍然無法接受，最後，悉多帶著兩個兒子避走山林，直到兒子長大成人，才認祖歸宗。此時，大地裂開，悉多縱身躍入裂口，回歸神界。

相較於《羅摩衍那》這齣家庭倫理大悲劇，《摩訶婆羅多》則充滿了連綿不斷的戰爭情節。「般度族」與「俱盧族」是「婆羅多族」的後裔，婆羅多族有兩位王子，般度與持國，但般度過世時，五個王子都太過年幼，因此由持國攝政。般度的五個王子天資聰穎、武技高強；持國則有一百個王子，被稱為「俱盧族」，長子堅決反對父親還位給般度一族。仗著人多勢眾，且王位在手，俱盧百子性格殘暴霸道，般度五子從小就備受欺凌，甚至被迫流亡，種種恩怨情仇糾葛難分。長大之後，雙方更為了爭奪王權彼此廝殺，在十八天的戰爭中，挑起爭端的俱盧族最終被般度族消滅。

在《摩訶婆羅多》中，毗濕奴化身黑天，協助般度五子中的阿周那抵禦敵軍，祂與阿周那的對話被獨立成《薄伽梵歌》，闡述的哲理

影響世界甚巨，為世界上印刷總量第三大的書籍，僅次於《聖經》和《道德經》。

因陀羅：因陀羅曾是印度吠陀時代地位最崇高的天神，被納入佛教後，中文譯為「帝釋天」。祂是雷電之神，也是戰神，坐騎為三頭象愛羅婆多。在吳哥遺蹟中，因陀羅的形象通常出現在門楣浮雕中，坐在愛羅婆多背上。這隻神象多半被刻畫成三個頭，有時只有一個頭。大吳哥城的城門就是以因陀羅與愛羅婆多為主要的裝飾元素。

方位神：除了主要神祇，吳哥的神廟也會採用方位神作為門楣浮雕與山形牆的主題。方位神即不同方向的守護神，除了出現在神廟門楣與山形牆上，室內的壁面浮雕有時也可見到方位神排成一排，作為裝飾。須注意的是，方位神經過高棉化之後，坐騎與屬性都與印度不同。

東方：雷電之神因陀羅，坐騎是三頭象愛羅婆多。

南方：冥界之神閻摩，坐騎是水牛。

西方：水神伐樓那，坐騎是神鵝漢薩。

北方：財神俱毗羅，坐騎有時是夜叉，有時駕著馬車。

東北方：戰神塞犍陀，為濕婆之子，坐騎是孔雀。

東南方：火神阿耆尼，坐騎是犀牛。

西北方：風神伐由，坐騎是馬。

西南方：災厄之神尼爾提，坐騎是夜叉。

佛教傳入與毀佛運動

印度教傳入東南亞的時間大約是西元前五世紀，而佛教則較晚，大約是西元前二世紀之後，但確切的時間與發展難以考證。最早的文獻記載出現在中國，西元五世紀時，南朝齊有扶南國僧人伽婆羅至首都建康（今南京）傳教；而梁武帝曾於西元五〇六年（天監五年）曾命扶南國僧人伽婆羅與曼陀羅，在建康的扶南館翻譯佛經。由此可推估，西元五至六世紀間，佛教在中南半島的某些地區已相當發達。此時在扶南流行的佛教為北傳佛教（大乘佛教）。佛教開始在高棉族中流傳，可能與墮羅缽底王國（今泰國東北）關係密切。墮羅缽底王國是在大約西元六世紀時，脫離扶南而成立的國家，國人篤信佛教。早在扶南時期，這個地區就已經產生許多製作精美的佛陀石雕。十世紀時，墮羅缽底王國被吳哥併吞，在吳哥寺中，有一幅著名的浮雕壁畫「墮羅缽底戲水節」，就是呈現墮羅缽底地區的人慶祝水節的場面。

十世紀時，羅貞陀羅跋摩的建築師迦維因陀羅梨摩多那就設計了吳哥王朝的第一座佛寺巴瓊寺，證明了佛教信仰已深入影響皇室，羅貞陀羅跋摩委任的國師耶若婆羅訶就是一位崇尚佛法的僧侶。闍耶跋摩五世在國師的指導下虔心修習佛法，佛教的勢力也在此時迅速發展。西元一〇八〇年，來自披邁的闍耶跋摩六世篡位為王，利用大量資源修築披邁城，披邁的位置即在之前墮羅缽底王國的範圍內，現在仍是欣賞高棉化佛教藝術的重要據點。

吳哥王朝最有影響力的佛教徒國王是闍耶跋摩七世。闍耶跋摩七世統治吳哥的時間為十三世紀初期，據傳他原本是印度教徒，多年征戰之後，改信佛教，而且信仰極為虔誠。為了安撫受創的國民，他在重修大吳哥城時，大量設置了以他為藍本的佛陀面容，並改革政治制度，廢除印度教與種姓制度，希望能藉此瓦解長年執掌大權的婆羅門階級，同時也清除這些既得利益者的貪婪與腐敗。以佛教為本的治國方式只維持了不到七十年，闍耶跋摩八世於一二四三年即位後，即恢復印度教的制度，並竭力迫害佛教，寺廟中刻有佛陀的浮雕、石像、與佛陀有關的銘文，都難逃毀壞的命運。

十四世紀之後，南傳佛教經由暹輸入吳哥，此時的吳哥已逐漸衰弱，皇室的控制力大不如前，佛教迅速流行，印度教消失。今日的柬埔寨，全國上下均以佛教為依歸，已經絲毫不見印度教徒的蹤跡。

南傳佛教輸入後，信徒多利用原有的印度教寺廟改奉佛陀，吳哥寺就是一例，毗濕奴神像被搬出，改放入佛陀的石像。新建的佛教寺院可能是以易腐朽的木竹為建材，今日已難以找到吳哥晚期修築的南傳佛教寺院。

佛寺在現代的柬埔寨具有很重要的功能，

那迦族的阿難陀，以身體守護佛陀不受暴雨侵擾。（攝於吳哥寺）

身兼信仰中心、孤兒院、學校，也是村落（社區）的中心。高棉人的一生都離不開佛寺，家境貧苦者，小時候可能就被安置在佛寺中，也在這裡受教育；男性一生中一定得在佛寺中出家一段時間，為親人祈福，否則會被人看不起；舉凡新生兒出世、婚禮、葬禮等人生大事，都必須請僧侶到家中誦經；心中有任何疑問，則到佛寺中請求僧侶占卜開示；死後焚化，骨灰葬在佛寺中，希望藉由佛寺日日祝念，早日自輪迴之苦中解脫。雖然信仰更易，但寺廟作為聚落中心的功能，並未因印度教或佛教的輪替而有所改變。

在朝北的門楣上，常見到北方的守護者俱毗羅。（攝於東梅蓬）

巴塞增空是金字塔式神廟的代表。

藝術：神廟的建築形式與裝飾

　　吳哥的神廟建築，表面上供奉的是來自印度的神祇，實際上卻是國王或貴族的陵寢。吳哥的神廟雖然富有濃郁的印度色彩，但在印度卻找不到相仿的建築形式。吳哥雖然在概念上接受了印度的宇宙觀，並以神廟建築模擬出宇宙的構成，但其形式是原生於高棉的，其建築的式樣與裝飾元素都對後來崛起的「暹」產生深遠的影響。

須彌山與宇宙之海

　　對高棉人而言，神廟是神的居所，是予人敬畏、仰望之用，不是集會布道之處，因此毋須設計廣大的空間供信徒聚集，通道和門口也都特別狹窄，建築神廟的原則，重視的是心靈上的暗示功能，而非人在其中活動的實用性。

　　高棉人深信，須彌山即神的世界，山的四周被宇宙之海環繞，神廟既然是神的居所，理所當然便應模擬山的樣態。若有真的山，便將神廟蓋在山頂；若是平原地區，就以廟為山，發展出「廟山」式樣的

建築。吳哥承襲了扶南和真臘的建築傳統，建築形式可分成兩種，金字塔式與平台式。

　　金字塔式的神廟以巴塞增空金字塔為代表。以層層堆高的平台為基礎，頂端立有一座神龕；而平台式的神廟則以神牛廟為代表，一層平台上對稱分布數座神龕。神龕為塔狀，四方形，單面開口，開口多半朝東，其餘三面為假門。塔的上部則是以自身形象為模擬的對象，層層縮小，頂端收束成蓮瓣的形狀，整體外型就像是一個巨大的蓮花花苞。蓮花在印度是聖潔吉祥的象徵，在吳哥建築中也被廣泛使用。

　　在塔的內部安置神像或林伽的基座下方設有深井，井底埋藏少量寶石及葉片狀或方形的金箔，方形金箔往往刻有蓮花圖案。考古學家認為，這些寶物可能是象徵「神的能量來源」，可強化神廟的靈性。

　　吳哥的神廟以金字塔式與平台式為基礎，逐步演化，形態日趨複雜，以中央塔象徵須彌山的中心，圍繞中央塔的迴廊或圍牆則是須彌山向外延伸的層疊山脈，最外圈的護城河則象徵宇宙之海，具體而微的展現了高棉人的宇宙觀。

神廟的構成

　　宗教建築最大的特點是，會傾國家之力，使用可恆久維持的昂貴材料作為建材。對高棉人來說，人的居所只要使用簡易取得的木、竹即可，但神的居所則必須使用堅硬的材料，儘量延長建築的使用年限。這種對「永恆」的嚮往，使吳哥遺蹟能對抗多雨潮濕的森林，保存至今。吳哥宗教建築所使用的建材，為紅磚、磚紅壤、砂岩、灰泥與木材。磚紅壤是一種含鐵量很高的黏土，乾燥後就會變成質地堅硬的大型磚塊，通常用來作為圍牆或基座的材料。由於乾燥後的磚紅壤表面會產生許多小孔，不適合雕飾，因此甚少作為神龕的牆面。截至西元九世紀末，紅磚與磚紅壤一直是高棉人用來建造神廟的主要材料，砂岩僅用在窗櫺、山形牆、門楣、門框、假門與門柱等小型構件。砂岩產於庫倫山（荔枝山），限於開採技術與運送距離，造價極為高昂，無法大量使用。

　　耶輸跋摩一世將都城遷往吳哥中心區後，砂岩成為神廟的主要建材，這個轉變一方面與國家的富強有關，另一方面，可能與暹粒河的運用有關，藉由暹粒河與相關水利設施的完備，大大降低了砂岩的運送難度。一直到十三世紀，砂岩始終是神廟建材的重要主角。

　　由於現存的遺蹟中，木材早已消失，只能從殘留的孔洞位置推測

木材的用途，這個部分仍存在著各種爭議，尚未有明確定論。

　　無論是印度教的神廟，或是佛教的寺院，吳哥宗教建築的組成元素均大同小異，可粗略區分成：

　　一、參道：隨著神廟的坐向，參道朝東或朝西，跨越護城河，以正門方向的參道為主參道，長度最長、規模最大。大型神廟如吳哥寺，便築有兩條參道，以西參道為主參道。參道入口處設有石獅或那迦的頭部石雕，兩側以那迦的身體或界石作為圍欄。有的參道會以短柱架高，其餘則以磚紅壤或砂岩平鋪於地面。參道設有十字形平台，可藉由平台南北兩側的樓梯進出參道。

　　二、護城河：護城河象徵著宇宙之海，水源來自水利系統的引道。大部分的護城河為口字形，將神廟圍在中央；少數以長方形水池的形式分立於神廟的南、北兩側。若沒有護城河，神廟附近也會設有至少一座水池。

　　三、圍牆：最外圍的圍牆往往緊靠護城河而設，一座寺廟至少會有一層圍牆。最簡單的圍牆形式，便是用磚紅壤砌成牆體。

　　四、長廊／迴廊：西元十世紀時，吳哥的宗教建築開始出現長方形的廂房，沿著圍牆對稱排列。這種沒有設置出入口的長廊，其作用一直是個謎。它可能是迴廊的雛形，用以象徵須彌山綿延的山脈。發展成具有拱頂的半開放式迴廊後，在迴廊內雕琢壁畫，就成了神廟建築的一大重點。

　　五、塔門／樓門：每一座迴廊、圍牆的東、南、西、北四個方位均設有門，大多為風格莊嚴、雕飾繁複的塔門。參道入口處有時也會設有外塔門，規模大小不一。主參道經過的塔門規模必定大於其他塔門。重要的塔門由三座塔樓組成，每座塔樓內部均為十字形的空間，同時也具有神龕的性質。偶爾會出現有樓無塔的設計，班迭絲雷廟就是一例。

　　六、藏經閣、客舍或倉庫：在中央塔斜前方、設於參道旁且開口方向與中央塔相反的方形廂房，被稱之為「藏經閣」或「圖書館」，但實際功能不明。由於內部空間狹小、採光不良，很難想像如何用來堆置經卷。它可能是舉行儀式時，讓僧侶或賓客暫時休息的地方；也有可能是收納祭祀用品的倉庫。

　　在小型神廟中，只有一座藏經閣時，其位置一定在中央塔的右斜前方。而在大型神廟中，若中央塔前設有不只一座獨立的方形廂房，則以中央塔右斜前方、形式與其他廂房相異的那一座為藏經閣。

以佛陀故事為主題的山形
牆。（攝於塔普倫寺）

　　七、廟塔（普蘭）：神廟的中央為供奉主要神祇的廟塔，高棉人
稱之為「普蘭（Prang）」。泰國的寺廟中，高棉風格的廟塔也被稱
之為「普蘭」。廟塔的形式有時是單一座塔，有時是五座廟塔依骰子
「五」的方式對稱坐落，有時是一座廟塔連著一座長方形的聖殿。廟
塔的內部空間也是十字形，原則上主神被放在十字形空間的中央。但
吳哥寺的中央塔在改為佛寺時，毗濕奴神像被遷出，中央井的四面封
起，於十字形空間的四個延伸小室中個別供奉佛陀的雕像。

用作裝飾的神廟構件

　　吳哥宗教建築最大的特色是雕飾，只要國家的財力許可，幾乎不
會讓牆面留下任何空白，也有學者藉此判斷「所有的吳哥神廟都沒有
完工」。最精采的雕飾往往以門為重心，展現在門楣、山形牆、門柱
與門兩側的壁面上，大型的迴廊浮雕只出現在巴戎寺與吳哥寺中。精
細的雕飾往往依賴著砂岩建材才得以展現、保存，十世紀前的紅磚廟
塔，只有門與窗的相關構件可以使用砂岩，壁面的雕飾則必須仰賴灰
泥，這些灰泥隨著時間風化，已面貌難辨。荳蔻廟的室內壁面磚雕是
個異數，為目前已知的吳哥遺蹟中，唯一直接在紅磚壁面上進行雕飾

的建築。

　　柱狀窗櫺的設計是建築裝飾中的一大特色，與門的相關構件一樣，窗櫺也是砂岩材質。柱狀窗櫺在牆面中間隔分布，一如旋律的高低起伏、強弱變化，大大減輕了視覺上的厚重之感。厚實的牆、透空的空間與靈巧圓潤的窗柱，和諧地組成了視覺的樂章。整齊規律的柱子，是吳哥宗教建築中的光影魔術師，無論是窗柱、廊柱還是架高參道下的短柱，在石造建築中，這些柱子使建築有了呼吸，削弱了猛烈的日光，創造了規律的暗影，又能掃去潮濕與陰暗，使建築具有節制的律動之美。

　　山形牆是每一座宗教建築都有的構件，每一座門的正上方，都嵌著至少一幅山形牆。雕飾內容依奉祀的主神而不同，若是佛寺，便以佛陀故事、佛陀與信徒、觀音與信徒等題材為主；若是印度教的神廟，則以印度神話為主，《羅摩衍那》中的情節、毗濕奴跳毀滅之舞、羅波那搖撼凱拉薩山等，都是常見的題材。

　　門楣的裝飾風格隨著時代遞嬗，構成畫面的圖案也隨之不同，通常與建築風格的演變一起產生變化。大體上，吳哥在闍耶跋摩二世即位後，門楣浮雕的內容便奠定了大致的雛形，這個雛形最大的特點是「卡拉」的運用。卡拉是時間之神，嗜吃成性無法自制，只好向濕婆求助。濕婆便讓祂將自己的身體吃掉，讓卡拉擺脫狂吃不止的痛苦。

神鵝漢薩常用作廟宇的帶狀裝飾。（攝於班迭桑雷廟）

由於這種愛吃的性格，中國將之譯為「饕餮」，但二者之間是否相關則難以考證。將卡拉放在門楣浮雕中央的作法，與爪哇的印度教寺廟相同，很可能是闍耶跋摩二世在爪哇生活時習得的。卡拉是神殿出入口的守護者，若有妖魔鬼怪試圖進入，卡拉便會吃掉它。

除了卡拉，浪花、火焰、藤蔓、珠串、魚龍、那迦、獅子等圖案，也是經常出現在門楣浮雕中的元素。卡拉頭上往往刻著一位天神，有時是不知名的男性天神坐在卡拉頭上，有時只有重要的大神如毗濕奴、濕婆、梵天位於中央，大神與卡拉同時存在的情形也不罕見。隨著門楣安放的方位不同，天神的位置也會置換成不同的方位神，因陀羅、俱毗羅、伐樓那、閻摩，都是常見的方位神。拉克希米、金翅鳥等與大神有關的人物，也可作為門楣的主角。

另一種形式則是完全以神話情節為主題，比方乳海攪拌、毗濕奴躺在巨蛇阿難陀身上等，內容變化多端。每一座寺廟的門楣浮雕都是值得留心的亮點，參觀時不妨帶著小型望遠鏡與手電筒，有些門楣浮雕位於幽暗的室內，一不留神就會錯過囉！

由卡拉與金翅鳥頭像連綴而成的門柱。（攝於班迭絲雷廟）

以毗濕奴化身為人獅為主題的山形牆。（攝於班迭絲雷廟）

吳哥寺的西參道，保留了一半修復前的原貌。

修復：吳哥的再現

　　雖然吳哥王朝在十六世紀之後就因為無力經營，將首都遠遷金邊，但遺留在洞里薩湖畔的吳哥遺蹟群，並未因此被高棉人遺忘。改為佛寺後的許多寺廟依舊香煙裊裊，留居在當地的人民仍視之為聖地，但是國家再也無法負擔龐大的維護成本，只能任其自生自滅。

　　一八六一年是個重要的轉捩點，法國博物學家亨利‧穆奧到此探險，於一八六三年發表了他的遊記與手稿，在歐洲引發轟動；同年，法國與柬埔寨簽訂保護協定，將柬埔寨納入對越南的布局，逐步成立了「法屬印度支那」。這讓法國擁有對吳哥進行研究、掠奪的優先權，在研究的過程中，也逐漸負起了保存、維護的責任，成為吳哥遺蹟主要的修復者。

　　十九世紀是探險與擴張的年代。因「國王與我」這部電影聞名全球的旅泰英國女教師安娜‧李奧諾文斯，曾於一八六五年，騎著大象參訪吳哥寺；同年，為台灣平埔族留下珍貴歷史照片的英國攝影師約翰‧湯姆生，則替吳哥遺蹟拍攝了歷史上第一組紀錄照片。在照片中

可以看見，這些被森林掩沒的神廟，其實是有僧侶在其間活動的，並
非傳說中的「廢墟」。

法國遠東學院的修復歷程

　　一八九九年，法國成立了「法國遠東學院」，專門研究南亞、東
南亞與東亞的歷史與文化。這個研究機構的基地位於越南的河內，他
們深知吳哥文明的重要性，特別成立了吳哥研究分院，並派出一支研
究隊，在一九〇七年柬埔寨北部被割予泰國前進入吳哥。

　　這是吳哥遺蹟第一次被系統性的挖掘、研究和整理。這支隊伍在
艱困的環境中想辦法清除盤踞在遺蹟上的植被、製作銘文的拓片，並
為所有文物繪圖、拍照。前往一探奇觀的遊客愈來愈多，這群研究人
員還得擔任導遊。

　　一九〇八年，柯梅爾擔任吳哥研究分院的負責人，他帶著研究隊
著手進行吳哥寺與巴戎寺的挖掘工作，雖然身為負責人，但他居住的
地方只是吳哥寺參道旁的一座草屋。他的妻子以「生活中不可以沒有
鋼琴」為由離開了他，更悲慘的是，在吳哥進行了八年的考古挖掘，
他竟被強盜謀殺，這群盜匪的目的只是為了搶奪他身上準備付給工人
們的周薪。如果有興趣，可以到巴戎寺西北角的森林中，尋訪柯梅爾
的墓。柯梅爾墓以吳哥式的門柱、門楣框在墓碑的四周，用以紀念他
對吳哥的奉獻。

　　接替柯梅爾的是莫夏凱，他對待遺蹟的方式極具爭議性。早年為

由聯合國教科文組織頒訂的世界文化遺產證明。

了阻止遺蹟快速傾頹，莫夏凱頻繁的使用水泥作為支撐，這個舉措至今依然備受抨擊。直到一九三〇年，莫夏凱在爪哇向荷蘭修復團隊學習「原物歸位法」，透過婆羅浮屠的修復工作，掌握了東南亞石造建築的特性，並將這個方法應用在班迭絲雷廟的修復上，創造了巨大的成就。

格萊茨於一九三七年繼續接手吳哥的修復與調查工作。他的工作被形容為「使吳哥復活」的關鍵。在吳哥值勤的八年期間，時值兩次世界大戰，法國能提供的經費支援極為有限，但格萊茨竟能在經費短絀、時局動盪的情況下，非常有效率的大量修復了吳哥的遺蹟。對於東梅蓬、豬山廟與博山，他堅持以「最小干預」作為工作原則；而蟠蛇殿、巴戎寺和大吳哥城的北門，則選擇性的使用原物歸位法；聖琵麗寺、巴孔廟、班迭桑雷廟與西梅蓬，則採取較多的干預性措施。格萊茨所撰寫的《吳哥古蹟群》，至今依然是英語世界吳哥指南的重要參考資料。

巴蓬廟的修復工作是由勞爾和格羅斯列啟動的，他們原本訓練了一批當地的工作團隊，並做了大量的基礎工作，但遇到赤柬執政，不得不因此中斷，所有的資料全部佚失，具有專業修復能力的高棉籍工作隊成員也幾乎被屠殺殆盡。直到二〇一一年，巴蓬廟才修復完成，開放參觀。

在超過半個世紀的考古過程中，法國遠東學院在吳哥遺蹟四周始終沒有找到足夠拼湊出人民生活的證據，包括日常使用的器物、房舍、爐灶、兵器，彷彿十六世紀之前的吳哥人民就此突然消失。於是，神廟的浮雕壁畫與銘文，就成了研究吳哥生活史的重要依據。法國的東亞研究權威G・賽代斯，耗費了數年時間研究吳哥的浮雕壁畫，將現代高棉人的生理特徵與牆上的圖像嚴密比對，證明了吳哥確實是高棉民族的創作，亦爬梳出吳哥王朝時期人民的生活場景。

在巴黎，投入碑銘研究的學者很多。雖然不用在叢林中苦苦煎熬，但要根據這些從遠方寄回來的拓片，解讀梵文與古典高棉文，並從中解讀、拼湊出吳哥的歷史，也不是一件容易的事。最困難的地方不是語言，而是碑銘並未依照史實書寫，畢竟碑銘的目的是讚頌國王與神祇，難免有誇大的成分。即使根據碑銘所注記的時間推算出了確切的立碑日，也僅能粗略推估事件發生的前後關係，但對於吳哥歷史的面貌，實際上仍是一片迷茫。

吳哥寺迴廊浮雕中的銘文,說明人物身分。

聯合國教科文組織與世界文化遺產

一九七九年,赤柬垮台後,曾在格羅斯列手下受過古蹟維護訓練的柬埔寨工作人隊成員皮克‧喬,艱困地避過了赤柬大屠殺,率領其他數百名曾為吳哥遺蹟工作過的夥伴回到吳哥,為國家的文化瑰寶繼續努力。他被委任為吳哥保護委員會的主席,直到聯合國的力量進入協助前,幾乎是以徒手肉身、毫無裝備的情況下,照顧著這些遺蹟與文物。

一九九二年,吳哥遺蹟被聯合國教科文組織納入世界文化遺產後,聯合國便組織了國際修復團隊,在吳哥進行著長期的修復計畫,曾經參與過修復的國家有法國、印度、德國、中國、義大利、印尼和日本。聯合國亦協助柬埔寨成立自己的吳哥遺蹟管理與營運組織,命名為「阿帕莎拉管理局」,阿帕莎拉即「仙女」的意思,是乳海攪拌產生的寶物之一,也是柬埔寨傳統舞蹈的靈感來源。阿帕莎拉管理局是一個非政府組織(NPO),其運作主要依靠來自世界各地的捐款,目前正與各國修復團隊緊密合作中。

附表一：歷代君主與寺廟對照表

年代（西元／年）	國王	信仰	建築風格	寺廟與建設	重大事件
790～835	闍耶跋摩二世	印度教	庫倫式	庫倫山遺蹟群	802年於庫倫山登基，恢復神王制度 遷都至訶里訶羅洛耶（羅洛士）
835～877	闍耶跋摩三世			創建巴孔廟	奠定第一座廟山式樣建築
877～886	因陀羅跋摩一世		神牛廟式	神牛廟 巴孔廟 因陀羅塔塔迦湖	晚年發生政爭
889～910	耶輸跋摩一世		巴肯山式	羅雷廟 巴肯山 帕沙貝廟 思瑪貝凱克廟 豬山廟 博山 東巴萊湖	遷都至耶輸陀羅補羅（吳哥中心區）
910～923	曷利沙跋摩一世			荳蔻廟 巴塞增空金字塔（始建）	
923～928	伊奢那跋摩二世				離奇死亡、國家分裂
928～941	闍耶跋摩四世		科克式	科克遺蹟群	遷都科克
941～944	曷利沙跋摩二世				
944～968	羅貞陀羅跋摩二世	印度教佛教兼容	變相廟式	東梅蓬 變相廟 巴塞增空金字塔（立碑） 庫提斯跋羅廟 巴瓊寺 皇家浴池	遷回吳哥中心區
968～1000	闍耶跋摩五世	印度教佛教兼容	班迭絲雷式、喀霖寺式	班迭絲雷廟 塔高廟	拓展貿易

年代 （西元／年）	國王	信仰	建築風格	寺廟與建設	重大事件
1001～1002	優陀耶迭多跋摩一世	印度教 佛教 兼容			
1002～1010	闍耶維羅跋摩	印度教 佛教 兼容	喀霖寺式	北喀霖寺	內戰
1002～1049	蘇耶跋摩一世			南喀霖寺 柏威夏寺 空中宮殿（吳哥古皇宮） 聖劍寺（磅柴） 西巴萊湖 瓦普（寮國） 高布斯濱	內戰 擴大政治版圖 擊退孟族 疆界擴張至今泰國南部
1050～1066	優陀耶迭多跋摩二世		巴蓬廟式	巴蓬廟 西梅蓬	
1066～1080	曷利沙跋摩三世			整頓耶輸陀羅補羅	
1080～1107	闍耶跋摩六世		吳哥寺式	披邁（泰國）	
1107～1112	達蘭因陀羅跋摩一世				
1113～1150	蘇耶跋摩二世			吳哥寺 塔瑪儂廟 周薩神廟 班迭桑雷廟 班梅雷雅廟 帕儂藍（泰國）	遣使中國 與占婆大戰（至1190年占婆國王被擄為止）
1150～1165	耶輸跋摩二世			班梅雷雅廟 周薩神廟 班迭桑雷廟 巴孔廟	
1165～1177	崔婆梵那迪提耶跋摩				篡位登基

年代 （西元／年）	國王	信仰	建築風格	寺廟與建設	重大事件
1181～1220	闍耶跋摩七世	佛教	巴戎寺式	塔普倫寺 聖劍寺（吳哥） 闍耶塔塔迦湖 蟠蛇殿 達松寺 塔內寺 大吳哥城 巴戎寺 鬥象台 塔普倫哥寺 醫院 牛場寺 皇家浴池 吳哥皇宮	安內攘外、擴張疆域、大興土木、變印度教政權為佛教
1220～1243	因陀羅跋摩二世			十二塔 塔普倫寺 班迭喀蒂寺 達松寺 塔內寺	
1243～1295	闍耶跋摩八世	印度教	後巴戎式	聖琶麗寺 巴戎寺 塔普倫寺 聖劍寺（吳哥） 吳哥寺 巴蓬廟 周薩神廟 班迭桑雷廟 班梅雷雅廟 聖皮度寺群 癲王台 鬥象台 吳哥皇宮	毀佛運動，改佛教寺廟為印度教
1295～1307	蘇耳因陀羅跋摩	印度教過渡佛教		塔普倫寺 聖皮度寺群 聖琶麗寺	元朝使節周達觀來訪
1307～1327	蘇耳因陀羅闍耶跋摩	佛教	不明		
1327～	闍耶跋摩・拜里迷蘇拉				

附表二：建築風格

風格	時間（西元）	國王	代表寺廟	特徵
前吳哥時期磅普利式	700年～800年左右		亞揚廟	建材以紅磚為主，門柱細長、圓形，環狀裝飾繁複。中央塔高於其他廟塔。
過渡期庫倫式	825年～875年左右	闍耶跋摩二世	庫倫山遺蹟群	建材以紅磚為主，開始使用磚紅壤作為牆體。砂岩門柱多為細長的八角形或方形。
吳哥時期神牛廟式	877年～886年	闍耶跋摩三世、因陀羅跋摩一世	羅洛士遺址群	單層台基上設置數座塔，金字塔型式（廟山）確立。 出現塔門、藏經閣，寺廟的空間分布依回字形規畫。 門的兩側牆壁以蒂娃妲女神和達拉帕拉門神作為浮雕裝飾。
巴肯山式	889年～923年	耶輸跋摩一世、曷利沙跋摩一世	巴肯山、豬山廟、博山、巴塞增空金字塔	主要採用廟山形式，提高砂岩的使用比例，且砂岩裝飾更為發達。
科克式	921年左右～944年	闍耶跋摩四世	科克遺蹟群	出現雙中心的空間分布形式，氣勢磅礴，以紅磚為主要建材。 開始嘗試將山形牆作為立面裝飾的焦點，左右兩端的渦卷比例巨大。 砂岩石雕極為華美典雅，但也因此被大量偷盜。
變相廟式	944年～968年	羅貞陀羅跋摩二世	東梅蓬、變相廟、庫提斯跋羅廟、巴瓊寺	介於科克式與班迭絲雷式之間，回字形空間內開始使用長廊。中央塔以紅磚和灰泥為主要建材。巴瓊寺的室內磚雕獨樹一幟。
班迭絲雷式	967年～1000年	闍耶跋摩五世	班迭絲雷廟	以粉紅色砂岩為主要建材，建築量體小巧且裝飾繁複。 承襲科克式的山形牆特色，但比例上較和諧，中央開始以史詩神話的故事情節作為裝飾主題。

風格	時間（西元）	國王	代表寺廟	特徵
喀霖寺式	968年～1010年	闍耶跋摩五世、蘇耶跋摩一世	塔高廟、南北喀霖寺、空中宮殿	幾乎全以藍灰色砂岩為主要建材。 長廊與十字形塔門結合，迴廊形式亦於此時出現。 雕飾風格節制內斂。
巴蓬廟式	1050年～1080年	優陀耶迭多跋摩二世	巴蓬廟、西梅蓬	雕飾風格活潑華麗，門楣時以史詩神話情節為主題。 出現敘事性的連續淺浮雕，依故事情節的前後順序排列。
吳哥寺式	1080年左右～1175年	闍耶跋摩六世、蘇耶跋摩二世、耶輸跋摩二世	披邁（泰國）、吳哥寺、塔瑪儂廟、周薩神廟、班迭桑雷廟、班梅雷雅廟、帕儂藍（泰國）	回字形的空間分布，以長廊貫串分割為田字形。 花苞狀廟塔、迴廊形式均發展成熟。 參道上出現十字形平台，那迦欄杆以短柱墊高。 浮雕風格華麗奢靡，大量使用阿帕莎拉仙女，迴廊壁面出現敘事性的淺浮雕。
巴戎寺式	1181年～1243年	闍耶跋摩七世、因陀羅跋摩二世	塔普倫寺、聖劍寺（吳哥）、蟠蛇殿、達松寺、塔內寺、大吳哥城、巴戎寺、鬥象台、牛場寺、皇家浴池（增建的平台）	由於快速且大量興建，建物規模龐大、空間分布複雜但工法粗糙。 主要建物使用砂岩，次要建物大量使用可快速硬化成形的磚紅壤。 人面塔為塔樓的最大特色，「乳海攪拌」題材被用作參道兩側的圍欄。 浮雕風格延續吳哥寺式，藝術表現稍顯遜色。
後巴戎式	1243年以降	闍耶跋摩八世及後繼者	癲王台、聖皮度寺群、聖琶麗寺，以及前一時期的佛教寺廟被大量改建	參道以圓形矮柱架高。

附表三：門楣風格

風格	時間（西元）	國王	代表寺廟	特徵
前吳哥時期磅普利式	700年～800年左右			拱狀的蔓形圖案被排列的花圈取代，花環下方有垂墜的細長枝葉。
過渡期庫倫式	825年～875年左右	闍耶跋摩二世	庫倫山遺蹟群	受爪哇影響，魚龍位於兩側，面向朝外；卡拉成為門楣主角，位於中心。
吳哥時期神牛廟式	877年～886年	闍耶跋摩三世、因陀羅跋摩一世	羅洛士遺址群	吳哥遺蹟門楣中的頂尖精品，風格活潑多元，極具創造力。 卡拉位於中央，魚龍面向朝外，浪花間藏有小比例的各式神祇，毗濕奴與金翅鳥亦常是主角。
巴肯山式	889年～923年	耶輸跋摩一世、曷利沙跋摩一世	巴肯山、豬山廟、博山、巴塞增空金字塔	近似神牛廟式，但沒有小比例的神祇。火焰狀的浪花粗豪有力，有時以象作為畫面的中心。
科克式	921年左右～944年	闍耶跋摩四世	科克遺蹟群	常以人物作為構圖的中心，拱狀花蔓粗壯，延伸連接門楣兩側的那迦，那迦面向朝外。 卡拉造型猙獰兇狠。 人物或神獸的肌肉厚實有力。 門楣下緣沒有邊飾。
變相廟式	944年～968年	羅貞陀羅跋摩二世	東梅蓬、變相廟、庫提斯跋羅廟、巴瓊寺	恢復神牛廟式與巴肯式，下緣有邊飾。 畫面中央為印度教諸神。
班迭絲雷式	967年～1000年	闍耶跋摩五世	班迭絲雷廟	構圖極複雜，花蔓繞圈。 畫面中央的主角是印度教諸神，諸神上方為卡拉。

風格	時間（西元）	國王	代表寺廟	特徵
喀霖寺式	968年～1010年	闍耶跋摩五世、蘇耶跋摩一世	塔高廟、南北喀霖寺、空中宮殿	祥和內斂，花蔓自卡拉口中吐出，卡拉雙手捧住花蔓，頭頂蓮座，上面坐著一位男性神祇。
巴蓬廟式	1050年～1080年	優陀耶迭多跋摩二世	巴蓬廟、西梅蓬	印度教神祇位於卡拉的上方，通常是毗濕奴（黑天）。有時也以數位小型人物作為構圖的主題。
吳哥寺式	1080年左右～1175年	闍耶跋摩六世、蘇耶跋摩二世、耶輸跋摩二世	披邁（泰國）、吳哥寺、塔瑪儂廟、周薩神廟、班迭桑雷廟、班梅雷雅廟、帕儂藍（泰國）	花蔓位於畫面中央橫軸，那迦頭上戴著寶冠。有時以神話情節為主題，人物衣飾與壁面浮雕的人物樣式相仿。
巴戎寺式	1181年～1243年	闍耶跋摩七世、因陀羅跋摩二世	塔普倫寺、聖劍寺（吳哥）、蟠蛇殿、達松寺、塔內寺、大吳哥城、巴戎寺、鬥象台、牛場寺、皇家浴池（增建的平台）	以佛教為主要題材。卡拉位於畫面中央的下緣，上有神祇；與卡拉搭配的花蔓則分成四個拗折，小型獅子立於卡拉左右。

四臂毗濕奴站在卡拉頭上，擊敗阿修羅兄弟。（攝於班迭桑雷廟）

附圖一：闍耶跋摩七世時期吳哥疆域圖

附圖二：吳哥遺蹟分布圖

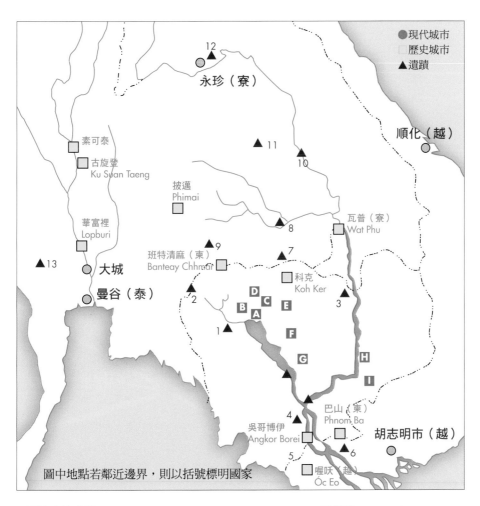

A 羅洛士遺址群　Roluos

B 吳哥　Angkor

C 班梅雷雅　Beng Mealea

D 庫倫山　Phnom Kulen

E 聖劍寺（磅柴）　Preah Khan in Kampong Svay

F 三波波雷古　Sambor Prei Kuk

G 瓦納隆寺　Wat Unnalom

H 三波　Sambor

I 班迭普利諾科　Banteay Prei Nokor

1 馬德望　Battambang

2 門磑（泰）　Muang Tum

3 瓦普（東）　Wat Phu

4 闕所爾山　Phnom Chisor

5 巴揚山　Phnom Bayang

6 普利卻克　Prei Chek

7 柏威夏　Peah Vihear

8 薩康朋大遺址　Prasat Wat Sa Kamphaeng Yai

9 帕儂藍　Phnom Rung

10 塔引杭　That In Hang

11 帕他那萊敬盈　Phra That Narai Cheng Weng

12 撒伊風　Say Fong

13 門辛　Prasat Mueang Sing

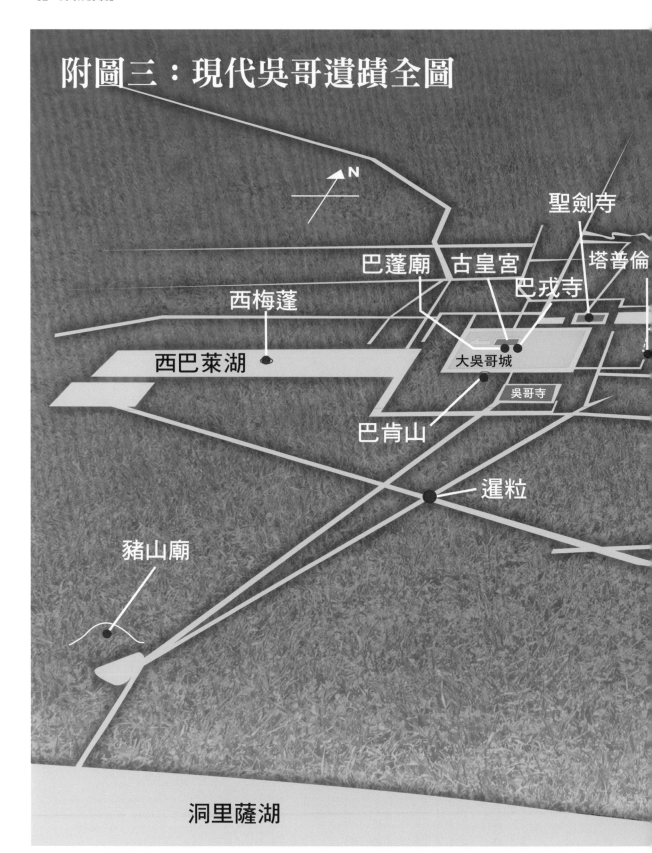

附圖三：現代吳哥遺蹟全圖

聖劍寺

巴蓬廟　古皇宮　塔普倫

巴戎寺

西梅蓬

西巴萊湖

大吳哥城

吳哥寺

巴肯山

暹粒

豬山廟

洞里薩湖

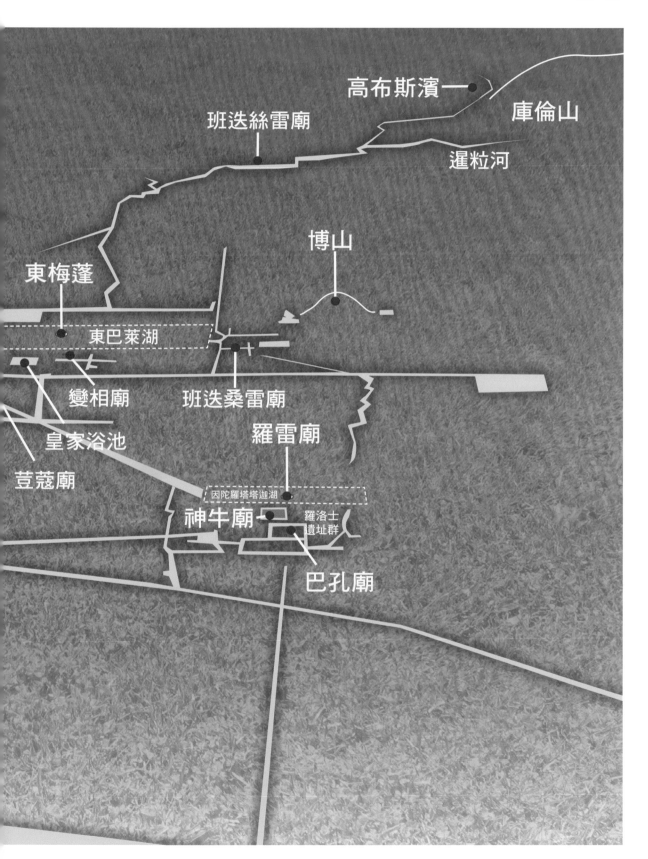

高布斯濱一

庫倫山

班迭絲雷廟

暹粒河

博山

東梅蓬

東巴萊湖

變相廟

班迭桑雷廟

皇家浴池

羅雷廟

荳蔻廟

因陀羅塔塔迦湖

神牛廟

羅洛士遺址群

巴孔廟

吳哥中區

吳哥寺（**Angkor Wat**）

巴肯山（**Bakheng**）

大吳哥城（**Angkor Tom**）

南門（**South Gate**）

帕沙青戎廟（**Prasat Chrung**）

巴戎寺（**Bayon**）

巴蓬廟（**Bapuon**）

鬥象台（**Terrace of the Elephant**）

古皇宮（**The Ancient Royal Palace**）

癲王台（**Terrace of the Leper King**）

十二塔（**Prasat Suor Prat**）

南北喀霖寺（**The Kleangs**）

聖皮度寺群（**Preah Pithu**）

聖琶麗寺（**Preah Palilay**）

提琶南寺（**Tep Pranam**）

思瑪貝凱克廟（**Thma Bay Kaek**）

帕沙貝廟（**Prasat Bei**）

塔普倫哥寺（**Ta Prohm Kel**）

巴塞增空金字塔（**Baksei Chamrong**）

西塔門正面全景。

建築年代：西元十二世紀初（西元
一一一三年至一一五〇年間），後來擴建
風格：吳哥寺式
統治者：蘇耶跋摩二世
其他中文譯名：吳哥窟、小吳哥
推薦指數：★★★★★
參觀時間：四至六小時，或分兩天參觀

吳哥寺
Angkor Wat

　　吳哥寺是高棉城市與寺廟的典型，也是世界上最大的宗教建築，總面積接近兩百公頃，約有兩座足球場那麼大。根據遺蹟上的碑文記載，它是統治者蘇耶跋摩二世在十二世紀前半葉所建立的，與法國的楓丹白露宮同時期。它不只是一座寺廟，也是蘇耶跋摩二世的都城。國廟位於城市的中心，原來的名字是「毗濕奴的殿堂」。蘇耶跋摩二世是毗濕奴的信徒，與毗濕奴有關的神話故事被大量刻畫在國廟中的各個角落，直到十四世紀改為佛寺後，才改名為「吳哥寺（Angkor Wat）」。「Angkor」的意思是「城」，「Wat」是寺。據推測，吳哥寺城的居民人數，在全盛時期可能有百萬之多。

　　十三世紀的時候，中國元朝的使節團南訪，當時的吳哥被中國稱為真臘。由於吳哥王朝遺留下來的文字紀錄極少，中國使節團成員周達觀記錄的《真臘風土記》，即為吳哥文明最詳盡、真切的見證。周達觀

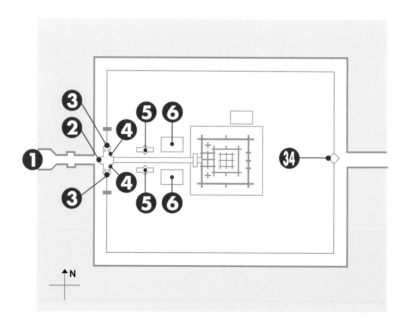

初見吳哥寺，對它的印象是這樣的：「石塔在南門外半里餘，俗傳魯班一夜造成。魯班墓在南門外一里許，周圍可十里，石屋數百間。」柬埔寨當地則傳說，吳哥寺是由天神因陀羅所造：很久很久以前，有一位聰慧俊美的王子，因陀羅很喜歡他，就下凡來把他綁到天上去。時間久了，其他仙女受不了這個王子身體的氣味，集體向因陀羅抗議，因陀羅只好把他送回凡間。王子不開心，要求因陀羅為他造一座和天上一模一樣的宮殿，於是就出現了吳哥寺。

其建築形制反映的是印度教的宇宙觀。印度教認為，神居住在須彌山上，須彌山即宇宙的中心，四周以海洋環繞。為了模擬神的世界，吳哥寺的中心以層層堆高的塔象徵須彌山，毗濕奴便居住在這裡。國王是毗濕奴在凡間的化身，所以吳哥寺也是國王死後的陵墓。塔的外圍環繞著三層方形迴廊，以同心圓方式向外擴大，象徵須彌山綿延的山脈。在迴廊與城牆之間，是城市居民生活的空間，目前仍可隱隱看得出街廓的痕跡。中央塔由五座塔組成，外圍的四座塔較矮，中央塔最高，距離地面約六十五公尺。吳哥寺主要的建材是砂岩和磚紅壤，由於石材的限制，不能蓋得非常高，便以階梯式的平台逐層墊高，營造出莊嚴宏偉的效果。

城牆外環繞著廣闊的護城河，象徵環繞須彌山的海洋。護城河河面寬一百九十公尺，河水引自暹粒河。以此為基礎，雨季時儲水防洪，乾季時則據此維生。從護城河延伸開去的水道網錯綜複雜，是這座都城的命脈，供居民灌溉、民生之用。也有人認為，由於護城河維持地基穩固，吳哥寺才能經歷數百年的風雨而不頹圮。

吳哥寺的坐向是一個巨大的謎團。吳哥王朝絕大部分的寺廟坐向都朝東，吳哥寺的坐向則是朝西，咸認為這與毗濕奴的特性有關。毗濕奴在特定條件中，具備西方的性質（但祂並不是象徵西方的神）。其他坐向不朝東的寺廟還有泰國的披邁寺，面向吳哥王城，為東南向；泰東邊境的柏威夏寺，朝北；還有鬥象台對面聖皮度寺群中的兩座寺廟，以及磅柴的聖劍寺（吳哥中心區東方一百公里處）中的毗濕奴神殿，都是朝西的。

一四三一年，暹人攻下吳哥城，高棉人被迫遷都，吳哥便逐漸被森林掩埋，只有當地人知道它的存在。直到四百三十年後，法國博物學家亨利・穆奧發現了吳哥遺蹟，才讓它重新展現在世人面前。歷經戰火洗禮、人為劫掠，吳哥寺受損嚴重，直到一九九二年，才被聯合國教科文組織指定為瀕危世界遺產。各國專家為了對抗植物的侵蝕、

西塔門入口處的仙女浮雕，因遊客的撫摸迅速消蝕。

風化和保護不當所造成的毀損，陸續從世界各地來到這裡進行修復工作，時至今日，吳哥寺的維修仍在繼續進行中。

1. 西參道入口

參訪路線以西參道入口處為起點。參道是一座橋，跨越寬闊的護城河，直達西塔門。昂然而立的那迦（蛇神）與石獅，是參道最顯著的地標。那迦其實就是神格化了的眼鏡蛇，大多是七個頭，有時也有五頭或九頭的造型。如同中國人自稱為「龍的傳人」，高棉人則認為自己是那迦的子孫。那迦象徵了水的力量，也是引渡者，帶領人進入神的世界，因此吳哥寺廟前方的參道，多築有那迦造型的圍欄。石獅側過身，面朝參道，監視著要前往神靈世界參拜的人。

橋頭的右邊，在綠蔭濃密的菩提樹下，設有一座聯合國教科文組織頒發的「世界文化遺產」標誌。據說這棵菩提樹已有八百餘歲，來自印度的菩提伽耶，由見證佛陀成道的菩提樹種子生長而成。

參道的右半側石板平整，左半側則崎嶇歪斜。在一九六〇年代，柬埔寨仍是法國的殖民地，法國政府為了讓世人了解維修之前的樣貌，便保留左半側，只做支撐補強，把原貌儘量保留下來。然而日久年深，加上參訪人潮蜂擁而至，承受力較差的左半側也必須重修，才能避免倒塌的命運。

在參道中段有一座平台，築有階梯，向河中延伸。在平台的西北角附近，刻有一雙腳掌，一說是佛腳印，也有人認為這原本應該是巴戎寺南大門的阿修羅浮雕，誤植於此。

2. 西塔門

吳哥寺在東、西、南、北各有一個塔門，西塔門是正式入口，規模較其他塔門更為雄偉華麗。西塔門設有三個入口，中間的是止門；向南北延伸的

兩段迴廊，則各有一個側門。國王由正門進出，兩個側門則是給皇族和官員走的。百姓不能進入吳哥寺，只有婆羅門（印度教的修行者），可以住在裡面修行、祭祀。

入口處兩側的仙女浮雕，是吳哥寺最著名的亮點。這些仙女叫做阿帕莎拉（Apsara），當眾神攪拌乳海，飛濺而出的水花與霧氣，就變成了跳舞仙女阿帕莎拉。蒂娃妲女神是女性的半神人，早期多與達拉帕拉門神一起作為門兩側的裝飾，在吳哥寺中則成為壁面裝飾的主角。與阿帕莎拉的分別在於，阿帕莎拉呈舞蹈姿，體態輕盈、在空中飛翔，蒂娃妲女神則為站姿。吳哥寺上上下下都刻滿了這些跳舞仙女，象徵著被霧氣包圍的乳海。蒂娃妲女神則共有一千七百九十六尊，髮型共有三十多種。每個仙女和女神的面貌身形都不一樣，表情、服裝也各有特色，很可能就是以當時的妃嬪和宮女為範本。

在西塔門的門框上方設有凹洞，原本是用來固定木門的卡榫。當年使用的木材都已經腐朽消失，只能依據石材的痕跡推測原來的樣貌。壁面、地面布滿各種孔洞，有些是為了搬運石材而鑿出來的。石頭上部分雕刻被水沖刷磨蝕，已模糊漫漶。柱子連接地面的地方，也因為水的侵蝕而浸壞崩裂。歷經數個世紀，這些砂岩已變得很脆弱，參觀的時候請儘量不要用手去摸，因為手上的汗水有油、有酸，會對這些脆弱的砂岩造成更多傷害。

接下來，從地面開始往上看，從地基開始，所有壁面都密密麻麻刻滿了花紋。頭上的樑柱，則刻著一圈一圈的蓮花瓣。根據考據，吳哥建築原本都築有天花板，天花板上也刻有蓮花瓣的裝飾。在入口處，一抬頭就可以看見門楣上的毗濕奴側臥像。一朵蓮花從祂的肚臍生出來，上面坐著梵天，旁邊的女神是毗濕奴的妻子拉克希米。這是印度教的創世傳說，毗濕奴打敗惡魔後，要創立一個新世界，但祂太過疲倦，便躺下來休息，以蛇神阿難陀為床，拉克希米為祂按摩痠痛的雙腿。自祂的肚臍生出梵天，梵天即創造之神，創造天地的工作便由梵天擔任。

吳哥寺的石壁嵌合致密，石材顏色都經過挑選，遠看會以為是平整的牆面。也因為如此，才能歷經將近千年的時間而不倒。原本的吳哥寺是有色彩的，為了保護石材不被風化，很多地方都上了漆，尤其是仙女浮雕，有些特別光亮的地方，就是上過漆的證據。單純的手澤並不能使石材光亮，而是因為砂岩的孔隙被漆封住，才會愈摸愈亮。

3. 毗濕奴神像

　　西塔門左右兩側的空間向南北延伸，側門塔樓內各有一尊毗濕奴神像，南邊的神像保存狀況較佳，香火鼎盛。對這座神龕而言，這尊神像高約四公尺，尺寸明顯過大，原本可能是放置在中央塔中心的。神像有八隻手臂，其中的三隻手臂是後來才用石頭雕好補上去的。相傳祂的頭也曾經被人鋸下來偷走，運到邊境的時候，小偷突然在警察身邊大吵大鬧說：「我很臭，為什麼把我塞在臭魚包包裡？」警察覺得奇怪，檢查後，就在賣臭魚的包裹裡發現了毗濕奴頭像，也把小偷抓了起來。

　　因為這尊毗濕奴每次失竊時都會顯靈，祂的香火也就特別興旺。膜拜的方式是用手去摸祂的腳，或用水去淋祂的腳，然後用手沾一些祂腳上的水，拍在自己身上。許願者要捐一些香油錢，也必須還願。向毗濕奴神還願的方法很特別，不用供奉供品，但是要奏樂給祂聽。祂的腳部特別光亮，是因為這尊神像以前鍍有金箔，和仙女雕像一樣塗過漆，所以會被摸亮，現在還可以看到上面殘留的一點點金箔。

　　北邊的神像保存狀況較差，原本應該有八隻手臂，現在只剩下三隻手。從服裝和造型風格推斷，這兩尊神像都不是十二世紀的毗濕奴，可能是十三世紀之後雕的，有佛教化的傾向。

　　塔門中的這些佛像，大多都是十三世紀的產物，雖然頭和手都已經逸失，仍然可以從坐姿判斷它們是印度教或是佛教的神像：印度教的坐像，其中一隻腳會縮起，踏著平台，另一隻腳則踩在地上；佛像則是雙腿盤起。

　　當年戰爭的痕跡也遺留在西塔門附近，當時美軍為了找出藏匿於此的共產黨員，曾經在這裡進行掃射，現在還留有子彈孔；在南廊東翼的「天堂與地獄」壁畫迴廊，有一段也是被美軍炸毀的。

4. 蒂娃妲女神

　　在西塔門的東面，有一尊蒂娃妲女神是整座吳哥寺中，唯一一尊露齒微笑的。由於立面朝東，建議清晨看完日出後，再走回來參觀，可以順光拍攝。這些女神雕刻雖然已經有點模糊，但仍然保存得很好，沒有受到破壞。每個女神的髮型都不盡相同，她們戴的耳環重到讓耳垂都拉長了，這就是高棉民族又叫做「長耳族」的由來，這些雕刻反映了她們當時的裝飾文化。因為天氣炎熱，有的女神手上拿著扇子，也是當時人們常用的東西。她們的腳被高棉的雕刻師刻成斜的，

吴哥寺日出。人潮汹涌，
需提早前往卡位。

露齒的蒂娃妲女神。

可以欣賞腳趾不同的姿態。

　　這個區域還有一群正在化妝的女神，有的插著髮簪、有的插一朵花、有的在照鏡子梳妝打扮。另外有三個女神，雙眼皮特別深刻，與其他單眼皮的女神大不相同。十二世紀的吳哥王朝，是東南亞最強盛、富庶的國家，文化精緻，所以仙女的裝束也比前朝所留下來的雕刻更為華美。元代原本企圖要揮兵南進，將中南半島納入國土，可能由於周達觀一行人的報告，得知真臘不容小覷，便決定取消作戰計畫。

5. 藏經閣

　　穿過西塔門，沿著參道繼續往西走，眼前是一片廣闊的綠地，左右兩邊各有一座石屋，這就是藏經閣，目前由日本的修復團隊負責維修。參道、迴廊與藏經閣的配置，在印度教中有著更深一層的意義：從人間到天界，需要穿越七座海洋與七座高山，以及兩座橋。接近天界之時，便會遇見天神因陀羅。護城河象徵海洋，迴廊象徵山脈，參道即是橋梁，而藏經閣，則代表因陀羅所在的天庭。參道兩側的七頭那迦，象徵著彩虹的七個顏色，因此參道又被稱為彩虹橋。作為欄杆的那迦只有頭部，沒有尾巴，說明這裡是只有開頭、沒有結尾的地方，和彩虹一樣沒有盡頭，象徵著路途的遙遠。

6. 水池

　　在藏經閣後方，原本各有一座水池，目前北方的水池已經乾涸，僅在雨季時會有輕微積水的情形。南方的水池是吳哥寺的著名景點，由於可以拍攝吳哥寺的日出與倒影，每天清晨都會吸引大批人潮聚集於此。每年的春分與秋分，可以從這裡看見太陽自吳哥寺正中央的尖塔背後緩緩升起，象徵神的光明公正、富饒地照耀大地。這座水池也是電影《古墓奇兵》的拍攝場景之一。

7. 淨身池

本書採訪時，吳哥寺第三層迴廊的西塔門正在維修，僅開放西面迴廊的北翼或南翼入口。進入第三層迴廊後，迎面而來的便是壯觀的印度史詩神話浮雕，由於浮雕龐大繁複，建議可以先看建築，最後再回來專心欣賞浮雕。若時間充裕，可以在早晨看完日出後，先繞到第三層迴廊的東面欣賞浮雕，再沿著北面或南面迴廊走回來，從西塔門繼續沿著中軸線向東走，欣賞吳哥寺的建築之美；午後等太陽西斜，再回來探索西面的浮雕。這裡先介紹建築的部分，迴廊浮雕於後文集中介紹。

在西塔門的後方，是一座十字形迴廊，四個水池與十字形迴廊構成「田」字型，這四個水池就是淨身池，在進入天界之前，必須先在這裡沐浴淨身。這四座水池的意義有兩種說法，一說是象徵「四大皆空」，也有人認為是象徵地、水、火、風等神性元素。四大皆空的「四」，指的是肌肉、血液、內臟和呼吸，必須把人間的氣味和污穢都洗掉，才能進入神的世界。參與祭祀的人，都必須在這裡進行淨身的儀式，必須在四個水池中將手和臉各洗一遍，才算是淨身完成。

這四個水池都築有排水孔和階梯，排水口使水池在不使用的時候保持乾燥，階梯則供人走下水池進行儀式。根據研究，這四個池子有特別糊上一層黏土，可能是用來防止漏水的。

8. 十字形迴廊

在改為佛寺後，這裡原本放置了數量龐大的佛像，都是由信眾捐獻供奉的，因此這裡又被稱為千佛殿。法國殖民時期，大部分的精品都被運到法國的博物館收藏，剩下的佛像又因為戰亂被破壞、盜賣，目前已經所剩無幾。

在這個區域有幾個重要的亮點：

8-1. 廊柱：吳哥王朝缺乏完整的文獻資料，唯一留存下來的文字紀錄，除了中國周達觀的《真臘風土記》，就只有寺廟中的碑銘。這裡的廊柱刻有大量的碑銘，是十六世紀的產物，當時的吳哥寺已改為佛寺。碑銘中記述了國王事蹟和佛經內容，說明國王是釋迦牟尼之子，將功德回向給父母。雖然是古束文，但文字與現代束文仍有部分相同，古典的讀法在佛寺中也有保留下來，因此可以透過多重比對，辨識文意。

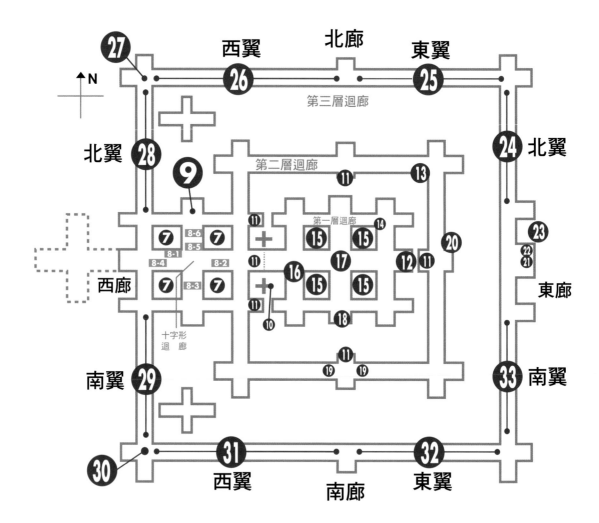

　　每個廊柱與地面銜接的地方，都雕有一位長鬍老者，這位老者是印度教的修士（或譯「隱士」、婆羅門）。而柱身所雕的仙女，則與隱士的浮雕風格不同，較不具立體感，這是吳哥寺廟處理廊柱、門框、窗框時常用的雕刻技法，以平雕花紋表現出華美的效果，但又能維持整體上的簡潔與平衡。

8-2. 東面門楣浮雕──黑天殺死剛沙王：吳哥寺是毗濕奴的神殿，因此這裡的浮雕都與毗濕奴有關。毗濕奴有十個化身，其中一個是佛陀，另外一個也很著名的，叫做黑天。這一幅浮雕描繪的就是黑天殺死惡魔剛沙的故事。

　　黑天出生在印度的馬圖拉，馬圖拉的統治者叫做剛沙，非常殘暴。黑天的母親是剛沙王的妹妹迪瓦琪，剛沙王曾經被指示，迪瓦琪

的兒子將會是取他性命的人。於是他就把迪瓦琪和妹夫關進大牢，只要他們一生孩子，就立刻把嬰兒殺掉。黑天是第八個兒子，迪瓦琪偷偷將黑天送到鄉下，才保住一條小命。由於黑天是毗濕奴的化身，從小就展現驚人的神力，保護鄉里，成為人民心中的英雄。剛沙王聽到風聲之後，害怕這個人會危害到自己的王位，就用計迫害黑天，不但將他逐出馬圖拉，還將與他有關的人物全部處死。黑天一怒之下衝進皇宮，徒手就將剛沙王給打死了。

在這個浮雕中，黑天被刻畫成四臂毗濕奴的形象，上面的兩隻手可能拿著寶螺和法輪等法器。剛沙王被摜在地上，黑天下方的左手拽著剛沙王的頭髮，左腳看來像是正在踹他的肚子。黑天的右腳則被一名修士緊緊抱著，這位修士可能是剛沙王的臣子，哀求黑天手下留情。不過在原來的故事當中，並沒有修士這個角色，可能是吳哥工匠為了畫面的生動與平衡而加上去的。

浮雕的畫面四周用那迦的蛇身框出一圈裝飾用的框線，這個形式是吳哥寺門楣浮雕的一大特色。

8-3. 南面門楣浮雕——毗濕奴生梵天：和前面西塔門的門楣浮雕是同一個主題，這個主題在印度教中是非常經典的圖像。毗濕奴躺在蛇神阿難陀的身上，在無邊無際的永恆之海中隨處漂浮。這幅浮雕將蛇身下方的海洋以線條描繪出來。他的妻子拉克希米替他按摩雙腿，他則是苦苦思索著要如何創造世界。一朵蓮花從他的肚臍中升起，中間坐著一位名叫梵天的天神，肩負起創造世界的任務。

阿難陀是天地間第一條蛇，有一千個頭，是毗濕奴重要的隨從。毗濕奴化身為佛陀時，遭逢大雨，阿難陀就蜷起身體，將佛陀舉高，使他不受洪水侵襲；並張開自己的一千個頭，替佛陀遮雨，這個形象後來在佛教中仍十分流行。

梵天是創造之神，也就是泰國很崇拜的四面佛。在這個浮雕中，梵天和蓮花的部分已經剝落了。

8-4. 西面門楣浮雕——乳海攪拌：這一幅也是印度教中很經典的圖像，描述眾神為了追求長生不死的甘露，在毗濕奴的領導下，合作攪拌乳海的故事。因為面積窄小，這一幅只是精簡版，第三層迴廊中有一幅壯觀細膩的「乳海攪拌」，這個故事在後文中會詳細介紹。

8-5. 北面門楣浮雕——毗濕奴大戰惡魔：在北面的這幅門楣浮雕中，中間最大的人物是毗濕奴，兩側有很多隻手的則是惡魔（阿修羅）。毗濕奴頭部兩側有兩個圓圈，中間各雕有一個小人，分別是日

電影「花樣年華」中的祕密小洞，就位於中央塔前的藏經閣。

神和月神。這個圖像無法在典籍中找到完全吻合的故事，僅能依照吳哥寺的其他浮雕圖像比對出人物的身分。毗濕奴及其化身與阿修羅的戰爭非常多，比方第三層迴廊中的巨型浮雕「黑天大勝阿修羅巴納」、「楞伽之戰」、「毗濕奴大勝阿修羅大軍」等，都是為了彰顯毗濕奴的神威。

　　8-6. 天花板：之前曾經說過，吳哥寺原本是漆有顏色的，這裡的天花板明顯殘留著一些紅漆，供後人想像當年精緻華美的面貌。

9. 敲心塔

　　在十字形迴廊的北面這座塔，站在這裡敲擊胸口，可以聽到塔內傳來的隆隆回音。這個神奇的功能有各種解釋，一說是統治者用來測試臣民的忠誠度，一說可以透過回音檢查身體是否健康。

　　塔的北邊門框上有用毛筆書寫的漢字題詩，推測可能是民國初年來此遊覽的華人遊客所留下的。類似題詩在吳哥寺內還不少，可以留心辨識，看看詩裡寫了些什麼。

10. 中央塔前藏經閣

　　這個維修中的藏經閣是電影「花樣年華」的拍攝場景。片末，梁朝偉來到這裡，向石洞中吐露了一個祕密。那個洞的位置就在左邊的門框上，可以用旁邊石柱上兩個並列的小洞作為參照點，就在這個高度附近。若參觀時藏經閣仍在維修中，建議不要勉強攀登，避免發生危險。

11. 第二層迴廊塔門浮雕：羅摩衍那

　　吳哥寺的浮雕，除了震驚世界的第三層迴廊，各個塔門的山形牆也刻有細膩精緻的浮雕。第二層迴廊的塔門山形牆，大多是印度史詩《羅摩衍那》的戰爭場景。密密麻麻的猴軍與阿修羅

軍塞滿了整個畫面。雖然這些山形牆毀損的狀況比較嚴重，仍然可以辨識出馬車、猴子等圖像。

12. 中央塔東面入口

　　中央塔是吳哥寺內最神聖的區域，每一面有三座階梯，共十二座階梯，高度為十一公尺。西面和東面正中央的階梯僅提供國王使用，坡度為五十度，較為平緩。由於階梯又高又陡，攀爬時必須全身趴在階梯上，雙手雙腳緩慢、謹慎地向上爬行，象徵對神的崇敬，因此又稱為「爬天梯」。由於很多遊客在攀爬時不慎摔死，因此所有階梯都已經封閉，僅開放東面入口供遊客進入。為了安全，東面入口已另外架設坡度較為平緩的木梯，有管理人員發放號碼牌，監控進入人數與遊客服裝。

　　進入中央塔參觀，遊客必須穿著有袖子的上衣、脫帽，及長度可以蓋住膝蓋的長褲或長裙。東南亞的寺廟和皇宮常有類似的服裝限制，建議可以帶一條沙龍，需要時綁在腰上圍成筒裙，即可進入。筒裙是東南亞的傳統服飾，不分男女皆可使用。

中央塔東面入口陡峭的樓梯。

中央塔女神像浮雕保
存情況良好。

13. 第二層迴廊轉角塔樓

　　登上中央塔後右轉，從東北角塔樓向外遠眺，可以清楚地看見吳
哥寺「回」字形的建築布局，也可以看見巴肯山矗立在吳哥寺的西北
方。第二層迴廊的轉角塔樓附近，堆置著不少石塊，那些都是原本的
建築構件。塔樓最初和中央塔一樣，呈蓮花花苞的圓錐狀，頂部是尖
的，但因為坍塌，成為目前的平頂狀態。

14. 中央塔仙女浮雕

　　在吳哥寺中，建築的高度即象徵了位置的重要性，高度愈高，它
的意義也就愈神聖。因此中央塔也是全寺耗費最多工夫雕琢的地方，
女神的服飾、姿態明顯較其他地方更為華美細膩，容顏也顯得比較端
莊典雅。中央塔曾經關閉維修很長一段時間，沒有太多遊客前來撫摸
觸碰，保存情況也比較好。

15. 中央塔水池

　　和十字形迴廊的結構類似，中央塔也是十字形的結構，由迴廊串
連五座塔。被迴廊切割開來的四個方形空間，則築成水池，象徵毗濕
奴所居住的永恆之海；最中央的那座塔，就是毗濕奴的神殿，作為供
奉毗濕奴神像的神龕。

16. 阿難陀守護佛陀坐像

　　在中央塔的南面迴廊，有一尊佛陀盤腿坐在蛇神阿難陀身上的雕
像。這個故事在前面十字形迴廊的部分有介紹過。在印度教中，佛陀
是毗濕奴的第九個化身，祂懲惡妖魔和惡人藐視吠陀經、棄絕種姓制
度、否認天神，引導他們走上自我毀滅的道路。但在佛教中，毗濕奴
神的身分是護法神，祂背棄了婆羅門教的教義，主張不殺生，不再以
活祭品獻祭。印度教和佛教的勢力隨著朝代更迭彼此消長，經典和故
事也不斷改寫傳抄，在吳哥寺，則可以看到印度教與佛教並存的情
形。

17. 中央神龕

　　這五座塔中，正中央的這座塔，原本是奉祀毗濕奴神像的神龕。
十四世紀時改為佛寺，毗濕奴神像就被移走，改放佛像。被移走的神
像很可能就是目前放置在西塔門的那一尊。吳哥寺內還有幾尊年代更

早的毗濕奴神像，也有可能是過去在此奉祀過的，因為汰舊換新，被移到西面迴廊保存。

改成佛寺後，依據佛教的教義，將原本向四面開敞的塔樓用牆封了起來。傳說每五千年會有一位佛證道，目前是釋迦牟尼佛的時代，等待下一個五千年來臨，彌勒佛證道時，便會將牆壁打開。一九三四年，法國的考察隊原以為牆壁後方藏有寶藏，將牆壁打開後，只見到一口深井，井底埋著兩頁經書，以及幾片金葉。相傳遠古時代建築寺廟時，吳哥的先民會在地基中埋下經書和兩塊寶石，黃色象徵太陽，白色象徵月亮，用寶石壓住經書，祈求神保護這座寺廟。

為避免遊客傷亡而築的「愛情梯」。

18. 愛情梯

離開中央塔樓，可以繞到南面迴廊看看這座階梯。階梯左側設置了踏腳石和扶手，這是一位法國遊客出資設置的。他的妻子在攀爬時，因為石階窄小，又經過了數百年的風化，表面非常光滑，不慎失足身亡。傷心的丈夫便和主管單位協商，由他出資修築這道階梯，以免日後再有遊客重蹈覆轍。後來修築了更安全的木梯，這道階梯也就封了起來。

19. 第二層迴廊：十二世紀毗濕奴神像

第二層迴廊內，除了大量的佛陀雕像，還有兩尊古老的毗濕奴像，安置在第二層迴廊南塔門內的左右兩側。這兩尊神像是十二世紀時的產物，西面的那尊腰部以下特別厚實，東面的則較薄。手臂的數量都是四隻，拿著法螺、寶珠、法輪、神杵等法器，但已殘缺不全。雕像造型古樸，為了平衡上半身四隻手臂的重量，下半身必須做得很厚重。隨著時代演進，雕刻技術進步，下半身的造型也就愈來愈輕靈了。

迴廊中大部分的神像，在法國殖民期間仍是完好的。之後柬埔寨境內由於長期動亂，民不聊生，加上泰國古董商出重金大量購買吳哥文物，無論是雕像還是浮雕，頭部被鑿下盜賣的情形十分普遍。也有信眾為了避免遭竊，將神像（或神像的頭部）移到其他寺廟埋起來。目前夜間進入遺蹟內盜挖的情形仍時有所聞。

這裡遊客稀少，行走於此，可以深刻體會吳哥寺莊嚴肅穆的氣氛，彷彿神的凝視如影隨形，心情也隨之沉靜下來。

20. 未完成的仙女浮雕

　　參觀完第二層迴廊內部，從東塔門離開時，可以看看東塔門外北側牆面上的仙女浮雕，由此了解吳哥寺的施工順序與技法。吳哥寺是從最上層開始施工，因此下層留有許多尚未完成的浮雕，有的僅有線條，有的雕到一半。可以看出這座寺廟哪些部分較常被使用，不被注意的地方施工進度就較為緩慢。基本上高度愈高，完成度就愈高；西面的完成度亦較東面為高。浮雕的雕法則是先刻畫輪廓線，再逐步鑿出立體感，最後完成細部修飾。

21. 第三層迴廊東塔門：象台

　　沿著參道繼續向東走，來到第三層迴廊的東塔門，會發現這裡沒有中央階梯連接到地面，只有一座高台。這座高台稱為「象台」，國王完成祭典離開時，會有大象在這裡接駕，因此不設階梯。其餘臣僕則從南北兩側的階梯步行離開。

十八世紀增建的舍利塔。

22. 第三層迴廊東塔門浮雕

　　抬頭向上看，可以看見這裡的山形牆上也有《羅摩衍那》的浮雕，猴子被雕繪得栩栩如生。這是羅摩率領猴軍進攻楞伽島時，發號施令的場景。低頭看看門框的柱腳，北側的柱腳是羅摩將戒指遞給哈奴曼，讓哈奴曼當作信物，帶消息給被囚禁在楞伽島的悉多。畫面左邊拿弓跪著的是羅摩的弟弟羅什曼那。

　　南側柱腳雕繪的場景是「黑天舉山」，這也是吳哥建築中常使用的浮雕主題。第三層迴廊的角樓開間內有大幅「黑天舉山」的浮雕，詳細故事在後面解說浮雕時再敘。

　　再稍微向南走兩步，可以看見其他尚未完成的女神浮雕，其中有一組女神正好呈現了不同時期的施工過程。

黑天舉山。

羅摩給哈奴曼信物。

23. 舍利塔

　　第三層迴廊東塔門外有一座顯眼的尖塔，埋葬著十八世紀時一位高僧的遺骨。東南亞在佛教化之後，習慣將屍體火化，用舍利塔（或稱靈骨塔、佛塔）供奉在寺廟附近。吳哥遺址群內有大量類似的舍利塔，被列為世界遺產之後，為避免民眾濫葬、毀損古蹟，已禁止在吳哥遺蹟內設置舍利塔。

第三層迴廊浮雕

　　吳哥寺第三層迴廊的浮雕，以其壯闊、細膩震驚世界。它是世界上最龐大的長卷式浮雕，加上兩個轉角樓閣內的作品，總計約六百公尺長，平均高約兩公尺。迴廊以類似歐洲教堂的扶壁技術建造，用兩排廊柱支撐拱頂。

　　由於日照位置不同，若是在早晨進入參觀迴廊浮雕，建議可以從東邊的迴廊開始；下午的時間則從西邊開始，迴廊全程走完大概需要兩個小時。吳哥浮雕壁畫的敘事順序大多是由左至右，所以參觀動線以逆時針為原則。這裡從東邊迴廊的北翼開始介紹，進而是北邊、西邊、南邊，最後回到東邊。如果時間緊迫，建議可以直接從西北角樓閣開始，只參觀西邊、南邊和東廊南翼的五段浮雕，與西北角、西南角兩座樓閣。途中有很多猴子會伺機搶奪遊客身上的食物、相機、帽子，務必小心，包包的拉鍊要確實關好。

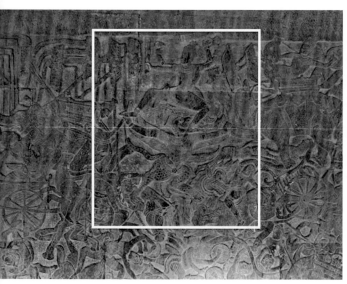

毗濕奴迎敵。

孔雀騎士。

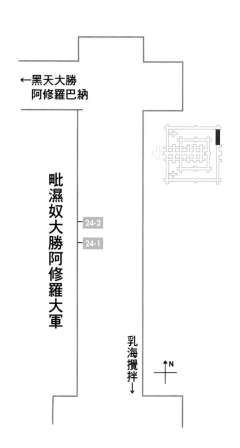

24.東廊北翼：毗濕奴大勝阿修羅大軍

　　這一段長五十一‧五公尺的浮雕壁畫，是吳哥寺開始建造後兩個世紀才完成的，大約是一五四六年至一五六四年之間的作品。吳哥寺的建築工程曾經被擱置了很長的一段時間，直到十六世紀才又繼續這段壁畫的施工。由於年代較晚，技術已經失傳，因此這一段的雕工與構圖都相當草率。主題呈現的是毗濕奴與阿修羅大軍的戰爭，主要人物毗濕奴位在畫面中央，面積較大，騎在金翅鳥身上；次要人物的面積占比則隨著重要性遞減。這是吳哥浮雕壁畫的特色，後面的其他浮雕也可以依這個原則觀賞。

　　關於這幅壁畫所呈現的故事，考古學者認為應該是黑天與四位阿修羅大將：穆魯（Muru）、尼桑達（Nisunda）、哈亞葛利瓦（Hayagriva）與潘卡那達（Pancanada）的戰爭。這四位阿修羅是魔王納拉卡（Naraka）旗下的大將。納拉卡偷走了眾神之母阿底提（Aditi）的耳環，這副耳環是乳海攪拌時產生的寶物，因陀羅將它送給了阿底提。納拉卡不但偷走

了耳環，還綁架了一千六百零一位女神，將之囚禁在他所管轄的普鳩鵝沙城（Pragjyotisha）中。毗濕奴的化身黑天打敗了納拉卡，娶了這一千六百零一位女神，並拔起一座山，將這些女神放在山上，讓金翅鳥駄著飛回德瓦加（Dvaraka）。

正常的神話場景中不可能會出現的大象軍隊，也被參雜在這段壁畫當中。其他構圖元素如武器、旌旗、輦，都抄襲自南廊西翼的「蘇耶跋摩二世的軍隊」。

24-1. 毗濕奴迎敵：騎在金翅鳥身上的毗濕奴有四隻手臂，分別拿著金輪、寶珠、海螺和神杖。與之對戰的阿修羅則特徵模糊，只能從戰敗的姿勢辨識。

24-2. 孔雀騎士：四臂阿修羅的右下角有一排騎著孔雀的戰士，拿著長矛與盾牌，共有四名。這四位戰士是這幅壁畫中最有趣的亮點。

下一幅「黑天大勝阿修羅巴納」也是十六世紀的作品。

25. 北廊東翼：黑天大勝阿修羅巴納

穿過沒有壁畫的西北角樓閣，接下來的這一段「黑天大勝阿修羅巴納」，全長共六十六公尺。站在金翅鳥身上、有八隻手臂、三層頭顱的就是黑天。黑天在這幅壁畫中共出現六次，由左至右，像是連環畫一樣敘述情節的推演，描述《訶利世系》中的一段神話：毗濕奴化身的黑天與濕婆神有一場惡戰，毗濕奴一派由黑天、黑天之子明

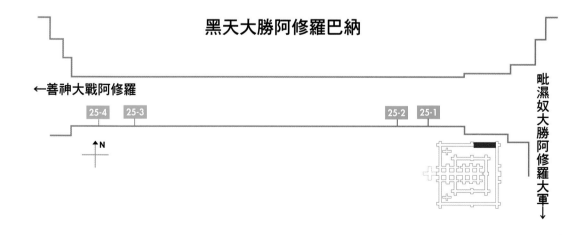

黑天大勝阿修羅巴納

←善神大戰阿修羅

25-4　25-3　　　　　　　25-2　25-1

N

毗濕奴大勝阿修羅大軍↓

黑天現身，站在金翅鳥肩上。

千手惡魔巴納。兩隻獅子拉戰車，車夫在獅子背後。

光（Pradyuma）、黑天的兄弟大力羅摩（Balarama）領軍；濕婆一派則有阿修羅巴納、火神阿耆尼、象頭神甘尼夏等帶頭，雙方展開激戰，最後巴納被擊敗，黑天還替他向濕婆求情，放巴納一條生路。

25-1. 黑天現身：黑天的第一次出現，位置大約是在第三組柱子附近，站在造型粗糙扁平的金翅鳥身上。金翅鳥左手舉著大力羅摩，右手托著明光，與巴納一派的眾神對戰。黑天為了證明自己是毗濕奴的化身，曾變身為一千個頭的造型，這裡則採用三層頭顱來表現黑天的這個特質。這個部分可以從頭顱的數量來辨別，魔王羅波那也有三層頭顱，共十個頭，黑天則遠超過這個數量。

25-2. 金翅鳥大戰阿耆尼：在大約第五組柱子附近，有一片壯觀的火焰，火焰的右邊是乘著犀牛的火神阿耆尼，阿耆尼有六個頭、四隻手；左邊則是金翅鳥，阿耆尼用火焰攻擊金翅鳥，金翅鳥則試圖將熊熊火海撲滅。這一幅是這段壁畫中最精采的亮點。

25-3. 千手惡魔巴納：在第二十二組柱子的位置，是騎著獅子的巴納，傳說他有一千隻手臂，在畫面中以二十四隻手呈現，但最後被黑天用金輪砍到只剩兩隻手，落得慘敗的下場。

25-4. 黑天向濕婆求情：在壁畫的尾聲，描繪著黑天為了巴納到凱拉薩山向濕婆求情的場景，頭上有一圈神光、臉孔具有中國風格的

神祇就是濕婆，他的兒子象頭神甘尼夏坐在座前，濕婆下方則有蓄著長鬍的隱士，坐在山洞中祈禱。這是一個大和解的結局，所有人臉上都掛著笑容。

因為濕婆的臉部線條有點像是中國的佛教繪畫，便曾謠傳這幾幅十六世紀的壁畫都是中國人刻的，但毫無根據。學者認為，可能是濕婆像完成的年代較早，因此風格明顯迥異於其他角色。

26. 北廊西翼：善神大戰阿修羅

繼續向西走，接下來的這一段壁畫雕工細膩，與前面兩幅十六世紀的作品截然不同。這幅壁畫呈現的是善神與阿修羅之間的戰爭，可能取材自《侏儒往世書》，但由於善神與阿修羅之間的戰役非常多，至今仍無法確認這幅壁畫指的是哪一場戰役。難得的是，畫面中共有二十一位印度教的主要神祇，其中較易辨識的共有十一位。在吳哥寺壁畫中，善神的頭頂著圓錐型髮飾、面部線條柔和，方向是自左而右；阿修羅則戴著頭盔、頭頂有花瓣狀冠冕，且雙眼突出、表情猙獰，方向是自右而左。在印度教中，阿修羅不是魔鬼，只是具有貪婪性格的神。

26-1. 俱毗羅：位於第十一組柱子附近的俱毗羅，是財富之神，代表北方。他的坐騎是夜叉，所以在這裡會看到他踩在夜叉肩上。他本來是阿修羅，也是魔王羅波那的哥哥。有一次，他到濕婆的神殿偷東西，蠟燭不斷熄滅，他只好不斷重複點燃，因此累積了「點燭」的

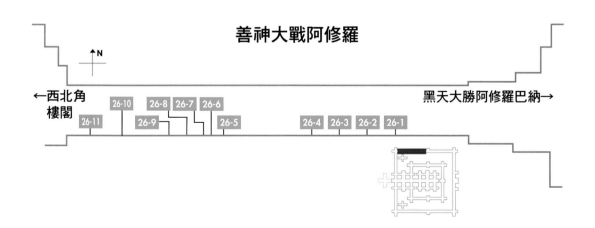

俱毗羅站在夜叉肩上。

因陀羅與坐騎愛羅婆多。

功德，成了財神，獲得了楞伽島和黃金馬車。後來楞伽島被弟弟羅波那占據，成了《羅摩衍那》的重要場景。

26-2. 阿耆尼： 位在第十三組柱子附近，火神阿耆尼站在由犀牛拉著的戰車上，雙手將弓拉滿，蓄勢待發。但在古老的印度教神話中，阿耆尼的坐騎是山羊。吳哥的印度教神祇造型與本來的教義往往大相逕庭。

26-3. 塞犍陀： 在第十五組柱子的位置，戰神塞犍陀站在孔雀背上，擁有六個頭、十二隻手臂。塞犍陀是濕婆的兒子，由六位仙人的妻子一起受胎生下，所以有六個頭、十二隻手。他出生六天後就長大成人，第七天即殲滅了擾亂天界的阿修羅多羅迦。

26-4. 因陀羅： 在第十七組柱子附近，雷電之神因陀羅站在坐騎白象愛羅婆多背上。這幅壁畫中有好幾隻大象，愛羅婆多的特徵是祂的四隻象牙。通常愛羅婆多也被刻畫成三個頭的造型，在大吳哥城南門就能見到三個頭的愛羅婆多。愛羅婆多和甘尼夏的區別是象牙，為了抄寫《摩訶婆羅多》，甘尼夏將自己的一隻牙折斷當作筆，因此甘尼夏的象鼻旁有一隻斷牙。

26-5. 毗濕奴： 位於這幅壁畫的中央，即第二十二組柱子的位置。毗濕奴站在金翅鳥肩上，四隻手臂分別拿著弓、箭、金輪和海

螺，由於身分特殊，頭頂的寶冠造型也與其他善神不同。可以發現前面兩幅十六世紀的壁畫中，毗濕奴（黑天）的造型明顯摹仿自這裡。金翅鳥的雙手扼住兩匹馬的嘴，一隻腳爪抓著一隻馬的肩頸，另一隻腳爪則踏在一隻馬的背上，四匹馬的表情都很痛苦。

26-6. 伽羅尼彌：在第二十四組柱子的位置，阿修羅軍的領袖伽羅尼彌站在馬車上，與毗濕奴對戰。伽羅尼彌有九個頭和很多隻手，揮舞著刀劍。

26-7. 閻摩：在第二十五組柱子附近，陰間之王閻摩一手拿著盾，一手握著刀，坐在水牛拉著的戰車上。閻摩統領著阿帕莎拉仙女和阿修羅，掌管地獄，因此祂的造型和其他阿修羅很相似。不過閻摩並不是魔王，祂是世間第一位死亡的人，所以被賦予為亡者帶路的職責，後來漸漸演變成掌管地獄、賞善罰惡的閻王。

26-8. 濕婆：在第二十七組柱子附近，濕婆拉滿了弓，站在戰車上，周圍滿是旌旗、長扇和輦。祂的坐騎南迪拉著戰車。南迪的造型就是印度白牛，頭上長著兩隻短角，背上生著駝峰，在東南亞也四處可見。

26-9. 梵天：在第二十九組柱子附近，梵天站在坐騎神鵝漢薩背上，正準備搭箭上弓。梵天的頭上也有許多傘輦。一般來說，梵天有四個頭八隻手，職責是「創造」。毗濕奴、濕婆和梵天並稱印度教三大神，在泰國很流行的四面佛，就是梵天。不過這個認定是有爭議的，在吳哥文明中，騎著漢薩的通常是水神伐樓那，梵天則以四個頭的造型呈現。

26-10. 蘇利耶：在第三十四組柱子的位置，太陽神蘇利耶全身籠罩在巨大的光圈中，而半人半鳥的黎明之神阿魯諾（Aruna）為祂駕著馬車。阿魯諾是金翅鳥的兄弟，所以兩者造型很像。

26-11. 伐樓那：在倒數第七組柱子的位置，水神伐樓那一腳站在五個頭的那迦背上，一腳踏著那迦的尾巴。在印度教原本的教義中，伐樓那的坐騎是魚龍魔羯，但在吳哥文明中，伐樓那的坐騎則變成了漢薩。那迦象徵水，因此有一派學者推論這個騎著那迦的神就是水神伐樓那，但實際上仍存在著爭議。

27 西北角樓閣

　　在第三層迴廊中,只有西北角和西南角的兩座樓閣有壁畫,依據壁畫由西向東的製作順序,東南角和東北角這兩座樓閣沒有壁畫,原本可能也有製作壁畫的計畫,但沒有完成。西北角樓閣的壁畫共有十二幅,分別在四個開間的各三面牆上,由於開間內部較為陰暗,壁畫位置高且細節豐富,如果想仔細觀賞,建議可以攜帶望遠鏡與手電筒。接下來的介紹依動線順序,逆時鐘方向進行。

　　27-1 東開間門上方──羅摩與須羯哩婆結盟:結束「善神大戰阿修羅」這段壁畫,往西進入西北角樓閣,走下樓梯後抬頭往上看,就會看到這幅位在門楣上方的壁畫。這個場景出自《羅摩衍那》,羅摩的妻子悉多被劫走,在尋找悉多的路上遇到了猴神哈奴曼,哈奴曼表明身分,並告訴羅摩兄弟,他的主上知道悉多的下落,帶著羅摩與羅什曼那與須羯哩婆見面。須羯哩婆向羅摩說明羅波那劫走悉多的過程後,便和羅摩商議,若羅摩協助他奪回王位,就協助羅摩出兵楞伽島,營救悉多。這幅壁畫呈現的就是他們協議的場景。

　　那迦的身體圈出了一個圓弧型的畫框,中間最大的人物就是羅摩。羅摩拿著弓,背後坐著他的弟弟羅什曼那,兩人正與猴王須羯哩婆結盟,商討合作事宜。左右兩邊較小的四隻猴子,則是須羯哩婆的

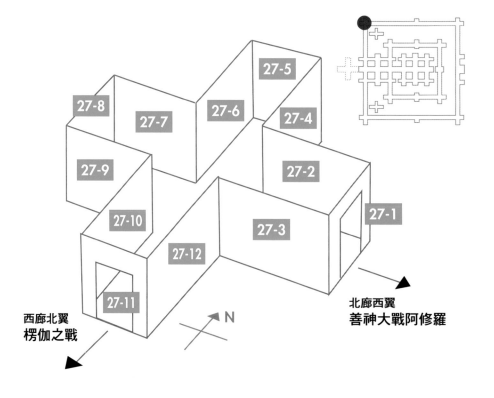

下屬。人物上方的空白處，則用樹木的圖案填滿，表現出森林的環境。

27-2 東開間北面——毗濕奴臥像：在東開間北面的窗戶正上方，描繪著毗濕奴躺臥在蛇神阿難陀身上，祂的妻子拉克希米正在按摩祂的雙腿。毗濕奴的上方有阿帕莎拉仙女成群飛舞，阿難陀則漂浮在魚群與水紋象徵的宇宙之海上。毗濕奴與蛇神阿難陀的頭部已經崩毀，但阿難陀下方及窗戶左側，共有十位神祇的浮雕，保存得相當完好。

阿難陀下方的八位神祇，咸認為是印度教中八個方位的守護神，自左而右分別是：

財神俱毗羅：騎著夜叉，守護北方。

水神伐樓那：騎著神鵝漢薩，守護西方。

戰神塞犍陀：騎著孔雀，守護東北方。

風神伐由：騎著馬，守護西北方。

雷電神因陀羅：騎著白象愛羅婆多，守護東方。

閻王閻摩：騎著水牛，守護南方。

火神阿耆尼：騎著犀牛，守護東南方。

計都：騎著猛獅。

窗戶左邊的兩位神祇，上面的是月神旃陀羅，下面的則是太陽神蘇利耶，兩位都被光圈圍繞，坐在馬車上。

其中有幾位具有爭議，如騎著夜叉的神祇，也有人認為是死神尼爾提（同樣的判讀爭議也發生在「善神大戰阿修羅」中），象徵西南方。而騎著馬的神祇，則被判讀為財神俱毗羅。計都不是方位神，和羅睺一樣都是凶星。羅睺爭飲甘露被砍成兩半時，吞下甘露而不死的部分仍是羅睺，死去的身體則變成了計都，象徵死亡與陰影。造成判讀困難的原因很多，一方面是人物造型特徵不明顯，二方面是神祇的坐騎與象徵，在吳哥已發展出在地化的版本，和印度教的原始意義不同，然而吳哥的版本沒有文獻，考查困難，只能根據神話場景比對。

27-3 東開間南面——黑天帶回曼尼婆伐多山：毗濕奴化身的黑天，站在金翅鳥的肩膀上。金翅鳥一手托著黑天的妻子，一手舉著曼尼婆伐多山，率領著軍隊凱旋而歸。這個場景和東廊北翼的「毗濕奴大勝阿修羅大軍」是同一個故事，在這個場景中，曼尼婆伐多山被刻畫成黑天背後的一個大三角形，上面生長著樹木。底下的軍隊抱著各種瓶罐，可能是戰利品。

東開間的門上方，刻著「羅摩與須羯哩婆結盟」。

兩個沉入水中的人，是判讀「阿庫拉的所見」的關鍵。

27-4 北開間東面──阿庫拉的所見：在北開間的東面，窗戶上方有一幅宮廷場景的浮雕。兩個主要人物坐在許多傘蓋之下，象徵他們身分的高貴。右手邊的是大力羅摩，頭髮在頭頂扎成一束；左手邊的是黑天，頭髮扎成奇異的三束，象徵年幼。在他們的座前，有兩個人俯臥著，頭髮飛散開來，看似漂浮在空中或水中。

窗戶的右邊則有一位衣飾華麗的公主，頭上的髮飾相當有趣。

這個宮殿場景一直到最近幾年才獲得較肯定的考證，它可能是描述《梵天往事書》中關於黑天的一段故事「阿庫拉的所見」。阿庫拉是黑天的叔叔，他負責將黑天和大力羅摩帶往首都，交給魔王剛沙。進城之前，黑天和大力羅摩先行沐浴，洗完後兩人回到森林中的馬車上休息。阿庫拉隨後走進河裡，進行滌淨儀式。正當他念著咒語時，他在水中看見了黑天和大力羅摩，大吃一驚，立刻從河裡爬起來，卻看到黑天和大力羅摩好端端的坐在馬車上。他以為自己眼花，便又沉進水裡，繼續他的儀式。然而這次他看見的竟然是毗濕奴神，他感受到自己全身充滿了神的祝福，淚流滿面，誓願從此效忠毗濕奴，同時也明白了黑天與大力羅摩的出現，是毗濕奴的旨意。

這個故事有兩個難以解釋的疑點。首先，座前漂浮的人有兩位，但阿庫拉只有一位。可能的解釋是，因為阿庫拉沉入水中兩次，因此刻了兩個人。另一個疑點是，窗邊的公主與這個故事毫無關連。

27-5 北開間北面──羅摩兄弟圍攻維羅陀：

在北開間北面的門楣上方，那迦的蛇狀身軀框出一幅模糊的浮雕，長年滲水將線條磨蝕得難以辨認。這是《羅摩衍那》故事中很特殊的一個版本，敘述〈森林篇〉中，惡魔維羅陀將悉多劫走，驕傲地表示，自己身上擁有梵天所賜予的庇佑，世界上沒有武器能傷害他。他要娶悉多為妻，並將羅摩與羅什曼那兩兄弟殺死。悉多在維羅陀的臂彎中顯得如此小巧，比對出夜叉身軀的粗笨巨大。羅摩在你的右手邊，羅什曼那在你的左手邊，兩人拉開弓準備射殺維羅陀，而維羅陀也高舉著矛，正要射向羅摩。最終羅摩兄弟還是殺死了維羅陀，臨死前，維羅陀才說出真話，告訴羅摩兄弟，其實他本來是個仙人，得罪了財神俱毗羅，唯有被羅摩打敗，才能回歸天界。

這是柬埔寨版本的《羅摩衍那》才有的情節，在印度的《羅摩衍那》中，悉多只被惡魔劫走過一次，兇手就是十首魔王羅波那。在柬埔寨的版本中，悉多則先後被維羅陀和羅波那劫走。分辨羅波那和維羅陀的方法很簡單，維羅陀只有一個頭，羅波那則有十個頭。在這幅壁畫中，維羅陀方形的臉部線條、銅鈴大眼、粗厚的嘴唇，以及如同獅鬃般的頭髮梳著髻，這是吳哥浮雕中阿修羅或夜叉的典型特徵。

27-6 北開間西面──悉多烈火驗堅貞：在北開間西面窗戶上方的這幅壁畫，同樣是《羅摩衍那》的故事。悉多被羅摩救回，然而羅摩對悉多的貞節存疑，態度丕變。於是悉多便躍入火中，證明自己的清白。沒多久，火神阿耆尼托著悉多自火焰中升起，悉多毫髮無傷，證明了他從未受辱。

畫面中的悉多已然不存，只有火焰清晰可辨。根據《羅摩衍那》，圍繞著火焰的人物應該有羅摩、羅什曼那、哈奴曼與須羯哩婆。在這幅浮雕中，可以看見火焰的右邊有一位貴族，手指著悉多，身分高於其他人。畫面的左半邊被侵蝕得很嚴重，但仍可勉強辨識：拿著弓的是羅摩，在羅摩身後，同樣拿著弓，但身形較小的，則是羅什曼那。最左側兩隻戴著皇冠的猴子，應為須羯哩婆和哈奴曼。下方為軍隊，左半邊為猴軍，右半邊則是人類。

在印度文化中，火與女人的關係密不可分。由於濕婆的第一任妻子薩蒂，在濕婆受辱後自焚而死，從此火便象徵著忠貞與潔淨，而這個儀式就叫做薩蒂。若丈夫死亡，寡婦必須自焚殉夫；女子的貞潔受到質疑時、受到長期家暴不堪虐待時，也必須自焚以明志。

27-7 西開間北面──羅摩凱旋回阿踰陀城：在西開間北面的窗

戶上方，這幅壁畫一樣是出自《羅摩衍那》，羅摩與諸位主角乘著財神俱毗羅的仆息帕迦戰車（或譯黃金馬車），由神鵝漢薩拉著，飛回阿踰陀城。

馬車有三層車廂，從上往下看，中央面積最大的人物就是羅摩，在他的左右兩側，人物已因為水蝕而漫漶。右邊腰身纖細的是悉多，左邊拿著弓的是羅什曼那。再往下一層，有著阿修羅髮型的是羅波那的弟弟維毗沙那，因為看不慣羅波那胡作非為而倒戈，是協助羅摩獲勝的關鍵人物。其中兩隻猴子是哈奴曼與須羯哩婆，其餘人物則無法辨識。

最下面的一排是神鵝漢薩，身軀巨大，高仰著頭。漢薩也是吳哥建築中很重要的裝飾元素，除了作為天神的坐騎，也會排列成帶狀裝飾邊線。

窗戶的右邊，是一群因勝利而手舞足蹈的猴軍，活潑逗趣且保存良好。

27-8 西開間西面──羅摩兄弟與維毗沙那結盟：在門楣上方的這幅壁畫，一樣是《羅摩衍那》的場景。羅波那的弟弟維毗沙那看不慣羅波那的所作所為，出言直諫，結果被羅波那毒打一頓逐出王宮。維毗沙那為國民臣子著想，決定投靠羅摩的陣營，協助羅摩奪回悉多。這就是雙方合議的場景，中間最大的人物是羅摩，羅摩左手執

羅摩兄弟與維毗沙那結盟。

弓。羅摩對面的是維毗沙那，為典型的阿修羅造型。坐羅摩後面的是羅什曼那，羅什曼那身後兩隻戴著冠冕的猴子，則是須羯哩婆和哈奴曼。其他猴子下屬則歡欣雀躍地圍在一旁看熱鬧。

27-9 西開間南面——哈奴曼將羅摩的戒指交給悉多：同樣是《羅摩衍那》的故事，這一幅壁畫描繪的是悉多被囚禁在楞伽島的場景。悉多被魔王羅波那囚禁在宮中的美麗無憂樹園中，羅波那前來求愛，被悉多悍然拒絕，羅波那便憤而拂袖離去。悉多大哭，意圖自盡，照顧她的羅剎女提哩遮陀則在一旁安慰她。此時，縮得很小的哈奴曼潛入楞伽島，在悉多面前現身。悉多害怕哈奴曼是羅波那派來的，哈奴曼便將羅摩的戒指交給悉多，告訴她羅摩已在路上，請悉多再堅持一段時間。

在這幅壁畫中，悉多坐在矮床上，線條已相當模糊，髮髻上沒有皇冠，因為被羅波那擄走時，皇冠掉在路上了；悉多右邊的羅剎女則是提哩遮陀，頭髮在頂上扎成了三束；哈奴曼跪在悉多面前，獻上羅摩的戒指。四周密密麻麻地環繞著羅剎，被刻畫成半人半獸的模樣。

27-10 南開間西面——黑天與眾牧女：在窗戶上方的這幅壁畫，保存狀況不太好，線條相當模糊。中間的人物有四隻手臂，執著不同的法器，可能是毗濕奴的化身黑天。許多美麗的女子圍繞在黑天四周跳著舞。也有人認為這是毗濕奴與阿帕莎拉仙女。由於黑天年輕時是個風流倜儻的牧童，他與許多牧女之間的艷情故事在印度神話中是相當突出的一類。傳說只要聽到黑天的笛聲，牧女便紛紛離家，與黑天歡愛纏綿。

27-11 南開間南面——羅摩兄弟大戰迦槃陀：在南開間南面的門楣上方，蛇形框中的這幅壁畫，也是出自《羅摩衍那》。羅摩和羅什曼那兄弟倆，正在和名為「迦槃陀」的惡魔纏鬥。「迦槃陀」沒有頭，兇惡恐怖的五官長在巨大的身體上，兩隻手不斷抓取各種野獸往嘴裡丟。羅摩與羅什曼那在森林中尋找失蹤的悉多，被迦槃陀攔住了去路，迦槃陀伸出大手抓住這對兄弟，將他們揉來揉去。受盡折磨的羅摩兄弟看準時機，將迦槃陀的手臂斬斷，鮮血淋漓的迦槃陀在地上痛苦地翻滾。當他知道這兩個勇猛的對手是羅摩兄弟時，便轉怒為喜，說明自己原是極為貌美的仙人，因為得罪了因陀羅，所以變成這副德性，只有羅摩能砍掉他的手，將他火化，他才能恢復原形。羅摩便照著指示將他火化，一身白衣美麗絕倫的仙人自煙中升起，仙人恢復了神力，看見了悉多的去處，便告訴羅摩該往那裡去尋找妻子。

畫面中，羅摩位在你的左手邊，羅什曼那則在你的右手邊。迦槃陀被刻畫成像是獅子和阿修羅的綜合體，銅鈴大眼、朝天鼻，張著血盆大口，正準備吃掉羅摩兄弟。

27-12 南開間東面——羅摩贏得美人歸：這也是《羅摩衍那》的故事，但印度的《羅摩衍那》版本和這幅壁畫所呈現的內容頗為不同。在羅摩的少年時代，他的聰慧與射箭工夫都讓森林中的隱士大為驚歎，便建議羅摩到彌提羅國去，彌提羅國王遮那竭有一把濕婆的神弓，若是有人能將神弓拉開，他便將美麗的女兒悉多嫁給這位勇士。羅摩便與羅什曼那前往彌提羅國，受到國王的盛情款待。他不但拉開了弓，還將弓給拉斷了，彌提羅國國王非常開心，便將悉多許配給羅摩，並邀請羅摩的父親十車王前來參加婚禮。

吳哥寺的這幅壁畫，是一幅比武招親的景象，誰能用濕婆的神弓射下金輪上的那隻小鳥，便能將公主悉多娶回家。羅摩正搭箭上弓，對準了最高處那小車輪上的鳥。在羅摩的左邊，悉多頭上戴著三個塔形的冠冕，坐在矮床上觀賞。在公主的下方，國王遮那竭則抬起頭，專注地看著羅摩。在羅摩的右邊留著長鬍子的長者，是他的老師眾友仙人。

看完了西北角樓閣的十二幅壁畫，接下來請從南開間南面的門口往南走，繼續欣賞西廊北翼的浮雕「楞伽之戰」。

28 西廊北翼：楞伽之戰

這一幅壁畫長達五一・二五公尺，是《羅摩衍那》中最高潮的場景「楞伽之戰」，敘述羅摩為了救回被魔王劫走的妻子悉多，和猴軍結盟，進攻楞伽島。

楞伽島就是今天的斯里蘭卡，古印度人將斯里蘭卡視為羅剎鬼國，它原本是個生機勃勃的美麗島嶼，被十首魔王羅波那占領後風雲變色，連飛鳥經過時都會掉下死亡。它四面環海、易守難攻，讓卡在岸邊的羅摩軍非常頭痛。羅摩與海神商量，海神便答應他，請工巧神的兒子那羅協助蓋一座通往楞伽島的橋。那羅是一隻神猿，在猴群的協助下，完成了這座跨海大橋。這座「大橋」是確實存在的，

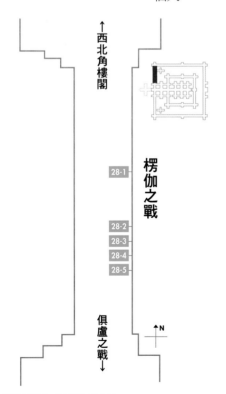

↑西北角樓閣

楞伽之戰

28-1

28-2
28-3
28-4
28-5

俱盧之戰↓

↑N

就在斯里蘭卡西北與印度之間，沙洲與石塊連接著大陸與海島，被稱為「羅摩橋」。至於它是天然地形還是人工築成，科學界與宗教界至今仍爭論不休。

在楞伽島上，雙方展開一場慘烈的廝殺，壁畫的細節細膩豐富，無論是馬頭、羅剎軍的臉、屁股，都可以看到猴軍張口大咬的生動場面。還有羅剎士兵替同袍把屁股上的箭拔出來，也非常有趣。以下是這幅壁畫的其中幾個亮點：

28-1. 羅摩與哈奴曼：在第八根和第九根柱子之間，主角羅摩騎在哈奴曼身上，執著弓，哈奴曼的右手舉著喜馬拉雅山。在羅摩身後站了兩個人，拿著弓的是他弟弟羅什曼那，另一位拿著刀的是羅波那倒戈的弟弟維毗沙那。

28-2. 魔王羅波那：在第十三根柱子附近，十首魔王羅波那蹲踞在戰車上，他的十個頭疊成三層，令人眼花撩亂的二十隻手臂高舉著武器。拉戰車的是兩頭獅子，從上方制約羅波那的猴子，可能是猴王須羯哩婆。

28-3. 安嘎達對戰跋基羅達姆斯特羅：安嘎達是前任猴王婆黎的兒子，現任猴王須羯哩婆的姪子，是一位英勇的猴軍將領。他徒手擊殺了兩隻獅子。

28-4. 安嘎達對戰那阮塔卡：安嘎達與羅剎軍將領那阮塔卡對戰時，一手擒住那阮塔卡，同時兇猛地咬住戰牛的脖子。

28-5. 猴勇士舉起獅子後腳：不知名的猴勇士兩手一分，抓起兩隻獅子的後腳，讓獅子倒吊著，無法繼續拉車。

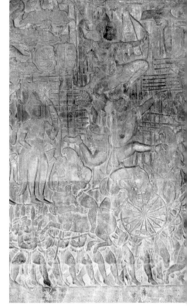

哈奴曼馱著拉弓的羅摩。

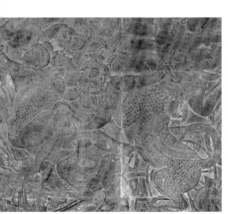

安嘎達徒手擊殺獅子。

安嘎達咬住牛脖子。

猴勇士舉起獅子後腳。

29. 西廊南翼：俱盧之戰

　　在西廊南翼的這一幅《俱盧之戰》，是印度史詩《摩訶婆羅多》中一場發生在堂兄弟之間的戰爭，也是吳哥壁畫中少數的歷史事件。《摩訶婆羅多》是印度兩大史詩之一，意思是偉大的婆羅多族後裔，另外一部史詩就是《羅摩衍那》。《摩訶婆羅多》的故事發生時間比《羅摩衍那》稍微早一點，主要的情節就是在講述婆羅多族兩支後代，俱盧族和般度族爭奪王權的過程。其中穿插了大量的神話和寓言故事，並且有非常多的宗教、哲學、政治和倫理意涵穿插其中，是千百年來印度吟遊詩人和文學藝術家，最樂於發揮的題材。這部史詩也遍傳東南亞有印度教信仰的國家，在這些地方的神廟，很多都有《摩訶婆羅多》的浮雕，最有名的就是吳哥寺。

　　婆羅多是一位古印度王，他賢明的治國方針使國家的文治武功達到顛峰，成為古印度史上著名的君王，而他的後輩子孫爭奪王權的故事，被寫成人類文明史上的重要瑰寶《摩訶婆羅多》。由於這一部史詩的流傳時間，可以說是貫穿了整個印度的文明史，因此印度人至今仍稱自己的國家為婆羅多，認為印度人都是婆羅多的後代，就像是中國人自稱為炎黃子孫一般。

　　這面震驚世人的浮雕壁畫是對稱的結構，全長四八・三五公尺。北半部（你的左手邊）描繪的是俱盧軍；南半部的就是般度軍，戰爭情勢從外側至中央愈來愈激烈。

　　29-1 毗濕摩死於般度軍箭下：在第二根柱子附近，一位老者身上插滿了箭倒臥著，旁邊有五位正在祈禱的男子。這位老者便是《摩訶婆羅多》的焦點人物毗濕摩。毗濕摩本是天神，是俱盧族重要的智者，也是俱盧軍的軍師。他希望藉由自己的犧牲，平息這場家族紛爭。失去毗濕摩的俱盧軍，也因此敗給了般度軍，王位之爭由般度五子獲勝。

　　旁邊雙手合十為毗濕摩祈禱的五個人，就是般度軍的五個領袖，也就是「般度五子」。般度五子的母親是貢蒂，少女時期因為服侍神仙，神仙便教她求子咒。只要她一邊念咒，一邊想著某位天神，那位天神就會出現在她面前，讓她生下那位天神的兒子，兒子出生後還能立刻恢復成處女。後來貢蒂

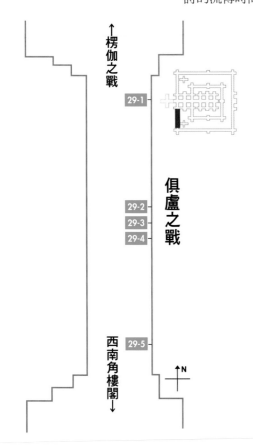

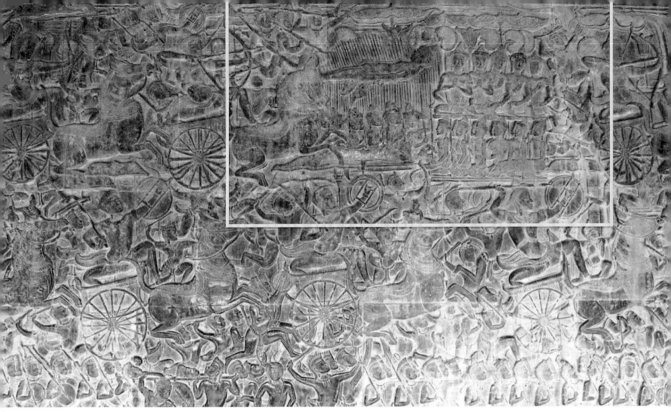

毗濕摩被箭雨射穿，倒下時甚至無法著地。旁邊的祈禱者是般度五子。

嫁給了般度王，但是般度王被詛咒，不能和女人發生性關係，為了延續皇室的香火，貢蒂招喚了四位天神，第一位是正法神閻摩；第二位是風神伐由，在《羅摩衍那》中神通廣大的哈奴曼也是伐由的兒子；第三位是雷電之神因陀羅；最後是雙馬神，祂們是一對俊美的雙胞胎，祂們生的兒子也都是雙胞胎。於是貢蒂總共生了五個兒子，和閻摩生的兒子叫做堅戰，是般度五子的大哥；和伐由生的兒子叫做怖軍，武力高強但性格莽撞；和因陀羅生的兒子叫做阿周那；和雙馬神生的雙胞胎則是無種和偕天。

般度五子的大哥堅戰，本來應該是王位的繼承人，因為般度王在他們很小的時候忍不住和另外一位妻子發生性關係，英年早逝了，王位就由伯父持國繼承。本來在堅戰長大後，持國就應該將王位還給堅戰，但持國的兒子難敵不願意，持國就一直拖延。難敵從小就和他的一百個兄弟不斷欺凌較為優秀的般度五子，數次欲陷害般度五子於死地，結果造就了這場血腥的家族戰爭。

毗濕摩很同情般度五子的遭遇，也不希望家族發生戰爭，便將自己的弱點告訴阿周那。在他年輕的時候，曾經替弟弟比武招親，贏得了三位公主。但大公主安巴已和另外一位王子相戀，便向毗濕摩的弟弟求情，希望能回到戀人身邊。但這位王子卻因為比武時敗給了毗濕摩，而且安巴曾被帶到毗濕摩的皇宮，已屬不潔之身，不願意將她接回。安巴含恨自焚，轉世投胎後，藉由苦修變成男孩，名叫「束髮」。束髮投身般度軍麾下，成為一名普通士兵。由於這段因果，毗

濕摩不能攻擊束髮。於是阿周那派出束髮，先用箭將毗濕摩射倒，接著才被大軍的箭雨射死。由於射在毗濕摩身上的箭實在太多了，他的身體倒下來的時候，甚至無法接觸到地面。

29-2. 德羅納：在第十根柱子附近，這位拉弓射箭的將領是般度五子和俱盧百子的老師，德羅納。他在畫面中占的比例特別大，頭上的輦象徵了他的重要地位。德羅納也是仙人的兒子，是位神射手，從小鑽研經典，文武雙全，在持國國王的皇宮中帶大般度五子和俱盧百子，也會主持正義，制止俱盧百子欺負般度五子。在毗濕摩死後，般度軍就由德羅納率領。但因為德羅納一開始就反對這場戰爭，常常勸國王和王子難敵不要打仗，當上軍師後，俱盧軍認為他對般度軍放水，不願意聽從他的指揮，最後潰不成軍。

29-3. 人頭：在德羅納的右方，便是壁畫中戰爭場面最殘酷的段落，吳哥的雕刻家刻畫得極為細膩，不但飛箭如雨，屍橫遍野，人頭也被砍了下來。

29-4. 阿周那與黑天：在第十一根柱子的位置，有一輛戰車，其上的將領準備射箭。在戰車上拉弓射箭的，就是般度五子中的阿周那，而替他駕馬車的這位車夫，則是毗濕奴的化身「黑天」。黑天原是流落在農家的王子，非常聰明且力大無窮，有一天無意間得罪了天神因陀羅，因陀羅就決定下凡來看看這個不知天高地厚的小子是誰。一看不得了，原來是毗濕奴！因陀羅立刻向黑天道歉，並請黑天多多照顧他在凡間的孩子阿周那。於是黑天就一直陪伴著般度五子，協助他們度過各種難關。

29-5. 羅睺：在接近壁畫的南端，這位將領手上的盾牌，上面刻著一個非常精緻的怪獸，這個怪獸叫做「羅睺」，祂在乳海攪拌的故事中，是唯一一個有喝到甘露的阿修羅，但因為還沒來得及把甘露吞下去，就被毗濕奴用飛盤把頭砍了下來，只有那顆頭長生不死。噴出來的鮮血和內臟，以及被砍斷的下半身，則變成了會帶來大災難的彗星「計都」。

刻在盾牌上的羅睺。

30. 西南角樓閣

　　自西廊南翼向南走到底，便進入西南角樓閣。和西北角樓閣一樣，這裡共有四個開間、十二幅壁畫，接下來也是依逆時針方向一一介紹。

　　30-1. 北開間北面——羅摩追鹿：跨過門檻之後，請抬頭向上看這幅浮雕。位於北開間北門上方的這幅壁畫，是《羅摩衍那》的場景。由那迦身體圍成的蛇拱形框中，羅摩向鹿射了一箭，周圍坐著森林中的隱士。羅摩原本是太子，被父親的小妾陷害，不得不讓出王位，帶著妻子悉多、弟弟羅什曼那到森林中修行，三個人在森林裡，與其他隱士一起過著平靜自在的生活。然而魔王羅波那垂涎悉多的美色，便派出手下摩梨迦化身成一頭金色的小鹿，來到悉多身邊。悉多看見美麗的金鹿溫馴可愛，便央求羅摩替他捉來，當羅摩和羅什曼那去追獵金鹿的時候，魔王羅波那就趁機將悉多劫走。

　　30-2. 北開間西面——乳海攪拌：北開間西面的主題是「乳海攪拌」，是善神和阿修羅求取不死靈藥的故事，和《羅摩衍那》一樣，在東南亞流傳廣泛。這幅壁畫毀損得很嚴重，畫面中，左右各一的圓盤是太陽和月亮。東廊南翼還有一幅保存良好的「乳海攪拌」，詳細故事且留待後面介紹東廊南翼時再說明。

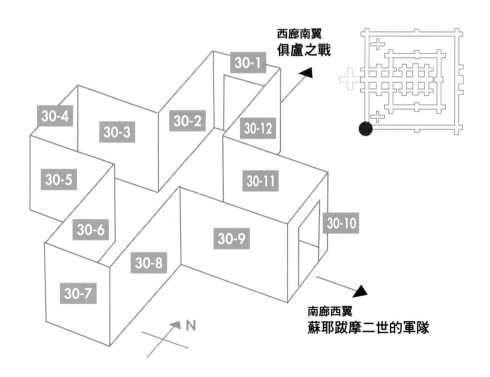

30-3. 西開間北面——濕婆測試異教徒：在西北方出入口的壁畫，有一位天神站在畫面中央，身邊圍繞著許多女人，這是「濕婆測試異教徒隱士」的故事。有一天，濕婆扮作裸體的乞丐，前來教化一群隱居修行的異教徒隱士。為了證明他們還沒有克制情欲和憤怒的能力，濕婆誘惑他們的妻子陪祂跳舞。隱士們非常生氣，不但破口大罵，還向濕婆扔擲燃燒的斧頭與匕首，濕婆卻一邊跳著舞，一邊把各種武器輕鬆地接了下來。隱士從火中變出猛虎和毒蛇，濕婆仍跳著舞，同時將虎皮剝下披在身上，將毒蛇圍在脖子上。最後，隱士喚來侏儒魔神，濕婆卻不以為意的把他踏在腳下繼續跳舞。這些隱士只好承認濕婆的威能，改宗皈依濕婆。濕婆的上方有一隻鱷魚，有人認為是魔王羅波那的化身，他正在覬覦著這些被濕婆神迷住的女人。

30-4. 西開間西面——黑天被母親懲罰：在西開間西面，門的上方有個蛇拱形框起來的浮雕，一個男孩趴在樹下。這幅浮雕呈現的是黑天小時候的英勇事蹟。小時候的黑天非常頑皮，讓養父母傷透腦筋，有一次養母實在氣不過，就在黑天身上綁了一塊大石頭，沒想到力大無窮的黑天竟然拖著石頭跑來跑去，不小心卡在兩棵大樹之間，一用力就把兩棵大樹給弄倒了。鄰居紛紛跑來圍觀，誰都不敢相信小小年紀的黑天，竟然有辦法弄倒兩棵參天巨樹。

30-5. 西開間南面——魔王搖撼凱拉薩山：在西開間南面的這幅浮雕，描繪著十首魔王羅波那張開了他的二十隻手臂，搖撼著濕婆的居所凱拉薩山。由於羅波那的母親正在修行，希望能獲得不死甘露，

魔王搖撼凱拉薩山。

濕婆殺死愛神。

就要兒子去跟濕婆要甘露。羅波那跑去找濕婆，卻被歡喜主攔住，說濕婆神和妻子正在行魚水之歡，不想被打擾。但是濕婆神一次性愛長達一千年，他等了很久都等不到濕婆，非常生氣，就很用力的搖晃凱拉薩山。

在羅波那正上方的打坐者就是濕婆，類似的造型在另外一幅「濕婆殺死愛神」也可以見到。旁邊已經模糊的部分可能是祂的妻子雪山女神，從目前僅存的部分身體線條中，可以看見祂的手指捏著一枝蓮花。

30-6. 南開間西面——濕婆殺死愛神：這幅壁畫描繪的是濕婆與祂的妻子薩蒂的故事。在神話時代創始之初，兩夫妻原本過著安穩無憂的生活，然而薩蒂的父親一向看不起這個女婿。有一次，薩蒂的父親舉行了一場盛大的筵席，幾乎所有重要的神明都被邀請，卻沒有邀請濕婆。薩蒂對此很不滿，她親自到場和父親理論，卻招來眾神對濕婆的侮辱。薩蒂傷心欲絕，認為是自己令濕婆蒙羞，便投入火堆中自焚而死。

濕婆得知自己的妻子為祂自殺，哀慟過度，決定到喜瑪拉雅山中隱修，從此與世隔絕。死去的薩蒂轉世成雪山女神，對濕婆的愛依然如昔，但無論雪山女神如何苦修，希望能感動濕婆，濕婆卻早已修煉成一個無欲無求的苦行者，對於雪山女神的愛無動於衷。此時世間有一位惡魔為亂三界，只有濕婆的兒子能消滅他，因此諸神與雪山女神一起向愛神伽摩求救。

這一天，雪山女神像平常一樣，到喜瑪拉雅山上禮敬濕婆，伽摩便趁這個時候拉開用甘蔗做成的神弓，把用花朵做成的愛情之箭，搭在蜜蜂排成的弦上，向濕婆的心臟射去，中箭後的濕婆對面前的雪山女神心神一蕩，察覺到自己的異狀，濕婆大發雷霆，睜開了額頭上的第三隻眼，從裡面發出了可以毀滅一切事物的神火，把伽摩的肉身燒成了灰燼。從此愛情就變成看不見、摸不著，卻能叫人怦然心動的力量。

在畫面中，我們可以看到被濕婆神殺死的愛神依舊倒在地上，沒有化為灰燼，這是吳哥雕刻師刻意改變呈現手法的結果。

30-7. 南開間南面——毗濕奴的兩個故事：南開間南面的這座蛇拱形框中，描繪著一座森林，許多野生動物分布其間。以中央大樹為分界，左半邊和右半邊分屬不同的故事場景。右邊的畫面是毗濕奴正在與某個人物戰鬥，有學者認為是毗濕奴化身黑天與惡魔普蘭巴打鬥

的故事；左邊刻畫毗濕奴與一位隱士一起坐在火堆前，和某個人講話。但因為畫面中的線索不足，這兩個場景究竟典自何處，仍未有定論。

30-8. 南開間東面——猴王婆黎之死：南開間東面的這幅壁畫，出自史詩《羅摩衍那》，是猴王婆黎被羅摩一箭射死的場景。畫面可分成三層來看，上層描繪猴王兄弟的戰爭，由於誤會沒辦法解開，猴王兄弟最終仍得靠決鬥定生死，在弟弟須羯哩婆陷入險境的時候，羅摩在情急之下一箭射死了猴王婆黎。

畫面中間是哀悼的場景，主角婆黎的比例明顯大了許多，從弟弟那裡搶來的妻子和手下的猴子猴孫在一旁悲傷不已，每隻猴子的神態都不一樣，遠一些的猴子群裡，也有看起來不太難過的猴子。

在畫面的左下角，是猴王弟弟須羯哩婆向羅摩道謝的場景，但畫面中的羅摩一臉若有所思的表情，似乎在想自己究竟應不應該這麼做。

30-9. 東開間南面——濕婆靜坐冥想：這幅壁畫，畫面的主要部分大多已風化漫漶。剩下的部分可以看見岩洞中修行的隱士，而濕婆坐在中間偏上方的大樹下，衣飾精緻華美，似乎正在和他右邊的四位貴族說話。隱士在洞窟中修行，是印度文化中很重要的一部分，在印度有許多這一類的洞窟遺蹟，但吳哥並沒有這樣的習慣。

30-10. 東開間東面——毗濕奴受四方供養：在東開間東側的門上方，蛇拱形框出的畫面中，四臂手的毗濕奴站在森林裡，兩邊跪著呈

毗濕奴受四方供養。

上供品的信徒。毗濕奴頭頂戴著高冠，周圍有阿帕莎拉仙女飛舞。信徒手裡的供品，推測可能是糕餅、在盒中堆成小山狀的米。也有人認為生著四隻手臂的神應該是毗濕奴的化身黑天。

30-11. 東開間北面──墮羅缽底戲水節：在東開間北面的這幅壁畫，描繪的是「墮羅缽底戲水節」。水節是中南半島很重要的節慶，各國都有自己的水節和慶祝活動，柬埔寨的慶祝活動是賽船（類似中國的龍舟競賽）、放煙火、游泳、向其他人潑水抹粉。但因為曾有人用機車的化學溶液潑向其他人，造成重大傷害，因此今日的柬埔寨是禁止潑水的。墮羅缽底王國是個由孟族人組成的佛教古國，位置在今日的泰國東北方，西元十一世紀時被吳哥兼併，至今仍留有許多吳哥遺蹟，保存得相當完好。

這幅壁畫可以分成上下兩個部分，上下各有一艘船，上面的這艘船載的是貴族，下面的則是平民。貴族在船上下著棋，宮女的服飾、髮型都很精緻美麗。下面的這艘相較之下顯得熱鬧非凡，右下角有個人不划船，在偷偷釣魚，船上還有人在鬥雞。在船的下方，水裡有許多魚類，兇猛的鱷魚也不少。船的中間有一家人，父親將小孩舉高抱著玩，他的服裝和髮型都明顯與其他人不同，是中國人的服飾。當時已有大量華人移民來到柬埔寨定居，與當地人通婚，因此現代的柬埔寨無論文化、血統，其實都受到中國相當程度的影響。

30-12. 北開間東面──黑天舉山：在北開間東面，則是黑天舉山的場景。構圖與第三層迴廊東塔門南側的柱腳相似，但格局宏大，是吳哥壁畫同一主題中最壯觀的。畫面中，高舉右手的主要人物就是黑天，站在祂身旁的是祂的哥哥大力羅摩。兩人的頭髮都在頭頂上綁成三束，這個髮型代表著稚齡的兒童。黑天舉起的山覆蓋著茂密的森林，許多隱士在森林中祈禱，山的下面則擠滿了人、牛、馬。

話說黑天因為躲避舅舅的屠殺，被藏到鄉下，以牧童的身分長大。由於水草枯竭，黑天便化作豺狼，將放牧的牲畜都趕到水草豐美的牛增山（或譯哥瓦爾丹山），居民從此過起富足的生活。於是大家便商量要感謝因陀羅神，黑天則認為應該感謝牛增山神。此舉得罪了因陀羅，降下七天七夜的大雨懲罰村民，沒想到黑天用一根手指就舉起了牛增山，讓村民和牲畜都躲到下面來避雨。因陀羅更生氣了，決定親自找黑天談判，一見到黑天，就發現是毗濕奴的化身，趕緊向黑天致歉，並將祂在凡間的兒子阿周那托給黑天照顧。

31. 蘇耶跋摩二世的軍隊

　　這幅壁畫全長九三‧六公尺，歌頌吳哥寺的建造者蘇耶跋摩二世。這是吳哥寺中唯一一幅以吳哥歷史為主題的壁畫，呈現吳哥軍隊在出兵攻打占婆前，國王閱兵、準備出征的情景。壁畫分成上下兩層，敘述過程由西至東，西邊一開始是出征前國王閱兵的場景，宮中的女眷被士兵扛著，走在隊伍的最後面。

　　31-1. 長頸鹿：在茂密的森林中刻畫著形形色色的野生動物，仔細找找看，幸運的話可以發現一種神祕的動物拉長了脖子，正在吃樹葉。有人認為，這表示在十一世紀前後，柬埔寨地區可能存在著長頸鹿這種生物。

　　31-2. 國王閱兵：在第四根柱子處，壁畫的上半部，蘇耶跋摩二世坐在山上，戴著象徵天神的三角形冠冕，是毗濕奴在人間的代表。相傳當時雕像的全身都上了金箔；在構圖上，國王的人物比例是最大的，以此象徵他的地位和重要性。他的身旁有傘十五柄、扇子四把、長矛四把，這三者也都是地位的象徵，仔細看可以發現國王的傘相較其他人更大、更多。這些傘的實物可以在金邊皇宮中看見，顏色有金有銀，逢年過節舉辦皇室遊行時仍會使用。蘇耶跋摩二世的形象在這幅壁畫中雕刻精緻且保存良好，後世演戲、藝術創作都以此為藍本。

　　31-3. 占卜：國王面前的婆羅門正在為出兵日和戰事卜卦。占卜是柬埔寨文化中很重要的一環，現在的柬埔寨人仍然依賴占卜來決定生活中的大事。

　　31-4. 臣子請奏：在國王右邊的樹林中，有一排男子跪坐著，舉

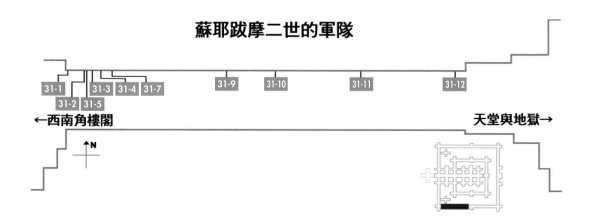

蘇耶跋摩二世的軍隊

31-1　31-3　31-4　31-7　　　31-9　　31-10　　　31-11　　　31-12

31-2　31-5

←西南角樓閣　　　　　　　　　　　　　　　　　　　天堂與地獄→

N

蘇耶跋摩二世坐在山上，帶著象徵天神的三角形冠冕。

起右手放在胸前，這是高棉文化中參拜國王的姿勢。向國王報告事情前，必須先自報家門：「我是國王手下的臣子○○○○，向國王報告。」

31-5. 公主和嬪妃：在國王的下方，構圖的下層，乘坐著豪華轎子的是公主和嬪妃。轎子的形式是上層有頂，狀似小屋，前後延伸長杆雕成的那迦的造型，下面掛著吊床，人坐在吊床裡。

31-6. 銘文：在重要人物的身邊，都有銘文刻著這些人物的名字和身分，並在上面敷以金箔。這些銘文是非常珍貴的歷史文獻，使用的文字是十二世紀的梵文。一直到上個世紀末，法國學者在印度苦讀學會了梵文和巴利語，才辨識出這些銘文的內容。

31-7. 下山出征：在第七根柱子附近，國王一行人閱兵完畢從山上拾階而下，向東出征。吳哥的歷代國王一向是親自率軍打仗的，因此國王本身的體格一定要很強壯，性格也雄健剛猛。在東南亞，馬的體型都很小，只比人高一點點，這裡可以看到馬和人的比例差不多大，證明了這幅壁畫的寫實程度相當可信。

31-8. 洞：壁畫中有很多個方塊狀的小洞，並不是曾經鑲有珠寶，而是因為刻錯，把錯誤的地方挖掉，重新刻好補上，因時間久遠而脫落了。

31-9. 騎象的國王：騎著象的重要將領共有二十位，在壁畫的正中央，涼傘數目最多、頭戴皇冠的就是國王。國王手上拿著的這種長

刀，現在的柬埔寨人也還在使用。另一個辨認國王和將軍的方法是看他前面儀仗頭上的標誌，國王是毗濕奴的化身，他的標誌是毗濕奴與金翅鳥，將軍就只能用哈奴曼作為標誌，象徵追隨毗濕奴的忠心臣子。

31-10. 高棉兵：構圖中比例較小的人物是高棉的步兵，他們不苟言笑、步伐一致，繃緊神經準備出征。

31-11. 聖火方舟：在第二十六根柱子附近，隊伍舉著一艘長長的「聖火方舟」，船首和船尾都是那迦的造型，中間築有一座神龕。船尾緊跟著一位坐在轎子中的婆羅門，負責祭祀事宜。婆羅門的轎子前方有一群僧侶搖動著法鈴。方舟前方是軍樂隊，有人負責敲鑼，有人吹奏著號角、海螺、長笛。再稍往東移動一點點，這一段壁畫有一部分在赤柬時期被美軍轟炸而毀損，現用水泥撐住，因此得以勉強維持。

31-12. 暹羅兵：壁畫最東邊，也就是行伍的最前面，負責打頭陣的是暹羅兵，「暹羅」就是現在的泰國，但在當時還沒有形成強盛的國家。他們是傭兵，髮型束成沖天炮狀，身上穿著花布，步伐不一致且隊形混亂，談笑嬉耍表情輕佻，沒有高棉步兵來得紀律嚴整。「暹羅」其實是對泰國的蔑稱，泰國古名為「暹」。這些傭兵來自古羅斛（今泰國華富里），羅斛在十二世紀時仍是吳哥的屬國。

聖火方舟中乘轎的婆羅門。

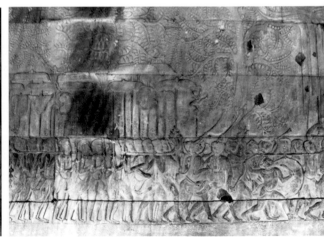

聖火方舟中的軍樂隊。

32. 天堂與地獄

在南廊東翼的《天堂與地獄》是一幅讓人印象十分深刻的壁畫。壁畫全長六六・〇五公尺，這一區的壁畫被人們觸摸的次數較多，石雕上曾經有塗漆的部分都呈現著晶亮的光澤，簡單的碑銘標示出場景主題。壁畫自西邊開始，分成上下兩個區域，上部由「進入天堂的隊伍」開始，接著是三十七個和平而有仙女飛舞的天堂；下部則是地獄，由「進入地獄的隊伍」開始，審判後依刑歸入三十二座地獄，眾惡鬼在此受罰。比起祥和寧靜的天堂，地獄的場景血腥殘忍，相當精采。

32-1. 天花板： 這一段的屋頂在赤柬時期被美國炸毀，因此依據殘存的一片木頭天花板，用水泥複製，模擬出昔日的屋頂，同時兼具保護壁畫與結構的功能。

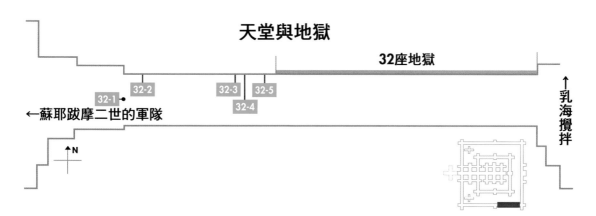

天堂與地獄之路。

達摩與契特拉古波塔執行判決。　　　　　　　　　　　剃刀地獄。

32-2. 天堂與地獄之路：在壁畫上層，皇室人物由於是神仙下凡，死後必會回歸天界，他們排成兩列，由華美的轎子抬著，舒適安逸地進入天界。大量的涼傘和扇子也標示出他們尊貴的地位。在壁畫的下層，是等待進入自己的歸處的罪人。他們瘦弱乾枯，淒厲地喊叫求情，地獄的衛兵則咆哮鞭打不守秩序的人，並將繩子穿過罪人的鼻子，拖拉前行。當我們跟著罪人的行列進入三十二座地獄，可以看見他們在各個地獄受苦的情形。

32-3. 閻摩的審判：位於第九組柱子附近，騎著水牛、擁有十八隻手臂的人物就是陰間之王閻摩。祂背後排列著密密麻麻的涼傘，圖像比例最大。閻摩就是閻羅王的原型，不論是佛教或是道教的閻羅王，都是脫胎自此。在古印度，祂最初的形象並不可怕，祂是太陽神之子，是第一個死去的人，即最早踏上死亡之路的亡者，為後來的亡者擔任引路人。最初，印度教裡的亡者國度，是一片光明的淨土，而賞善罰惡的審判工作，並非閻摩的職責，而是由火神阿耆尼在焚燒亡者遺骸時，區分善惡，並把惡淨化掉。後來的宗教發展認為人死後，應該參考生前的善惡給予獎賞或懲罰，才有了天堂與地獄的區分，而區分善惡的工作也就從阿耆尼的手中，交給了閻摩。

32-4. 達摩與契特拉古波塔執行判決：在第十根柱子的位置，緊鄰著閻摩，閻摩的兩名陪審判官達摩、契特拉古波塔做最後裁決，惡鬼們跪在祂們面前苦苦求饒。被判入地獄的罪人則從一旁的活板門落

下，開始了殘酷的刑期。

32-5. 鳥神飾帶：在地獄活板門的右手邊，天堂下方有一條飾帶，一整排的鳥神（不確定是金翅鳥或神鵝漢薩）舉起雙手，呈現支撐天堂的姿勢。再往右有一片殘破的修補痕跡，這一段也是美軍轟炸造成的毀損。

32-6. 阿鼻地獄：罪人從活板門落下後，第一個地獄就是阿鼻地獄，又稱「無間地獄」。落入阿鼻地獄者大多永世不得超生，火堆旁的獄卒正將長矛或木樁投入熊熊烈火當中；在火堆左方，一個罪人躺臥在傾斜的受刑台上，兩位獄卒正在用刮刀剝他的皮。

32-7. 蟲塚地獄：第二個地獄是蟲塚地獄，若婆羅門、上師、律法的教習者等知識份子犯了瀆神之罪，包括他們的父母、朋友，若犯相同的罪，都會被扔進蟲堆中，遭受萬蟲啃嚙的刑罰。

32-8. 剃刀地獄：第三個地獄是剃刀地獄，生前犯偷竊罪行者，獄卒會用長鉗拔掉他們的舌頭。

32-9. 荊棘地獄：第四個地獄是荊棘地獄，這個部分的壁畫毀損嚴重難以辨識。做偽證者被扔進荊棘叢中，有四名獄卒用長棍將三名罪人釘進滿是利刺的荊棘中。

32-10. 壓死地獄：第五個地獄是壓死地獄，謀殺者、對他人圖謀不軌並傷害他人生命者，被塞進山的間隙中，獄卒合力將山闔上，使兩名罪人被大山擠成肉醬。

32-11. 窒息地獄：第六個地獄是窒息地獄，瘋子、慣用暴力者、濫用他人的信任者、殺小孩與婦女者，則被判入窒息地獄。一個罪人口鼻被塞住，綁在樹上，獄卒用繩子將他綁成肉條。

32-12. 悲鳴地獄：第七個是悲鳴地獄，畫面難辨。生活放蕩者須受此刑，罪人被鍊條鎖著，受棍棒擊打；有些婦女乳房下垂，在這個地獄中永世不得超生。

32-13. 融鉛地獄：第八個是融鉛地獄，侵占他人的房舍與土地者，會被獄卒放進高溫融化的鉛液中。這一幅壁畫也破損得很厲害，只能從靠近地面的殘跡辨識。鉛液裡已經有一個人俯臥在裡面了，另一個罪人頭下腳上，雙腳被獄卒抓住，他的雙手護住頭臉，正要被放進去。

32-14. 燒炙地獄：第九個是燒炙地獄，放火燒別人的房屋、森林，以及下毒害人者，會被判入燒炙地獄。獄卒正抓著罪人的頭髮，將他們推入火中。

32-15. 碎骨地獄：第十個是碎骨地獄，使他人的房舍或住所塌陷者，違反法律者，則須受碎骨地獄的刑罰。獄卒扭折罪人的身體與四肢，使他們骨骼粉碎。

32-16 舂臼地獄：第十一個是舂臼地獄，男人和女人都被重錘擊碎，並被碾成粉末。

32-17. 膿湖地獄：第十二個是膿湖地獄，依據典籍，凡偷竊烈酒、姦淫他人的妻子、接近上師的妻子者，會被猛禽撕裂成碎片，丟進滿是黏稠膿液的湖中。在壁畫裡，罪人跪著祈求獄卒，而獄卒則拎起他們的腳，將他們扔進湖裡。

32-18. 血湖地獄：第十三個是血湖地獄，和前者類似，凡偷肉、姦淫他人的妻子、誘拐上師的妻子者，須先受笞刑，然後再被丟進血液匯聚而成的湖中。

32-19. 骨髓地獄：第十四個地獄是骨髓地獄，受刑者多是女人，他們的頭髮被獄卒扯住，乳房下垂，被丟進由骨髓和血清匯聚的湖中。

32-20. 飢餓地獄：第十五個是飢餓地獄，令人意外的是，它與揮霍浪費一點關係也沒有。凡偷米、竊取不屬於他們的食物者，胃囊會膨脹得極大，但喉嚨變得比針還細，什麼食物都吃不了，而且必須不斷被粗棍鞭打。

32-21. 炭火地獄：第十六個是炭火地獄，在村莊、小鎮、神牛的住所縱火者，以及在聖地便溺者，會被丟進炭火餘燼當中。這一塊壁畫也破損得很厲害，在靠近地面的位置，可以看到有三個人躺在火焰上。

32-22. 炸鍋地獄：第十七個是炸鍋地獄，使他人的妻子離家，或接近朋友的妻子者，會被丟進炸鍋中。畫面裡，一個罪人坐在火裡，左邊的獄卒抓住另一名罪人的腳踝，正準備擲進火焰中。

32-23. 煮鍋地獄：第十八個是煮鍋地獄，受國王差遣的人，偷了上師的錢財；生活在低下階層的賤民，偷了其他窮人、知識份子或婆羅門的東西，會被頭下腳上的丟進鍋裡煮。

32-24. 密林地獄：第十九個是密林地獄，凡砍伐聖地樹木、褻瀆聖地的人，將會在「糖棕樹森林」中受此刑罰。罪人戴著枷鎖，身上綑著繩子，不過現存壁畫已很難辨識。

32-25. 篝火地獄：第二十個是篝火地獄，凡偷馬、象、車等交通工具，或對學者不敬、拒絕行禮者，須被釘在樹上，並身受火焚之

苦。畫面中，一個罪人雙手高舉被釘在樹上，被火焰吞噬；兩旁的獄卒各舉著一個罪人，送進火堆裡。

32-26. 炎熱地獄：第二十一個是炎熱地獄，這幅浮雕已十分殘破。凡傷害他人、偷竊涼傘與檀香者，將會被扔進火盆中。

32-27. 針地獄：第二十二個是針地獄，這幅浮雕也嚴重毀損，尤其是碑銘部分，無法辨識這些罪人犯了什麼罪。他們被繩子綁著吊起來鞭打。

32-28. 黑繩地獄：第二十三個是黑繩地獄，凡挑撥離間以奪取財富和利益者，死後須入黑繩地獄。罪人被綁在滾燙通紅的長鐵棒上，架在火上烤。

紅蓮地獄。

32-29. 大紅蓮地獄：第二十四個是大紅蓮地獄，摘花者將受此苦刑。罪人的身體被苦寒凍到爆裂，但因血液凝固而無法流出，一層層碎裂剝落的模樣，狀似紅蓮，故名之為「大紅蓮地獄」。

32-30. 紅蓮地獄：第二十五個是紅蓮地獄，偷花者、從濕婆的花園摘取花朵者將受此刑罰。畫面中，有些罪人被綁在樹上，獄卒將鐵釘釘入他們的腦袋裡；有些則被野狗和猛禽撕碎。

32-31. 等活地獄：第二十六個是等活地獄，所有犯下重罪者都必須受此刑罰。有些罪人的腳被分別綁在兩棵樹上，在柴堆上方頭下腳上地懸吊著；其他人勒著脖子被吊掛起來，受猛禽吞食之苦。然而只要微風吹過，奄奄一息的罪人又會活轉過來，反覆承受相同的折磨。

32-32. 兩個不明的地獄：第二十七和二十八兩個地獄因銘文消失，無法辨識，但都是「拔舌地獄」的場景。第二十七個地獄的罪人被獄卒扳開嘴，舌頭被扯出來，並用長桿戳入嘴中。第二十八個地獄，罪人仰坐在地，獄卒用鉗子鉗出他們的舌頭。

32-33. 大寒地獄：第二十九個是大寒地獄，凡偷竊者都會被放在寒冰當中，每個人的雙手舉在胸前，全身縮成一團瑟瑟發抖。

32-34. 暗黑地獄：第三十個是暗黑地獄，凡偷盜火炬者、生活骯髒、賭博者，在這個地獄中，他們的眼珠會被錐子、指甲戳爛，四

肢與頭顱被吊起，下懸重物極力拉扯，接著被刀剁成肉塊。

32-35. 大叫喚地獄：第三十一個是大叫喚地獄，篇幅特別長，施刑方式極為殘虐。罪人全身被釘滿鐵釘，吊在刑架上，身體的重量會拉扯他的肌肉，增加痛苦的同時，鐵釘仍持續被敲進他的身體裡。其中一名罪人用滑輪拴住腰懸掛起來。

32-36. 叫喚地獄：第三十二個是叫喚地獄，那些孤身流浪、不願負擔自己支出的人，會被綁起來，堆在燃燒著熊熊火焰的鍋子裡。

觀賞完「天堂與地獄」壁畫，穿過沒有浮雕的東南角塔樓，請繼續欣賞下一段壁畫。

33. 東廊南翼：乳海攪拌

「乳海攪拌」是吳哥寺最著名的浮雕壁畫，全長共四十九公尺。它是印度神話中家喻戶曉的故事，在泛印度化地區如東南亞各國，以此為主題的雕塑也相當常見。吳哥的建築當中，「乳海攪拌」是非常重要的設計依據，吳哥城護城河上的橋，便是以此為設計主題。

善良的天神和阿修羅都是神族，原本一起生活在須彌山上，那時候的神族雖然比一般人長壽，但還是會死亡。有一次，善神和阿修羅為了生老病死的問題吵了起來，梵天出面調停，告訴大家，在大海底下藏有長生不老藥「甘露」，只要大夥兒動手攪拌大海，就能夠得到甘露。於是雙方決定一起合作攪拌大海，平分得到的甘露。

他們利用高聳入雲的曼陀羅山當攪拌棒，又請來蛇王瓦蘇吉當繩子，毗濕奴神也化身成一隻大海龜，充當攪拌的支點。蛇王瓦蘇吉的身軀纏住曼陀羅山，八十八個善神和九十二個阿修羅分別抓住瓦蘇吉的頭和尾，一拉一扯之間，曼陀羅山緩緩地轉動起來，開始了攪拌乳海的大工程。

祂們日夜不停地工作，過程吃力而艱辛。每轉動一下曼陀羅山，蛇王就受不了負荷，從口中噴出一口火焰和毒煙，阿修羅被燻得灰頭土臉。轉動的曼陀羅山也不斷冒出火焰，森林和無數飛鳥走獸化為灰燼，海裡的水族也面臨浩劫，許多魚類被兇猛的水流撕裂。

就這樣過了幾百年，海水漸漸地變成了乳白色，一件

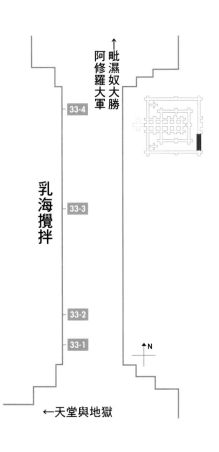

阿修羅與蛇王瓦蘇吉。

　　一件的寶物從乳海中陸續升起：飛濺出來的水花和泡沫，變成了無數的阿帕莎拉仙女；從海中升起的一彎新月，成了濕婆神的髮飾；接著吉祥天女一身潔白、手持蓮花，從乳海中現身，美麗的姿容看得眾神和阿修羅目瞪口呆，最後成了毗濕奴的妻子。最關鍵的時刻來臨，神醫檀槃陀里從海中現身，手裡拿著裝滿不死甘露的酒碗。

　　這時蛇王瓦蘇吉再也撐不住了，祂的毒液從口中噴出，眼看著甘露就要被毒液污染，濕婆挺身而出一口吞下劇毒，從此濕婆神的脖子就變成青色的了。

　　當甘露終於出現，眾神一擁而上搶奪甘露。毗濕奴為了控制混亂的場面，變成了一個絕世美女，讓具有貪婪性格的阿修羅分心，善神就趁著這時候搶下甘露喝掉。

　　眾阿修羅之中，只有羅睺沒有被美女誘惑，趁亂喝了一口甘露，還來不及嚥下，就被太陽和月亮發現，通報毗濕奴。毗濕奴揮刀將羅睺砍成了兩截，這兩截身體都化成了星星，上半截仍叫做「羅睺」，下半截則化成了彗星，名為「計都」。羅睺恨死了向毗濕奴告密的太陽和月亮，只要抓到機會就要張嘴吞掉他們，但因為羅睺沒有內臟可以消化，所以被吃進去的太陽和月亮隔一陣子又會出現在天上，這就是日食和月食的由來。不甘受騙的阿修羅，從此就和天神交戰不休。

東門，被柬人視為「死門」。

　　了解整個故事的來龍去脈之後，接下來可以跟著以下列點，從左至右欣賞畫面中的精采細節。

　　33-1. 阿修羅與蛇王瓦蘇吉：這幅壁畫是對稱式構圖，以毗濕奴與曼陀羅山為中軸，左邊是阿修羅，右邊是善神。在畫面的最左端，蛇王瓦蘇吉被刻畫成五頭那迦，擁有無數個頭、力量強健的阿修羅王一手抱著瓦蘇吉的頭，一手拉著瓦蘇吉的身體。阿修羅的頭上都戴著精緻的髮冠，面部線條剛硬、眉骨高聳，雙目圓睜。

　　飛濺的水花化成仙女，在阿修羅的頭上翩翩起舞；海裡的水族受到水流擾動，上下亂竄。這裡可以注意一下，除了擔任動力繩的瓦蘇吉，下方還有另外一隻五頭那迦，這是水神，代表海洋。

　　33-2. 水族：仔細看畫面下方的水族，除了吳哥壁畫中常見的魚、鱷魚，還有似獅似龍的生物，這就是吳哥版的「麒麟」。

　　33-3. 毗濕奴與因陀羅：位於畫面中央的是四臂毗濕奴，控制、協調著攪拌乳海的工作。祂的化身之一「龜」負責支撐曼陀羅山，龜背上的紋飾非常精細漂亮。因陀羅則從空中飛來，負責穩住左右搖擺的曼陀羅山。這一段的水流最為激烈，近乎沸騰，水族大都支離破碎。

　　毗濕奴右邊的隊伍是善神，祂們的長相較溫和，頭戴三角形的冠，耳垂上掛著沉重的耳環，將耳朵拉得長長的。

33-4. 猴神：在畫面的最右端，身形高大的猴神托住瓦蘇吉的尾巴。這個故事中原本是沒有猴神的，因此這裡的猴神可能是吳哥工匠的創作，將《羅摩衍那》中的角色放進畫面中。可能是猴王須羯哩婆或哈奴曼，延續《羅摩衍那》中協助羅摩的角色，在這裡擔任毗濕奴的助手。

關於壁畫的介紹就到這裡結束，可從你右手邊的樓門一路向東走，穿過東門，離開吳哥寺。

34. 東門

位於護城河外的東門，有「死門」、「鬼蜮」之稱，柬埔寨人認為此地鬧鬼，大多不願意靠近。由於人煙稀少，遺蹟和森林都保存得相當好。從東門回望，可以看見隱蔽在森林中的吳哥寺，緩緩漫步在這段小路上，可以體會百年之前，在森林中發現吳哥的那些歐洲探險家，心中的驚奇與感動。在東門附近的護城河畔，有一座樹屋，是吳哥寺的祕密景點，若有機會，可以請地陪帶領探訪。

從東門回望吳哥寺。

巴肯山西面全景。

建築年代：西元九世紀末至十世紀初
風格：巴肯山式
統治者：耶輸跋摩一世
其他中文譯名：巴肯寺
推薦指數：★★★★
參觀時間：一小時

巴肯山
Phnom Bakheng

　　巴肯山是耶輸跋摩一世建都於耶輸陀羅補羅時的國廟所在地。「Phnom」即柬語中的「山」。西元九世紀，耶輸跋摩一世即位，將國都從因陀羅補羅（羅洛士遺址群所在地）遷至此地，並以巴肯山為都城中心點，建造國廟。耶輸陀羅補羅為正方形的城市，東臨暹粒河，西屆今西巴萊湖東緣（當時還沒有西巴萊湖），南北側至今仍遺留城牆土堤，面積較後來所建的大吳哥城更為廣闊。城內築有許多寺廟，供奉濕婆、毗濕奴等主要神祇。為提供國都穩定的水源，耶輸跋摩一世在位時最龐大的工程就是修建東巴萊湖（水庫），並於湖中央修築了東梅蓬。

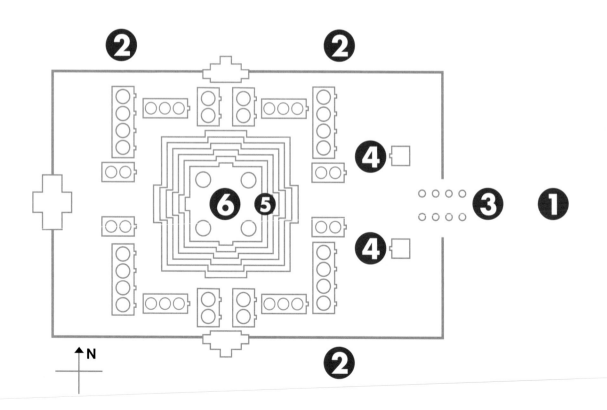

中央塔。

藏經閣。

　　耶輸跋摩一世對於修築寺廟、鞏固權力相當熱中，國境內的三座聖山：豬山、博山、巴肯山，都在他任內蓋起了寺廟，並以巴肯山作為國廟，西元九〇七年正式啟用。國廟的名稱為「耶輪陀羅史跋羅」，意即「肩負榮耀的王」，祭祀的主神也是這個名字。雖然名字是「耶輪陀羅史跋羅」，實際上仍是濕婆的化身。巴肯山是臨近地區的制高點，高六十五公尺，可以一覽無遺地將國土盡收眼底。

1. 山腳入口

　　寺廟原本設計有東西南北四座階梯，自山腳直達塔頂，但這些依山而建的石梯俱已湮沒崩毀，只留下些許殘跡。可以在入口處的樹叢中隱約看見兩隻石獅據守在石梯旁，這就是原本的入口之一。現在的路徑有二，一條是往東盤旋而上的徒步木棧道，一條是給大象走的泥路山徑，可以雇用象伕騎乘大象上山，一趟是美金二十元。

2. 觀景台

　　徒步上山的樂趣在於「發現」，由於巴肯山地勢高，沿路可遠眺重要景點的地方都築有觀景台，可在此乘涼、欣賞美景。由低至高，觀景平台眺望的建築依序是：巴塞增空金字塔、西巴萊湖，至山頂後不用急著爬上塔頂，因曝曬在烈日下實在難受，在東北方還有一處綠蔭中的平台，可以悠閒坐著遠眺吳哥寺，養足精神再攻頂（若趕著卡位看夕陽，就另當別論囉）。

夕照下的金字塔。

3. 東參道

　　巴肯山坐西朝東，周圍有一道磚紅壤築成的圍牆，東、南、西、北四面各有一座塔門，但圍牆與塔門都只剩殘跡。東面入口處有一條參道穿過廣闊的廟前廣場，由山腳直達廟門（現已無法通行）。巴肯山原為砂岩質地的天然小山，眼前看到的這片平台廣場，是用純人工的方式，將巴肯山鏟去頂峰造成的。參道上有一枚後世刻鑿的佛足印，這是吳哥王朝改信佛教之後才放置的。東塔門已經消失，只剩幾根石柱屹立於此。

4. 藏經閣

　　在東塔門與巴肯山金字塔之間，有兩座開口朝西的砂岩建築，是為藏經閣。藏經閣為雙層建築，特殊的是，這裡的藏經閣壁面設有菱形小孔，應是作為透氣之用。

5. 金字塔

　　巴肯山是由五層台基組成的階梯金字塔，底部環繞的四十四座塔由紅磚砌成，台基上的砂岩小塔共六十座，塔頂則有五座塔樓，總計共一〇九座塔。巴肯山山腳四周築有壕溝，象徵海洋；金字塔本身不僅象徵宇宙的中心「須彌山」，在印度教的宇宙觀中，這個布局象徵

著天文學的神祕力量，中央塔為極軸，與環繞著極軸的一○八座塔，可以啟動整個宇宙運行的能量。

「一○八」是印度教中非常重要的神聖數字，它是女神的聖數，也是整個宇宙的象徵，在「數術」中常與「九」互相搭配解讀（一+○+八=九）。

除中央塔外的其餘一○八座塔，在視覺的設計上利用了透視法，逐層縮小，使金字塔看起來更加高聳。東西與南北兩軸的階梯兩側設有石獅，石獅的尺寸也是比照小塔的比例逐層縮小。

在金字塔南面有一座近代設置的南迪雕像，和東參道上的佛足印一樣香火鼎盛，與巴肯山塔頂聖殿的境遇相較，倒是頗為諷刺。

6. 塔頂聖殿

金字塔頂共有五座聖殿，以中央塔的規模最為雄偉。聖殿內供奉林伽，但中央聖殿的林伽已不存。由於十六世紀時，這五座聖殿的石材被拆去建造一座坐佛，現存的遺蹟只剩中央聖殿較為完整。中央聖殿四面均有開口，壁面雕飾綿密富麗，蒂娃妲女神體態豐腴。

由於巴肯山的塔頂是吳哥地區的制高點，可遠眺吳哥寺、豬山、博山、洞里薩湖、西巴萊湖，許多年來一直是旅行團看日落的著名景點，每到黃昏，人山人海水泄不通，對遺蹟亦造成嚴重毀損。其實破曉時分，趁著晨霧清涼前來爬山更佳，望著金色的陽光自東方升起，照亮大地，更能感受到九世紀時耶輸跋摩一世統領天下的豪情。

後世為佛足印蓋了廟亭。

建築年代：西元十二世
紀至十三世紀初
風格：巴戎寺式
統治者：闍耶跋摩七世
其他中文譯名：大吳
哥、吳哥通
推薦指數：★★★★★
參觀時間：依參觀的遺
蹟數量而定

大吳哥城
Angkor Tom

　　與吳哥寺並稱「大、小吳哥」的大吳哥城，柬文原意即「大城」，是闍耶跋摩七世結束了與占婆的慘烈戰爭後，重新整頓的首都。大吳哥城區最早的建設者是耶輸跋摩一世，九世紀時在巴肯山建立國廟。之後的將近一百年間，政權數度變遷，都城也隨之遷移，直到羅貞陀羅跋摩二世在位時，才又將首都遷回鄰近的東巴萊湖南側。繼位者又逐步西遷，直到十一世紀時，蘇耶跋摩一世在現址建立皇宮，吳哥王朝才算是在大吳哥城區域站穩腳步。然而一一七七年與占婆一役，不但死傷慘重，被占人攻破的首都更是殘敗不堪。闍耶跋摩七世成功擊退占人之後即位為王，他勵精圖治，除了整頓首都，也致力於暢達交通、穩定疆野、普及醫療、改革宗教等措施，大刀闊斧地將吳哥王國「翻新」成中南半島最文明、最強盛的國家，直到今日，柬埔寨的國力從未超越闍耶跋摩七世在位的時期。若中國以漢唐為盛世，對柬埔寨而言，闍耶跋摩七世就是他們最輝煌的代表。

　　最能代表闍耶跋摩七世「心願」的，就是大吳哥城的設計。大吳哥城的長、寬均為三公里，面積共九百公頃，城牆外環護城河，河面寬一百公尺，深六公尺。城牆本身厚達十五公尺，高八公尺，以磚紅壤為建材。城牆的厚度與護城河的寬度都是前所未見的，使都城易守難攻。城牆設有五座一模一樣的城門，東、南、西、北各一座，東西軸線與南北軸線將吳哥城分割成十字空間。東門為死亡之門，東側偏北另設有一座勝利門，處於皇宮入口的東西軸線上。從大吳哥城向外延伸，有數條「古代皇家高速公路」向吳哥疆土的四面八方伸展出去，大吳哥城猶如「控制室」，藉由便捷的交通網掌控國土各地的狀態。

　　除了功能上的考量，大吳哥城的設計也具有多重象徵意義。五座城門的人面塔與城市中心的巴戎寺構成統一的設計風格，闍耶跋摩七世的容貌被雕琢成觀世音（一說是佛陀）的形象，高懸於每座塔頂，靜觀四方、庇護眾生。每座城門前均設有五十四尊善神、五十四尊阿修羅，共一百零八名守護者，拉扯著那迦，構成「乳海攪拌」的圖像。「一〇八」在印度文化中是很神聖的數字，它是女神之數，從聖

大吳哥城全圖

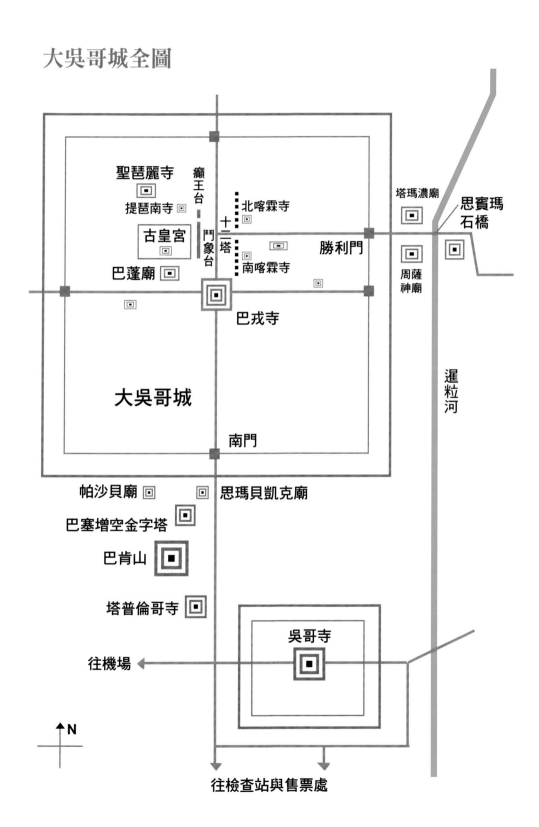

聖琶麗寺

癲王台

提琶南寺

古皇宮

鬥象台

巴蓬廟

十二塔

北喀霖寺

南喀霖寺

勝利門

塔瑪濃廟

思賓瑪
石橋

周薩
神廟

巴戎寺

大吳哥城

暹粒河

南門

帕沙貝廟

思瑪貝凱克廟

巴塞增空金字塔

巴肯山

塔普倫哥寺

吳哥寺

往機場

N

往檢查站與售票處

巴戎寺偏西北遺蹟密集區

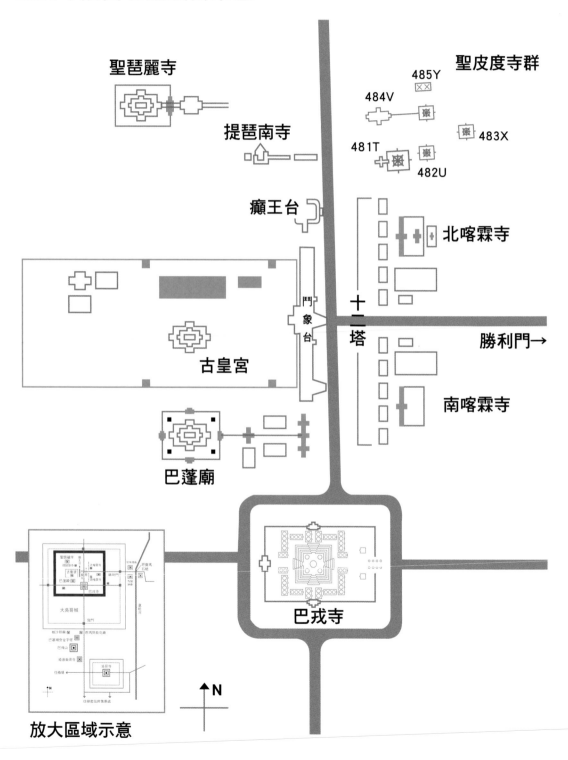

聖琶麗寺

聖皮度寺群

485Y

484V

提琶南寺

483X

481T

482U

癲王台

北喀霖寺

鬥象台

十二塔

古皇宮

勝利門→

巴蓬廟

南喀霖寺

巴戎寺

放大區域示意

N

數「九」的基礎上延伸而來。一〇八是九的倍數，「一＋〇＋八」也是「九」；它也是持咒的基本計數，念珠共一〇八顆；梵文字母共五十四個，循環往復一次即一〇八。吳哥的寺廟建築多多少少都與印度宇宙觀中的「數」相呼應，暗藏在其中的種種數字象徵，仍待研究者繼續挖掘。

那迦作為橋梁、通道的欄杆，則有三重含意：

一、那迦作為印度信仰中的蛇神阿難陀：阿難陀有一千個頭，是宇宙中的第一條蛇，為那迦之王，其頭部主宰一切星體，身體即宇宙之海，承載著毗濕奴。

二、那迦作為「乳海攪拌」中的蛇神瓦蘇吉：擔任攪拌乳海的動力繩，為創世的重要角色。大吳哥城以巴戎寺象徵須彌山，攪拌著乳海，各種珍寶自海中升起，最後產生的甘露則為長生不死的仙藥。以此神話祈願吳哥王朝永世萬代、物產豐饒。

三、那迦作為彩虹的象徵：這是柬埔寨原生的神話，那迦所象徵的彩虹，是人間與天界的橋梁。

橋下既深且寬的護城河，則象徵圍繞須彌山的宇宙之海。水自東北方引入，西南方排出。根據印度的宇宙觀，須彌山為世界的中心，宇宙之海環繞四周，海上有四大部洲、八小部洲，因陀羅居於須彌山之巔。在大吳哥城的五座塔門上，觀世音的面容下方，就刻著因陀羅騎著三頭象愛羅婆多。

大吳哥城的城牆四角各別設有一座「帕沙青戎廟」，位於城牆之上，這是吳哥城市中罕見的設計。目前有愈來愈多的國際越野自行車愛好者發現了這條城牆上的有趣路線，不但可享受人煙稀少的叢林，豐富的動植物（尤其是野花與蝴蝶）充滿驚奇，居高臨下，湛藍寬闊的護城河與河面吹來的涼風使人心曠神怡，每個轉角的古剎更是路線上的亮點。可以從南門北側的土堤爬上城牆，如果沒有自行車，健行一小段路，探訪其中一間帕沙青戎廟，也是很值得的體驗。

大吳哥城在十二世紀修築時，將部分舊有的建築也包括在內，如古皇宮、巴蓬廟、南北喀霖寺等。隨著首都的穩定發展，城內外又陸續增建許多寺廟和城市（包括吳哥寺），直到十六世紀，吳哥中心區一直都是中南半島上最繁華的大都會。

象隊穿過南門。

建築年代：西元十二世紀至十三世紀初
風格：巴戎寺式
統治者：闍耶跋摩七世
推薦指數：★★★★★
參觀時間：二十分鐘

城門西南角。

南門
South Gate

　　大吳哥城的南門是進出吳哥主要遺蹟群的必經之路，就在吳哥寺的西北方不遠處。因為往來人車極眾，這裡也是五個城門中保存最完整的，其他城門的人物雕像幾乎都被竊盜一空。南門曾在一九四四年時經過徹底修復，參道則歷經一九五五年、一九六○年的整修，形成今日我們看見的面貌。

1. 參道

　　沿著主要幹道來到南門，首先映入眼簾的是一條跨越護城河的參道，長一百零八公尺，寬十六公尺。參道左側為善神，右側為阿修羅（因為面貌較為兇惡，也有人稱之為惡神），左右各五十四尊，每尊高二公尺，雙手緊抱那迦，組成「乳海攪拌」的拔河長隊。隊伍的第一尊和最後一尊都是多頭多手，象徵神威顯赫、法力高強。

　　雖然是城門中保存較好的一座，但參道兩側的善惡諸神仍是難逃「砍頭」的命運。現場有幾尊新製作的神像，頭部顏色特別淺，這是刻意和原有的遺蹟區別，以免後世進行研究時產生混淆。

　　若是在乾季來到這裡，護城河的水比較少，就可以沿著參道盡頭兩側的階梯走到參道下方。這裡水草豐美，參道底下是磚紅壤堆疊的路基，紅磚綠草映著水面波光，景色宜人。

2. 城門

　　南門與其他城門一樣，高二十三公尺，塔樓本身是一個十字形的空間，以砂岩建造。頂端的人面塔氣勢宏偉，四面皆刻有觀世音的面容，五官以闍耶跋摩七世為藍本，每一張臉的表情都不太一樣。十字形塔樓的四個凹角也布滿雕刻，四組雕刻完全相同，但每

爬上塔樓後俯視的景象。

「乳海攪拌」中的阿修羅。

一組的完整度不一，得繞著塔走一圈，仔細比對。

　　最引人注目的就是三頭象愛羅婆多的長鼻子，從地面捲起蓮花，造型生動優美。雷電之神因陀羅（中國的佛典譯為「帝釋天」）坐在象背上，守護著吳哥城。在因陀羅的左右兩側各有一名女神，其中一位應是他的妻子舍脂。

　　因陀羅在上古時代的印度曾經是最強大的天神，個性剛猛，是「空界」的主宰。三頭象愛羅婆多是祂的坐騎，在吳哥的浮雕中，因陀羅總是與愛羅婆多一起出現。

　　在因陀羅的上方、人臉的下方，還刻有一排雙手合十胸前的男子。如果看不清楚，可以從南門北側靠西的斜坡爬上塔樓，從這個角度，還可以看到愛羅婆多雕琢細膩的眼睛和嘴角旋渦；而眼前開闊的景象，正是觀世音所俯視的人間。

中央塔。

建築年代：西元十二世紀末
風格：巴戎寺式
統治者：闍耶跋摩七世
其他中文譯名：帕沙青戎寺
推薦指數：★★
參觀時間：一小時（含步行）

參道上的東塔門。

帕沙青戎廟
Prasat Chrung

　　大吳哥城城牆的四個角，各築有一間形式相同的寺廟，名之為「Prasat Chrung」，即「邊角廟」的意思。由於位置隱蔽，很少導遊或旅遊指南會提到這間寺廟，但由於近年來國際越野自行車愈來愈風行，吳哥城牆的環狀路線也隨著「騎自行車遊吳哥」而被開發出來，帕沙青戎廟也就成為這條路線上的亮點之一。位於東南角的這一座，是四座小廟中保存狀態最完整的，你可以從南門北側的土堆斜坡爬上城牆，一路向東走，即可抵達。

　　帕沙青戎廟坐西朝東，主要建築為一座十字形的砂岩塔樓，東面為正式出入口，其餘三面均為假門。在東西軸線上各有一座東塔門和西塔門，東塔門規模較大。每座塔門上的山形牆都以佛教為主題，刻繪了精美的浮雕，可惜殘存不多。地面上有一座無法放回原位的山形牆，佛陀的部分被鑿毀，改造成一尊林伽。

　　中央塔的壁面飾以蒂娃妲女神浮雕，與假窗間隔排列。塔頂為巴戎寺式寺廟典型的蓮花造型。目前的結構僅以木樁支撐，雖然經過修復，但看起來仍是搖搖欲墜。

　　中央塔西側殘存著附屬建築的地基，原本收有一塊石碑。每一座小廟都有相同的配置，但石碑的作者不同，內容為讚頌闍耶跋摩七世的頌詞。現在這些石碑都已被移到吳哥保存中心去了。

巴戎寺
Bayon

作為闍耶跋摩七世與八世的國廟，巴戎寺的領袖地位透過它的位置與建築形式展露無遺。它坐落在大吳哥城的中心，以砂岩築成，東南西北各有一條筆直的道路貫穿大吳哥城的四個城門，是大吳哥城最主要的四條幹道，也象徵著須彌山通往世界的四條道路。與其他被城牆和護城河包圍的吳哥寺廟截然不同，巴戎寺沒有自己的城牆，宏觀來看，大吳哥城與它渾然一體，各城門的人面塔與巴戎寺相互呼應，其腹地包括了整座城池。若與南門那兩條「乳海攪拌」的龐大隊伍結合思考，它象徵的不僅是須彌山，同時也是用來攪拌乳海的曼陀羅山，設計格局極為壯闊。

東參道入口處。

建築年代：西元十二世紀末至十三世紀初
風格：巴戎寺式
統治者：闍耶跋摩七世～八世
其他中文譯名：巴容寺、巴揚廟、百因廟
推薦指數：★★★★★
參觀時間：二～四小時

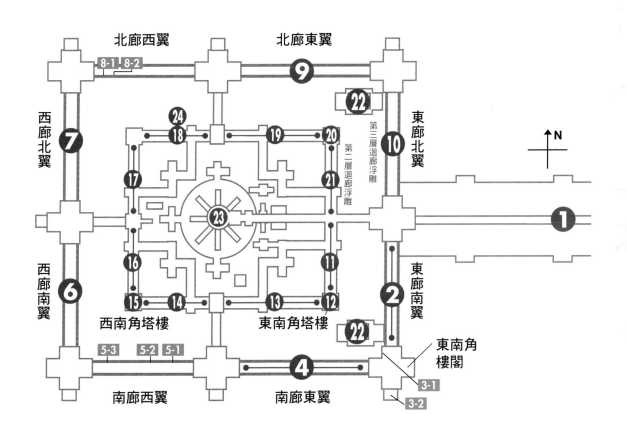

吳哥的微笑。

　　巴戎寺以「吳哥的微笑」行銷全球，作為吳哥王朝的標誌，難以
計數的人面塔彼此掩映。遠看像是層層堆高的金字塔，隨著距離逐漸
接近，參觀者很難不為大量的神祕巨臉所震懾。建造者闍耶跋摩七世
原本是印度教徒，他執政之初，國勢相當險峻：對外，吳哥與占婆征
戰連年，曾輸得一敗塗地，被占婆攻入首都；國內則因為長期信仰印
度教，施行種姓制度，婆羅門僧侶握有強大的政治與宗教實力，卻淪
於權謀與利益的操弄者，國政腐壞。舉國上下都期待徹底的變革，因
此佛教勢力愈來愈強。於是闍耶跋摩七世便改宗佛教，廢止印度教勢
力與種姓制度，重新整頓國家，將吳哥發展成中南半島國土面積最遼
闊、國力最強勝的霸主。直到現在，柬埔寨人民仍將闍耶跋摩七世視
為民族的代表，到處都能見到他的雕像，被當作神明奉祀。

　　闍耶跋摩七世的信仰極為虔誠。他的雕像都被雕成觀世音的模
樣，慈愛溫和，微微低著頭，靜定地垂目微笑。人面塔的表情也有相
同的特徵，這些臉孔可能是以皇室成員（諸侯）的形象為藍圖，每一
張臉的五官都不太一樣，有人說它們是佛陀，也有人認為是觀世音菩
薩。

　　人面塔的數量一直是個謎，經過歷代增建與毀損，目前遺留下來

的數量為三十七座。大部分塔樓在東南西北四面都刻有人臉，但有些塔樓的人臉則只有三面或兩面。數人臉的時候會讓人目眩神迷，很難清楚記得自己究竟數到了哪裡，有興趣者不妨挑戰看看。

闍耶跋摩八世之後，國力大衰，後來的國王不再為自己建造新的國廟，而是繼續沿用巴戎寺。但每一任國王都會依需求修改增建，代代累積的結果就是，巴戎寺成了一座擁擠的超級迷宮。這座迷宮由兩層迴廊構成同心圓的外圍，中央塔則是層瓣重重的曼陀羅。

巴戎寺的出入口眾多，基本上從任何方向都可以進入參觀，在其間隨意穿行。也可以隨著本書介紹，從東塔門前的參道進入，依順時針方向沿著同心圓而行，先看完浩瀚的淺浮雕壁畫，最後以中央塔為路線終點。

1. 東參道入口處

闍耶跋摩七世早年信仰印度教，雖然後來皈依佛教，但巴戎寺的修築仍以印度教的宇宙觀為基礎。主要出入口朝東，是因為在印度教的世界中，太陽在東方躍升，因此東方是吉祥的方向。巴戎寺的東面入口用砂岩築成寬闊的參道，參道兩側為神聖的水池。雨季時，水池儲滿了水，可以拍攝夕陽下巴戎寺被餘暉染上金光的燦爛倒影。周達觀在《真臘風土記》中記載：「當國之中，有金塔一座。傍有石塔二十餘座，石屋百餘間。東向金橋一所，金獅子二枚，列於橋之左右；金佛八身，列於石屋之下。」雖然周達觀見到的巴戎寺與目前的模樣大不相同，但依據他的記述，中央塔、參道與石獅，在當時很可能是覆有金箔的。而今雖然金箔已不存，在夕照下依舊可以想像當年「金塔」的輝煌。

參道的入口矗立著石獅與那迦欄杆，大部分的欄杆都已斷裂散落。這裡的欄杆將金翅鳥與那迦雕在一起，金翅鳥的雙臂像是將那迦緊緊攢住，力量雄渾。這個圖像典自印度神話中金翅鳥與那迦的一場爭執：

那迦與金翅鳥是同父異母的兄弟，那迦是蛇，金翅鳥則是老鷹。他們的母親是一對姊妹，都是仙人迦葉波的妻子。有一天，姊妹倆看著太陽神駕著馬車從遠方的海平面升起，兩人為馬尾巴的顏色起了爭執。那迦的母親說馬的尾巴是黑色的，金翅鳥的母親卻說是白色的，姊妹倆為此打賭，輸家要當贏家的奴婢。

那迦的母親叫她的兒子爬上馬尾巴，把白色的尾巴纏住，遠遠看

東參道入口的欄杆，將金翅鳥與那迦雕在一起。

起來就像是黑色的，金翅鳥的母親不知有詐，從此成為那迦母親的奴隸。知道真相的金翅鳥，要求那迦釋放母親，那迦卻要求金翅鳥把甘露取來，交換母親的自由。甘露是眾神攪拌乳海得到的不死藥，極為珍貴，金翅鳥為了救母，只好到天界去盜取。甘露得手後，金翅鳥在回程的路上遇到毗濕奴，雙方為了甘露大打出手，但因為勢均力敵，無法分出勝負。毗濕奴很敬佩金翅鳥一身神力，而且孝心感人，於是就答應將甘露暫時借給祂，金翅鳥也從此臣服於毗濕奴，願意當祂的坐騎做為報答。

帶著甘露回來的金翅鳥去找那迦，先將甘露放在旁邊，騙那迦說，喝甘露前必須先沐浴淨身，這樣才會靈驗。那迦不疑有他，乖乖的去洗澡，金翅鳥便帶著母親和甘露溜之大吉。那迦回來後找不到甘露，雖然生氣，但還是抱著一線希望，拚命舔著草地，希望能幸運地舔到一兩滴不小心灑出來的甘露，然而舌頭卻被鋒利的草給割傷。從此，蛇的舌頭就裂成兩半了。

這件事情之後，老鷹和蛇族誓不兩立，蛇總是跑進老鷹的巢裡偷蛋，把蛋吃掉；老鷹則是一見到蛇就發動攻擊，用力把蛇鉗住。在吳哥古蹟中，金翅鳥與那迦搏鬥的圖像相當常見。

第三層迴廊浮雕

進入由達拉帕拉門神守護的東塔門之後左轉，這一層就是巴戎寺的第三層迴廊。內牆上的淺浮雕高四‧五公尺，全長共四百四十五公尺，共有八段浮雕。除塔樓外，大部分的屋頂皆已不存，廊柱傾倒，淺浮雕壁畫的上半部覆滿了青苔。巴戎寺的迴廊浮雕多以戰爭為內容，特別是對占婆的戰爭。占婆是現在越南中部的一個古國，中國稱之為「林邑」，原本也是印度教國家，晚期改奉伊斯蘭教。占婆的國力在十四世紀時達到巔峰，與鄰國間征戰不斷。十五世紀下半葉被越南擊敗，納為屬地，直到一八三二年才正式滅亡。這些壁畫除了戰爭場面，中間還穿插著吳哥人民的生活場景，也有宮廷的場景。

巴戎寺的迴廊壁畫沒有特定的敘事方向，觀賞時可以把握以下幾個重點：

一、構圖大多分成上中下三層或兩層，上下層之間大多具有敘事的關聯性；

二、重要人物的畫面占比特別大；

三、位置愈高，人物的身分愈高；

高棉軍出征占婆。

四、近景在下，遠景在上。

若時間急迫，也可以只參觀第三層迴廊的東廊南翼與南廊東翼，即可掌握巴戎寺淺浮雕最精華的內容。

2. 東廊南翼

這一段壁畫描繪出征占婆的高棉軍。穿著長衫的高棉軍走在隊伍前方，後方為中國軍隊。自漢代起，占婆與中國的關係就相當緊張，占婆不斷試圖擺脫中國的箝制，中國亦持續派出武力鎮壓，直到宋代國力漸衰、無力南顧為止。壁畫記錄了高棉與中國聯手對抗占婆擴張的歷史，也刻畫了高棉人與中國人不同的風俗文化。

2-1 高棉軍出征：走在隊伍前端的是高棉人，頭髮極短、長耳，身穿有紋飾與滾邊的短袍，手執長矛與長盾。將領坐在大象背上。戰象的脖子上繫著鈴，頭頂、背上都有織錦裝飾，耳朵的皺摺與眼皮的細部也雕繪得非常細膩。將領背後的旌旗飄搖，上面畫著蓮花，軍容壯盛。

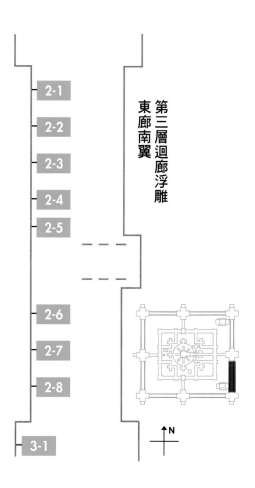

露齒賊笑的中國步兵。

烏龜咬屁股。

2-2. 中國軍隊：中國軍的將領騎著馬，領著中國步兵走在後方，他們長髮、梳髻、戴冠、蓄鬚，奇特的是，他們身上竟然穿著短袖短袍，下身沒有長褲，腳上也沒穿鞋。其中一位中國步兵還露出牙齒笑，看起來賊頭賊腦的呢！

2-3. 高棉步兵：在中國軍隊後面的是高棉步兵，他們身上的衣著非常簡陋，上身只有繩子綁在胸前，腰胯間繫著布條。這些步兵是農民，不算正式軍人，是為了捍衛家園而加入戰鬥的行列。

2-4. 軍樂隊：在騎著無鞍馬的將領背後，有一列軍樂隊，一個小孩站在鑼前面，有的人正在吹著號角。

2-5. 補給隊：跟在軍隊後面的是補給隊，象馱著一包包沉重的袋子，牛拉著一車車的各種食物，人挑著一擔擔的箱奩。狗和豬在隊伍間跑來跑去，有人正在宰殺牲畜，中間也有婦女和小孩。

2-6. 烏龜咬屁股：在補給隊的後段，可以看到有人在煮東西，正趴在地上努力吹旺爐火；有個人的屁股被後面的人捧著的烏龜咬了，回頭想把烏龜的頭從屁股上拉開。捧烏龜的婦女穿著沙龍裙，長髮綁成髻。

2-7. 牛祭：越過長廊間的小門，接下來是方向完全相反的隊伍，大家舉著矛和長刀似乎準備向前戳刺。順著隊伍向前走，在下一個小門前會發現，原來大家的目標是一隻牛。這是以牛獻祭的場面，傳說在儀式中喝下牛血，戰鬥就會獲勝。

這些長廊間的小門，原本的設計是十六座附屬聖殿的入口，這些聖殿是用來供奉佛教和高棉神祇的，然而在闍耶跋摩八世時，在毀佛運動中被拆除了。

2-8. 中國人的宴會：下一道小門之後，是一系列中國人宴飲的場景，高棉式的屋頂鋪著屋瓦，鳥類在屋脊上走動。壁畫分成三層，下層：許多人忙著烹煮食物，大鍋裡煮著禽鳥，可能是雞。眾人激烈交談，肢體語言非常活潑。中層：有人在發號施令，下屬抱著雞或鵝聆聽指示。將手臂放在胸前接受指令的禮儀是高棉式的，吳哥的工匠在雕刻時將中國人的行為舉止高棉化了。上層：都是高棉人，也是接受上級指示的場景。

3. 東南角樓閣

東南角樓閣的浮雕並未完成，令人注目的是一幅不明的神殿場景，以及廊柱上的阿帕莎拉仙女。

3-1. 神殿場景：精雕細琢的神殿中供奉著林伽（濕婆的象徵），宮女兩兩成對拾階而上，手裡捧著檳榔盒、執著大扇子，樓梯底下有一個長嘴茶壺，擱在矮几上。宮殿前有兩列侍從，擺出恭敬接令的姿勢。宮女身旁的欄杆，和吳哥寺的那迦欄杆是一樣的。這裡有三塊石磚尚未雕刻，從宮女、侍從的姿態和涼傘數量看來，這位尚未雕出的人物地位非常高。

3-2. 仙女在蓮花上跳舞：廊柱上跳舞的阿帕莎拉仙女是用平雕法刻成，以平雕法呈現的阿帕莎拉仙女是吳哥遺蹟中常見的廊柱裝飾。仙女旋轉手腕、使手指如花綻放的動作，是柬埔寨的傳統舞蹈，如今一般民眾唱卡拉OK、舉辦慶典或舞會時，不分男女老少，仍然跳著這種舞蹈。

仙女如花綻放的手指動作，
是柬埔寨的傳統舞蹈。

4. 南廊東翼

轉進南廊東翼，這一段就是巴戎寺最著名的淺浮雕。這片浮雕中的戰爭場面描繪占婆與高棉的慘烈戰爭，從洞里薩湖的水戰到陸戰都有。根據碑銘，浮雕北段的水戰應該是一一八一年，闍耶跋摩七世登基時的戰役。在戰爭場景中，居住在湖畔的人照常生活，中間穿插著宮廷場景。

4-1. 高棉戰船：高棉艦隊奮力划著船前進，戰船的船首被雕成魚龍的造型。湖裡有各式各樣的魚，掉到水裡的戰士則被鱷魚咬住吃掉。湖畔居民居住在棚屋內，烤著肉串、喝酒聊天。

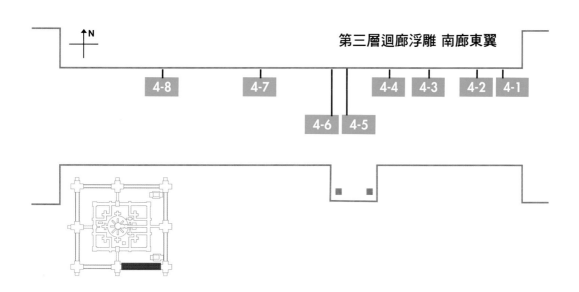

N

第三層迴廊浮雕 南廊東翼

4-8　4-7　4-4　4-3　4-2　4-1

4-6　4-5

高棉與占婆的激烈水戰。
戴頭盔者為占婆軍。

4-2. 占婆戰船：戴著頭盔、面容兇惡的是占婆艦隊，他們穿著短袖袍子，划的戰船也是魚龍造型，可以仔細比對一下高棉與占婆的魚龍有什麼不同。在占婆戰船的槳下有許多戰死的高棉兵。再往下看，這是湖畔的一座森林，獵人彎弓射箭，捕獵林中的動物。

4-3. 短兵相接：雙方的戰船幾乎相連，戰士從各自的船上衝出，前仆後繼地跳到對方的戰船上殺敵。許多人因此落水，成為鱷魚的佳餚。下方的生活場景中，烤肉串再次出現，幾個男人肩上挑著擔子。有隻老虎攫住一個男人，嘴裡咬住他的脖子，並抬起後腿扒抓他的肚子。

4-4. 生活場景：接下來的戰爭場面趨於平靜，下方的湖畔居民聚在簡樸的棚子下，有位婦女正在幫男人抓頭，旁邊的女性在照顧小孩。再往左，一座帳帷華美的棚子下，一群婢女伺候戴著頭飾的貴婦。接著是分娩的場景，孕婦痛苦的按著肚子，枕在另一位照料者的大腿上。最後是一群獵人在森林中準備獵殺野牛的圖像。

4-5. 醫院場景：過了小門之後，迎面而來的是五艘船垂直排列的壁畫。最上面的一艘載著貴族，第二艘載著士兵，第三艘是樂舞隊，正在吹奏、跳舞，而且船上有精美的船篷。最下面的兩艘載的也是士

兵。湖邊的生活場景描繪的是醫院，屋子裡有個人腹痛如絞。

4-6. 中國船隊：接下來，在畫面的中央偏上層，有一艘滿載著中國人的大船，船上有帆、旌旗與涼傘，中國人的動作很有活力。船的周圍有許多漁夫正在撒網捕魚，這種形式的魚網直到現在仍在使用。再往下是另外一艘中國船隻，頭戴髮冠的船長翹著二郎腿正在指揮，船尾有名水手掌著舵。沿岸的生活場景是一座市場，有人在鬥雞，一對高棉婦女賣東西給中國人，秤著商品的斤兩，蓄著鬚的兩個中國人在旁邊七嘴八舌。

4-7. 宮廷場景：下一幅畫面以一道鋸齒狀的縱向花邊區隔，由上而下分成五層，最上面的兩層描繪的是宮中的女眷圍繞著統治者，但浮雕並未完成；接下來的兩層則是男性，最右邊有間廚房，吊著各種食材，蓄著鬚、梳著髻的中國人跪坐在灶前；最左邊有兩個人在下棋，身邊各有一位看棋者。最下層是市井生活，有兩個人牽著兩隻野豬，旁邊是摔角的表演者，扭打成一團。再過去還有使用矛與劍比武的勇士。

4-8. 與占婆的戰爭：隔著糖棕樹的鱗片狀樹幹花紋，高棉與占婆再次開戰，上兩層是陸戰，最下層是水戰。死亡的士兵屍體伏臥在地、堆疊在水中，從屍體的身分與數量來看，一開始高棉軍處於下風，之後占婆慘敗，屍體堆積如山。最後是高棉人歡慶勝利的慶功宴，大量的食物與酒盛在托盤中傳遞，有人負責在火堆上烤肉串。在柬埔寨這種用托盤承裝食物、在地上徒手吃喝的生活習慣，一直延續至今。出入口旁、最後的畫面是建築工事，和平的日子來臨，才能修復、建設國家。

5. 南廊西翼

這一段浮雕雖然並未完成，卻提供了豐富的圖像史料，讓人得以了解十三世紀時吳哥軍隊使用的各種武器，與柬埔寨西北部的班特清麻寺並列為「吳哥軍事史料雙璧」。在這段壁畫中共有四種弩炮，三種架在戰象背上，一種架在車輪上。象是中南半島重要的財富象徵，牠不但是交通、運輸工具，也是武器，純白的象則是受人崇祀的聖獸。

5-1. 弩炮：過了南廊中央塔門後，淺浮雕中第一隻出現的戰象，背上駄著的就是其中一種弩炮。這種小型裝置可以將武器射得又遠又準，殺傷力極強。第一次出現的弩炮是兩人並肩共同操作，第二

戰象背上馱著弩炮。

次出現時，則是一人在前面駕象、一人坐在後面操作。第三次出現時是在出入口小門後方，由兩人並肩共同操作。第四次出現時，則是一人駕象、兩人操作。第五次出現時，由於操作者搭弓上弦，明顯是由弓箭改良而來。第六次出現的弩炮是推車式的，位置就在弓箭型弩炮的下方。

5-2. 占婆人：這幅壁畫中有一處令人匪夷所思的謎團。有兩個占婆將領也騎在戰象上，與高棉軍隊同行。類似的情形在後面的壁畫中也有，歷史學者正在交叉比對各種文獻，希望能夠找出答案。

5-3. 白象下山：這段壁畫的最後，有兩頭身上綁著繩子的象，被撐著涼傘的隊伍領下山。最底層的一塊小三角形就是山的象徵，三角形內刻畫著樹林與打獵的場景，在山的左邊則是河流。由於象背上沒有坐人，而涼傘撐在象的頭上，推估這兩頭象可能是剛從山上捕獲的白象。

6. 西廊南翼

經過沒有浮雕裝飾的西南角樓閣，進入西廊南翼，從這一段開始到東廊都是未完成的雕刻。在西廊南翼是脈絡不明的戰爭場景，鱗片狀的樹葉密密麻麻，顯示這裡是山上，軍隊在森林中行軍。有兩位隱士為了躲避老虎攻擊，躲到樹上去了。上層的浮雕雖然完成度很低，但勉強可以看出正在進行寺廟的建築工程。

越過小門之後，則是對戰的場面，從高棉人對打的情形推測，應該是一一八二年的吳哥內戰「馬里陽叛變」。這段內戰的壁畫一直延續到西廊北翼。

7. 西廊北翼

延續內戰的場景，乘勝追擊的軍隊對敗逃的軍隊窮追猛打，雙方一起穿過一座湖。湖中有一隻大魚正在吞食小羊，上面的分隔線則刻著雕刻師對下屬的指令：「這隻羊是給牠的食物。」從這些未完工的浮雕中，可以理解吳哥建築的雕刻工程是如何進行的。

接下來的浮雕大多只有下層有雕刻，過了出入口後，映入眼簾的是平和的情景。騎象的國王率領著部隊由北向南前行，國王背後的部隊下方也有雕刻師的指令：「國王帶領著打完仗的軍隊。」

8. 北廊西翼

和前一段壁畫一樣，這一段描繪宮殿的壁畫只大略完成了底層，其他部分有的僅勾勒出線稿，有的已經開始雕刻，各種完成度都有，可以由此了解高棉雕刻師是如何進行浮雕工作。一開始是宮殿場景，接下來可以看到一群雜耍團，越過出入口小門後，則又回歸到戰爭的場景，但這一段的完成度極低。

8-1. 宮殿場景： 在宮殿場景中，大臣們正在休息、議事，可以看到各種家畜在高腳屋下四處奔跑。

8-2. 雜耍團： 緊接著宮殿場景的是一群雜耍團，有人躺著踩單輪，旁邊有一個人耍著三人猴戲。旁邊的涼傘顯示圍觀的觀眾是身分顯要的大臣或貴族。

9. 北廊東翼

這一段壁畫大部分都毀圮了，描繪的是占婆與高棉之間的戰爭，應該是一一七七年占婆攻占吳哥首都的情景。兇猛的占婆軍自西向東步步進逼，高棉軍被打得落花流水。在壁畫的最後，可以看到高棉軍向山上逃竄，筋疲力竭的高棉將領被下屬攙扶著爬上象背。

10. 東廊北翼

經過刻有戰象與軍隊行軍的東北角樓閣，這一段壁畫仍是占婆與吳哥大戰的場景，頭戴花瓣狀頭盔的占婆軍從北邊開打，長耳短髮的高棉軍從南邊進攻，雙方在壁畫的中間段激烈混戰。這段壁畫的保存狀況和完成度都不錯，可以在軍人身上看到種類多樣的頭飾，尤其是協助吳哥的中國人軍隊。旌旗的樣式也非常豐富。

雙方的將領騎的都是戰象，交戰時戰象的鼻子與象牙也彼此交纏、角力，生動有趣。戰況激烈處，可以見到扭打成一團的將士，斷裂的頭顱滾在地上，戰死的屍體也堆成一片。

第二層浮雕迴廊

與第三層浮雕迴廊截然不同，第二層迴廊的浮雕主題多以神話為主，穿插戰爭與宮廷的場景。一連串的廂房將壁畫間隔成長短不一的區塊，採光不足且較陰暗，可以帶著手電筒參觀。

東廊北翼刻有占婆與吳哥大戰場景。

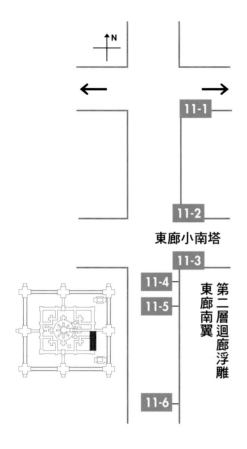

東廊小南塔

第二層迴廊浮雕

東廊南翼

11. 東廊南翼

這一段壁畫以宗教生活和宮廷場景為主，濕婆是巴戎寺崇祀的神祇，因此宗教壁畫也以濕婆為主要內容。

11-1. 眾隱士的生活情景：這幅壁畫構圖靈活，呈現隱士生活的各種面向。上層為寺廟中的情景，左邊有一位隱士執著扇子，沿著山徑步行下山，中間有一位隱士協助母牛讓小牛離乳。濕婆化身的隱士站在右上方，右手拿著念珠，左手高舉，祂的頭上也有一隻鱷魚，和吳哥寺西南角塔樓壁畫中的一樣。右下方的山林中，各種動物四處奔跑，有一位獵人拉弓，對準了野豬。右下角最底層是一處湖泊，有人在湖裡採荷花。

11-2. 宮廷議事：東廊小南塔的北面，這幅壁畫仍是宮殿的場景，分成三層。上層：中央盤腿坐著的可能是神明或國王，左邊一位男子正在喝斥另外兩個人，然而身形比例懸殊，可能是低位階者怒罵高位階者（但國王＼神明的面積小得不合常理）。下面兩層都是官員議事的場景。

11-3. 濕婆的教誨：在東廊小南塔南面的這幅壁畫分為上中下三層，以濕婆為主題。上層：濕婆化身的隱士，坐在寺廟中向信徒說法。令人費解的是，在最右邊的偏廳，有個人和他的侍從坐在火爐旁，看起來是在烹煮東西，但他手上的刀削下的卻是自己的手指。中層：隱士在山中修行，除了膜拜隱士的其他修行者，山中還有獵人在捕獵動物，射箭者戴著鹿頭獵鹿。下層：隱士在湖中採荷。

11-4. 焚燒儀式：這幅壁畫保存情況不佳，畫面顯示一群婆羅門在寺廟中舉行焚燒儀式，仙女在空中飛舞。其他參與儀式的人跪坐著，手臂半舉到胸口的高度，這是表示謙卑與尊崇的意思，可能是在為某位重要人物進行火化。若與後面聖火方舟的儀式有關，那麼方舟中托載的就是舍利子。

11-5. 宮殿場景：在出入口小門的右邊，是一幅

宮殿場景。頭飾繁複的貴族婦女坐著，侍從執著蠅拂
（類似拂塵的長丈）、抱著檳榔盒服侍主人。

11-6. 國王帶領軍隊前進：最後的這幅壁畫，描
繪吳哥國王騎著戰象，帶領軍隊前進。國王走在聖火
方舟後方，前導有兩組占婆軍樂隊正在奏樂。令人不
解的是，下層的士兵都是占婆軍，帶隊的將領卻是高
棉人，人物表情平和，也不像是押解占婆戰俘的樣
子。

12. 東南角塔樓

東南角塔樓的牆上雕著軍隊行軍的圖像，銜接東
廊南翼和南廊東翼，主要將領騎在戰象背上，補給隊
隨行於其後。在塔樓中，存放了一尊後世建造的佛
像。在吳哥的著名寺廟中，常有老婆婆在神像附近遞
香給遊客，並收取香油錢。在遊客完成祭拜儀式後，
即為遊客在手腕繫上象徵祝福的紅繩。若不想祭拜，
遇到有人遞香時，只要輕輕揮手或搖頭拒絕即可。

13. 南廊東翼

大部分的壁畫保存情形不佳，且雕工不精。較有
趣的是「明光自魚腹獲救」這幅壁畫。

13-1. 與占婆的戰爭：在東南角塔樓與南廊小東
塔之間的這段長廊，主要是征伐占婆的出征場景，然
保存狀況不佳且模糊難辨。軍隊從東南角塔樓的小門
旁開始，向西面行進。在長廊的第一根柱子附近，可
以看到有兩個面積占比較大的主要人物，性別為男
性，正在貼身肉搏。軍隊圍在他們身邊，執著弓蓄勢
待發。上方有數量龐大的涼傘，可見這兩個主要人物
的身分是國王。

繼續向西走，一座雄偉的宮殿緊接在占婆軍隊後
方出現，被椰子樹環繞著，有農民爬上樹採椰子，貴
族婦女則在宮中休憩。

接在宮殿後方的是一座神山，金翅鳥被大魚包

塔樓內供奉著佛像，有老婆婆會收取香油錢。

魚身上淺刻著小人兒，以
示明光在魚腹中。

圍，山上滿是飛禽走獸與修行的仙人。神山之後又是軍隊，最後以宮
殿場景做結，可以見到貴族仕女在對鏡梳妝。

13-2. 國王與猛獸打鬥：越過蒂娃妲女神守衛的假門，一位國王
（或王子）正徒手與猛獸搏鬥。左邊牆上也是同樣的主題，國王與一
頭猛獅徒手搏鬥，國王用腿壓制住獅子的上身。除了戰爭場面，為了
歌頌國王的英勇，壁畫也會以這類主題的圖像來達到榮耀、彰顯國王
的功能。

13-3. 明光自魚腹獲救：這是印度教的神話故事，黑天之子明光
在嬰兒時期被惡魔丟進海裡，被大魚一口吃下。這條大魚被漁夫捕
獲，然而明光命運多舛，這條大魚被送到惡魔的家中。剖開魚腹後，
惡魔發現有一名嬰兒在裡頭，便將這名嬰兒交由家中一位婢女撫養。
天神告訴這位婢女嬰兒的真正身分後，在她的照顧下，明光逐漸長
大，最終殺了惡魔。

畫面中占比最大的人物即惡魔。漁夫將大魚獻給惡魔，他便用短
劍剖開大魚的肚子。魚身上淺淺刻著小人兒，以此表示明光在魚腹
內。這是個連續畫面，接下來，一位男子捧著明光，遞給惡魔身旁的
一名婦人，她便是撫養明光長大的婢女。

13-4. 不明的宮殿與戰爭：接下來的壁面模糊不清，只能勉強辨
識出宮殿的輪廓，以及混戰中的戰爭場面。

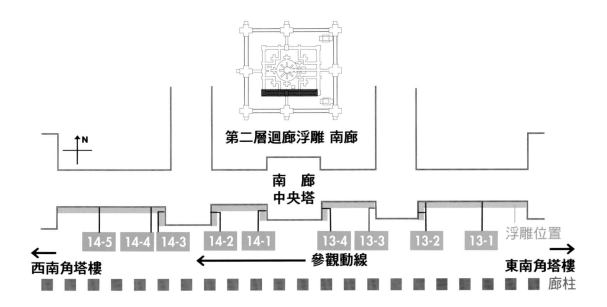

第二層迴廊浮雕 南廊

南　廊
中央塔

14-5　14-4　14-3　　14-2　14-1　　13-4　13-3　　13-2　13-1

浮雕位置

← 參觀動線 ←

西南角塔樓　　　　　　　　　　　　　　　　　　　東南角塔樓

廊柱

14. 南廊西翼

　　這段長廊絕大部分的壁畫，都在呈現膜拜、奉祀濕婆與毗濕奴的場景，濕婆均以隱士的形貌出現，神情慈祥寬容。

　　14-1. 宮殿場景：在南廊中央塔的西側廂房中，這幅壁畫的保存狀況不佳，畫面呈現兩層的宮殿場景。下層有一位男性貴族坐在中央，周圍環繞著他的妃嬪。上層也是類似的布局，一名貴族男性躺著，他的妻妾圍在身旁。

　　14-2. 濕婆：在廂房的西面牆壁上，以隱士身分現形的濕婆手上拿著三叉戟，仙女與樂師分列上下兩層，下層有仙人在跳舞。這些為天神奏樂的樂師叫做「乾闥婆」。

　　14-3. 毗濕奴神殿：這幅壁畫由數個場景拼湊而成。左下角的房屋屬皇室所有，雕飾華美，屋頂上有小鳥歇息，貴族及其僕從坐在屋中。上方為一座神殿，供奉的是毗濕奴。這個畫面具有連續性，四臂毗濕奴走出神殿，跪在拿著三叉戟的濕婆面前。濕婆站在糖棕樹前，上方有兩位仙女在空中飛舞。在神殿的階前，信徒恭敬地跪拜祈禱。

　　14-4. 神殿：這個不明的神殿場景已受到嚴重侵蝕，畫面中，許多人坐在神殿裡，一名男子正走下台階。

　　14-5. 毗濕奴與濕婆的神話場景：毗濕奴與濕婆的神話場景在這

在毗濕奴神殿階前信徒跪
拜祈禱。

濕婆化身隱士,信徒向他
跪拜。

段長廊中綿延連結。首先映入眼簾的是化身成隱士的濕婆,祂站在一座山前,信徒向祂跪拜。天上有仙女和孔雀飛翔,樹木交代出這裡是一片森林。跪拜的信徒後方是一座神山,矗立著巍峨的寺廟,山上有許多野生動物棲息。

在山的後方,緊接著仍是濕婆與信徒的場景,濕婆化身隱士,與男女信徒同船,並對信徒講話。仙女在四周飛舞,大船下方,貴族婦女乘著小船,圍在大船旁。

在大湖場景之後,一座小山連接著下一幅壁畫,隱士在山洞中修行。濕婆則在山上的神廟中教誨身旁的僧侶。

接下來仍是濕婆為主的壁畫。濕婆站在湖中的神龕裡,四方眾仙人前來膜拜,各種動物在濕婆周遭穿梭,包括水裡游的、陸上跑的,左邊還有一隻老虎追著一位男子。

大湖之後則是膜拜毗濕奴的情景。四臂毗濕奴站在神龕中,仙女在天空中圍繞著神龕飛舞。有一位信徒對毗濕奴行五體投地的跪拜禮,從隨侍者的服飾、密密麻麻的涼傘數量,可知這位行大禮的信徒是位國王。祭祀隊伍推著裝載儀式用具的車,也有些人騎著馬,跟在國王後面。毗濕奴站立處的正下方是一座荷花池,象徵毗濕奴的居所「宇宙之海」。

壁畫的盡頭是宮殿,國王正在發號施令,在國王腳邊有個皇室專用的檳榔盒。國王身邊的女眷手執荷花,下方僕從則忙進忙出。左邊的牆上為貴族婦女嬉遊的情景,下方有一組女性乘著小船採荷,上方則描繪婦女在花園中散步。

15. 西南角塔樓

壁畫分為上下兩層,下層是士兵,上層則是宮殿,國王離開宮殿,而女眷則留在宮中。

16. 西廊南翼

這一段壁畫最精采的是西南角塔樓至小門的「毗濕奴率軍大戰阿修羅」,其他場景多為零散的宮殿和神話場景。

16-1. 毗濕奴率軍大戰阿修羅:從西南角塔樓到出入口小門這一段,騎著金翅鳥的四臂毗濕奴率領大軍與阿修羅對戰。毗濕奴在中央,右側是阿修羅,左側是善神,雙方都有軍樂隊,以對稱結構布局。有趣的是,阿修羅軍的前線下跪求和,態度虔敬而謙卑。

16-2. 宮殿場景：越過兩側雕有蒂娃妲女神的小門，與西廊中央塔門之間的這片短牆，呈現的是宮殿場景。下層的男子手持蠅拂，上層多是頭飾華美的貴族女子。

16-3. 宮殿場景：進入西廊南翼小南塔的南側廂房，東面的牆壁上刻著已風化的宮殿場景，勉強可以看出三層構圖，國王在中間對臣子說話，下層為歌舞隊，正在表演。

16-4. 仙界場景：廂房的北面牆壁保存得較好，這是仙人悠游的場景，背景為森林中的神廟，最下層有一群人在荷花池中摘含苞的荷花，中層為仙女跳舞。最上層有三組人馬，右邊的是舞者；中間的兩名男性摔角打鬥，其中一人抓住另一個人的腳踝；左邊的一男一女，男性抓住女性的手腕。

16-5. 修築神廟：穿過小南塔，在廂房南面的牆壁上，是修築神廟的場景。四臂毗濕奴被安置在神殿中，下方為建築工人。監工執著棍棒監督奴隸工作。繼續向左延伸，壁畫中仍以毗濕奴為主角，四周有仙女飛舞。

16-6. 神話場景：這是一個不明的神話場景，蓄著長鬚的仙人自在快樂地在山林間悠游，隱士在洞窟中修行。中間有一名男性在滿是荷花的水池中游泳。上方是一座神殿，主要人物自右而左：濕婆、濕婆之妻烏瑪、毗濕奴之妻拉克希米、四臂毗濕奴。毗濕奴姿態特殊，以空中飛舞的樣貌出現。毗濕奴下方有一隻孔雀。

17. 西廊北翼

這一段長廊以「乳海攪拌」最為著名，保存狀況與浮雕的完成度都不錯，尤其可以看見裝在瓶子裡的「不死甘露」，這是在吳哥寺的版本中看不到的。

17-1. 宮殿或神殿場景：西廊中央塔北側的壁面模糊，神殿裡坐著神祇（或國王），正在下達指令。周圍環繞著仙女（或宮女），一群男子在下層跪坐聽

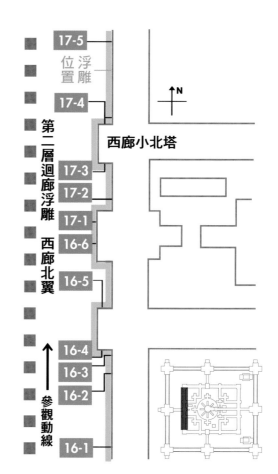

毗濕奴抱著曼陀羅山，日、月神懸在兩旁。

令。

17-2. 騎兵隊：西廊中央塔與小北塔之間的壁面漫漶，勉強可辨識出將領乘著馬車，率領騎兵隊前進。

17-3. 騎兵與步兵隊：在小北塔南側，三列軍隊在森林中前進，最上面的一列是騎兵，執著旌旗騎在馬上。下面兩列為步兵與軍樂隊，步兵執著盾牌和矛，軍樂隊敲著鑼，引導軍隊前進。

17-4. 神話場景：在小北塔北側廂房，南面：主要人物身分尊貴，戴著形式特殊的髮冠，坐在由兩匹馬拉的馬車上向前奔馳。下方是騎兵隊，右側有一位仙女立在神龕中，身上披掛著類似敦煌飛天的長條衣帶。

東面：三層式構圖，最上層有兩位身分尊貴的人士，執著弓箭，其中一位正在拉弓射箭，其他男性人物恭敬地聚集在下方。

17-5. 乳海攪拌：小北塔的北側壁面漫漶，勉強可以辨識出森林中、神殿或宮殿，衣飾華美的婦女在建築物中，周圍坐著僕從。延伸到出入口處的牆面則保存良好，可以看見清晰的宮殿場景，國王坐在皇宮中，一位弓箭手正準備搭箭上弓。

出入口的門框兩側刻有服飾精美的蒂娃妲女神，她們的身分和達拉帕拉門神類似。接下來的長廊浮雕完成度相當高，主題即吳哥遺蹟中常見的「乳海攪拌」，阿修羅族在右邊，善神在左邊，阿帕莎拉仙

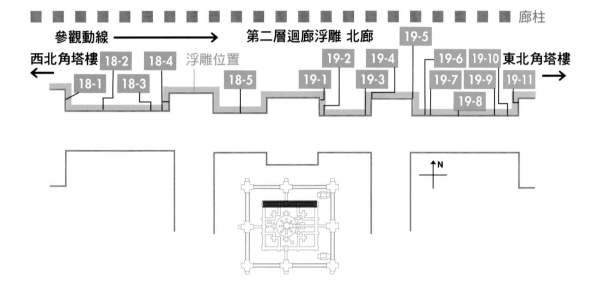

女在天空中飛舞，日神與月神發出圓形的光芒，高懸在毗濕奴兩側。毗濕奴抱著攪拌乳海的柱子（即曼陀羅山），因陀羅再從空中飛來穩住柱頂，裝著不死甘露的罐子擱在毗濕奴腳旁、蛇王瓦蘇吉的身上。

　　在長廊的最左邊，是一群阿修羅軍隊，領隊者站在獅子拉的戰車上，戴著華麗的頭盔正在作戰。天空中有一位大神，坐騎為一隻鳥，很可能就是騎著孔雀的塞犍陀，正在與塔如阿卡戰鬥。這幅壁畫與乳海攪拌沒有關係，是獨立的一個場景。

18. 北廊西翼

　　穿過描繪軍隊行進的西北角塔樓，北廊西翼的一開始是宮殿場景，接著有兩列隊伍向東延伸，到山上的神廟進行祭祀。神廟之後是船的場景，轉進塔樓兩翼的小間，從這裡一直到西塔樓，都是印度教的神話場景。

　　18-1. 宮殿場景：與西北角塔樓連接的西面牆壁，浮雕線條已難以辨識，延伸至長廊的圖像是一片三層的宮殿場景。宮殿中的人服飾多元，有的穿著短袍、頭戴倒花形的帽子，其他人頭上或梳單髻，或梳雙髻、三髻。他們舉在胸前的手臂，顯示出這裡正在進行會議。

　　18-2. 獻祭隊伍：向東前進的隊伍帶著供品，前往山上的神廟。那迦盤踞在山腳下，說明這座山極為神聖。森林中有各種飛禽走獸，

兩隻大蛇與兩隻野豬組成有趣的對稱交叉圖形，湖中有魚、鵝、荷花。恢弘華美的廟門雕著達拉帕拉門神，通過廟門後，還要走一段山路才能到達山頂上的神廟。

在廟門的左邊，有兩個身分尊貴的人拿著三叉戟，站在數量繁多的涼傘下。三叉戟代表他們是濕婆神的供奉者。

18-3. 船隊：這三艘大船上的主要人物也拿著三叉戟，旁邊圍繞著隨從，舉著扇子與旌旗。水中有鱷魚及其他水中動物，神話生物亦夾雜其中，有條鱷魚咬住小魚。最左邊的船上，穿著短袍的人正在吃喝、跳舞。

18-4. 神話場景：走進小西塔西邊的小房間，南面的牆壁上是跳舞濕婆，十隻手臂拿著不同的武器，跳著毀滅之舞。在濕婆左邊的是毗濕奴，右邊的是四面梵天。濕婆之子象頭神甘尼夏和羅睺在三位主神的下方。

東面的牆壁上也是三位一體神。在森林裡，濕婆居中，以隱士的面貌呈現；左邊四隻手臂的是毗濕奴，右邊的是梵天，下面雕著一隻細膩生動的野豬，四周是在森林裡修行的隱士。

18-5. 神話場景：在小西塔和中央塔之間的短廊中，西面的牆上是濕婆與妻子烏瑪坐在神殿中，四周圍繞著虔敬的隱士與婦女。

北面的牆上則是愛神伽摩向濕婆射神箭的故事，故事內容可參閱第91頁＜吳哥寺＞的解說。

東面的牆上刻畫著濕婆騎在神牛南迪背上，神態快意適然。

19. 北廊東翼

19-1. 濕婆、烏瑪與南迪：在北廊中央塔東側的牆面上，以神殿為背景，濕婆拿著三叉戟，妻子烏瑪坐在祂的腿上，兩人由南迪馱著。下層有仙女跳舞，樂師則在一旁奏樂。繼續往左走，仍是寺廟的場景，分成上下層，上層為寺廟，人群正在寺廟進行某種儀式。

19-2. 濕婆賜給阿周那死亡之鏢：這是《摩訶婆羅多》的史詩場景。阿周那為了克制受辱的憤怒，到雪山苦修。祂的父親因陀羅叮嚀祂，要向濕婆神祈求。有一天阿周那去打獵，射中一頭野豬，碰巧有另外一位獵人也向野豬放箭，兩人起了爭執。阿周那怒不可遏，向獵人連續射箭，然而獵人竟毫髮無傷。阿周那驚懼不已，便向濕婆祈禱，心下立即明白眼前的人即是濕婆化身，趕忙下跪懺悔。濕婆接受了阿周那的懺悔，並將神兵利器「死亡之鏢」贈給阿周那，協助祂在

戰場上擊潰俱盧軍。

19-3. 羅波那搖撼凱拉薩山：過了出入口小門，雖然壁畫已模糊難辨，仍可從些微的線條起伏間看到羅波那張開袛的二十隻手臂、頂著疊成塔狀的十個頭，搖晃著凱拉薩山。構圖與吳哥寺、班迭絲雷廟同主題的壁畫類似，不難判讀。

19-4. 宮殿場景：在小東塔西面的壁面上，刻畫著上下兩層的宮殿場景，保存狀況良好。上層為國王和妃嬪，宮女替國王執扇。下層為長廊，一群男子正在議事，中坐者頭戴武官的頭盔。

19-5. 前往祭祀：在小東塔東側的小廂房，牆上的壁畫分成三層，人群排隊拿著各種東西，包括祭祀用的神轎（上有許多涼傘）、內容物不明的囊袋、長矛、鏟子等物品，往寺廟前進。

19-6. 受損的神殿場景：長廊的一開始是一座寺廟，高聳的椰子樹豎立在寺廟後方。中央聖殿中，受僧侶膜拜的神被後人鑿毀。兩側神龕則分別供奉毗濕奴與其妻拉克希米，毗濕奴的臉部亦有被鑿毀的痕跡。右側靠近小東塔的部分，上半部為帶著供品前往祭祀的信徒，下半部為荷花池。

19-7. 濕婆接受國王膜拜：接下來，化身隱士的濕婆坐在寶座上，接受國王與貴族的膜拜。大量的涼傘與扇子遮蔽了天空，濕婆的寶座上生出奇妙的藤蔓，仙女飛來抓著那些藤蔓。

19-8. 軍隊：在膜拜者的隊伍後面，是軍隊前進的場景，戴著花瓣狀頭盔的將領騎著象，與軍隊由左至右前進。軍隊以步兵和騎兵為主，軍樂隊為前導。

19-9. 國王準備上車：在宮殿前，國王準備搭上六輪皇輿離開。宮殿中垂掛的布幔都在尾端打了一個結。兩位宮女在側殿中侍坐於兩側，中間是放著國王個人用品的矮几，以那迦為裝飾。下方的僕從扛著華麗的箱子，公主手執荷花，坐在吊床上讓轎夫扛著向前行進。後面有一台牛車，車夫在車子後面推動。

19-10. 國王執劍：接下來仍是宮殿場景，國王右手拿劍，劍尖向下，左手指著前方的一群下跪者，向他們說話。女眷坐在國王背後，下方則是閒適的宮殿生活場景，一位侍僕向主人奉上檳榔盒。

19-11. 山中打獵：在連接東北角塔樓的轉角處，是山中打獵的情景。猴子在林間跳躍，雀鳥在枝頭歇息。有一位獵人張弓瞄準一頭鹿，下方的婦女頭頂重物行走。

眾人使用各種工具，鑿開
岩石將公主救出來。

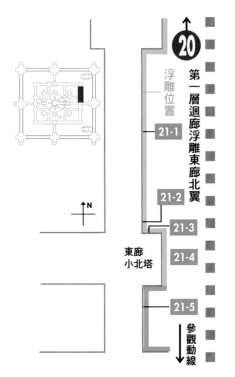

20. 東北角

高棉軍隊行軍。

21. 東廊北翼

這一段壁畫相當有趣，保存得也不錯，除了可以看到國王巡行的遊行隊伍，兩幅描繪神話故事的壁畫也很精采。最後一段即知名的「癲王傳說」，是柬埔寨源遠流長的古老故事。

21-1. 皇輿行進：這幅壁畫很長，從東北角樓閣至小北塔之間為一連續畫面。壁畫的一開始是一台擁有六個輪子的皇室轎子，裡面坐著國王與兩位嬪妃。除了大批轎夫扛著轎杆，車輪之間還有四隻神鵝漢薩推著轎子前進。其他貴族女眷則坐在吊床上，由轎夫抬著，跟在皇輿後面。下層則是隨駕的軍隊，軍樂隊敲鑼打鼓走在隊伍前面。

繼續往南走，隊伍間出現兩隻聖火方舟，接著是國王騎戰象。過了出入口小門，濕婆神坐在寶座上，手執三叉戟，

瘋王在宮中療養，女眷正
在檢查他受傷的手臂。

國王向祂行禮膜拜。

21-2. 二船捕撈某物：關於這個場景的詮釋仍有許多爭議。畫面分為三層，上層仙女飛舞，顯示這是與神有關的事件；中層為兩艘船左右相對，雙方各執聖火方舟的一端，飛鳥銜來象徵神聖與潔淨的荷花，表示這是一場祭儀。兩艘船各有一個穿著丁字褲的人躍入湖中，船上的勇士手執魚叉刺進水裡，魚叉的方向指向兩名身披魚鱗、人頭魚身的生物（也有可能是被大魚吞食的兩個人）。他們舉起手臂，將手腕湊近自己的臉。下層為種類豐富的水生動物，鱷魚獵食，大烏龜帶著小烏龜，湖的四周有隱士祈禱。

21-3. 鑿開岩石救公主：這是一則古老的高棉傳說。相傳很久很久以前，有一位國王途經山中，聽到岩石裡傳來微弱的聲音，便率領眾人鑿開岩石，終於將困在岩石中的公主救了出來。壁畫中的眾人拿著各種工具使勁敲擊，還出動了大象使勁向左右兩邊拉，最下面的一組人馬則是用火，試圖將岩石燒裂。

21-4. 林伽：東廊北翼的小東塔內，供奉著一尊小型的林伽。林伽是濕婆的象徵，造型為陽具，安置在象徵女陰的「優尼」台座上。

林伽和優尼不會單獨存在，兩者合一被稱為「林伽」。若看到神龕中只有優尼，就表示上半截的林伽不見了。

21-5. 癲王傳說：進入小北塔與中央塔之間的廂房，三面壁面呈現的都是「癲王傳說」，故事由左向右進行。傳說高棉族曾有一位英勇的國王，他因為和巨蟒搏鬥，被毒液噴濺到身上而染患痲瘋病，最後不治身故。吳哥城內的「癲王台」上有一尊男性雕像，後來因為苔蘚覆身，看起來很像痲瘋病，因此比附了這個傳說，取名為「癲王台」，但實質上兩者沒有關聯。

左：中央塔北側，三層結構的宮廷遊宴圖。「癲王」與妃嬪在最上層，中層為樂師和舞者，下層是婆羅門。樂師的部分相當有趣，她們坐在由那迦圍欄裝飾的低台上，吹奏笛子、彈撥豎琴。豎琴是一種從弓演化而來的古老樂器，古希臘、埃及、中國都有自己的豎琴音樂，東南亞各國的豎琴也很好聽哦！

中：出入口小門右側，癲王與蛇搏鬥。

右：小北塔南側，「癲王」病倒，在皇宮中療養。這是一幅連續畫面，受傷後的「癲王」還坐著，女眷檢查他受傷的手臂，一名男子跪在階前，撫摸他的腳。故事向畫面右邊延續，「癲王」病倒，隨侍者擔憂地圍著他，抱著他的雙腿。

22. 南北藏經閣

在進入探索幽深的迴廊迷宮前，可以先看看巴戎寺東面的這兩座藏經閣。藏經閣對稱坐落於第三層迴廊內的南北兩端，與其他寺廟低矮的藏經閣不同，巴戎寺的藏經閣台基異常高聳，假窗和出入門之間都有蒂娃妲女神和達拉帕拉門神守護，氣象不凡。修復後無法放回原處的門楣雕刻則放在一旁，壁畫中的人物雙手合十，顯示巴戎寺是一座佛寺。

23. 中央塔樓

順著石階進入中央塔樓群，攀上平台的瞬間，視野也隨之開闊起來。涼風習習，挺拔壯麗的塔樓群高達四十三公尺，組成直徑二十五公尺的圓形曼陀羅，狹窄的走道邊緣圍著那迦欄杆，身體的疲憊讓人忍不住會想坐在欄杆上小憩一番。然而欄杆脆弱，早已禁不住旅客川流不息的踩躪，想坐下來的話，還是爬上中央塔樓，在神龕附近找片穩當的石階坐坐吧！

　　舉目四望，平台的周圍被稠密的十字形迴廊包圍。每個拱頂交會處都有一座人面塔，對這個世界面露神祕的微笑。

　　櫛比鱗次的小神龕一座連著一座，由細膩精緻的蒂娃妲女神浮雕守護門口。這些小神龕是後來增建的，中央塔原初的設計和吳哥寺一樣是十字形，依據碑銘上的記載，十字形四端的神龕分別供奉著國王（南端）、毗濕奴（西端）、濕婆（北端），從東邊入口可進入中央聖殿。原本供奉在中央聖殿內的是一尊高三‧六公尺的佛像，十三世紀時，闍耶跋摩八世在毀佛運動中將這尊佛像砸入中央塔下的井底，直到一九三三年才被發現。進行修復時，這尊佛像居然沒有亡失任何一塊碎片，因而才能完整地拼湊復原，也因此被視為神蹟。佛像今日被供奉在勝利路南方的威夏帕毗洛逢寺，香火鼎盛，寺門前的小廣場甚至形成小型市集。

林伽。

　　沿著走道逆時針前進，在正北方，可以看到被製成各種商品的「吳哥的微笑」。繼續往前走，在正南方偏西的位置，可以拍攝到三張臉集中在一個畫面裡的照片。

　　休息夠了，若還有體力，建議可以走下中央塔，隨處亂逛。準備好手電筒，在陰暗的迷宮中四處尋寶，找找隱蔽在結構中的浮雕，說不定會發現還沒有人見過的珍寶喲！

24. 隱蔽浮雕

　　巴戎寺原本設計成出入口的地方，和其他吳哥寺廟建築一樣，門楣上都有細膩的浮雕，有些浮雕在增建的過程中並未拆除，只是被夾在壁面之間。以第二層迴廊的北廊西翼為例，在小西塔樓西側，增建的結構密密堆疊，抬頭向上看，即可看見被夾在梁柱間的隱蔽浮雕。

異常高聳的藏經閣。

中央塔樓的人面浮雕。

中央塔樓的人面浮雕，讓人宛
若置身於面孔迷宮之中。

修復中的金字塔。

建築年代：西元十一世紀（一〇六〇年）
風格：巴蓬廟式
統治者：優陀耶迭多跋摩二世
其他中文譯名：巴本宮、巴芳寺、巴普
昂寺
推薦指數：★★★★★
參觀時間：一小時

巴蓬廟
Bapuon

　　經過多年整修，這座位於巴戎寺西北方、吳哥古皇宮南側的巨大廟山，終於在二〇一一年全面開放給遊客入內參觀。巴蓬廟的建築年代早於大吳哥城，建立於十一世紀初，是優陀耶迭多跋摩二世所修建的國廟。

　　之所以會歷經這麼漫長的整修，肇因於紅色高棉期間（一九七五～一九七九），所有調查資料都被銷毀。巴蓬廟在一九〇一年法國執政期間就已經著手清理、調查，並於一九五九年至一九七〇年間進行修復。超過半個世紀的整理、維修過程中，法國團隊培養了一批柬埔寨本地的研究、維護團隊，但紅色高棉執政時，這些知識份子幾乎全部被屠殺，累積的研究資料也悉數毀去。且因為巴蓬廟的結構設計在承重上有嚴重缺失，紅色高棉結束後，巴蓬廟就成了一座讓人不知該從何下手的破碎立體拼圖，直到一九九四年才又開始修復作業。

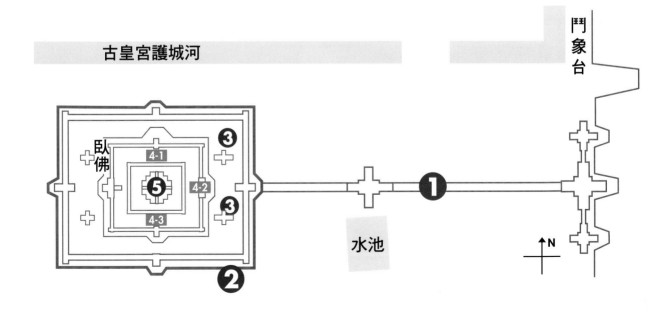

周達觀在《真臘風土記》中稱它為「銅塔」：「比金塔更高，望之鬱然，其下亦有石屋十數間。」由此推估，巴蓬廟原本可能覆有銅片，鄰近圍繞著各種附屬建築，但現在已不見石屋蹤跡。

巴蓬廟獨特的建築風格與浮雕樣式，使它成為高棉建築史上的一個「異數」。原本奉祀濕婆神的巴蓬廟，在十六世紀時被佛教信徒「改建」成一座佛寺，不過野心太大，沒有完工。巴蓬廟的部分建材被拆去堆在西邊壁面，當作大臥佛的材料，臥佛只堆了個雛形，還沒進入雕鑿修飾的階段。

遊客目前可以從鬥象台南端的參道東塔門進入，由東向西行，最後爬上金字塔頂端，俯視鄰近的寺廟遺蹟，視野極佳。由於巴蓬廟曾經在過去的數個世紀中嚴重毀圮，現存結構也不是非常穩固安全，參觀時務必沿著木棧道與手扶梯前進，以免跌落受傷。

1. 架高參道

架高參道的起點是長廊式的東塔門，共有三座塔樓，中間的塔樓為正門。而今塔樓已毀圮，現存的壁面還可以看到一些浮雕裝飾。比方窗框上緣刻著一排婆羅門隱士，門柱旁有蒂娃妲女神。北端的塔樓西面還留有一枚堪稱完整的山形牆，浮雕內容為因陀羅騎在愛羅婆多背上。

架高參道是巴蓬廟最顯著的特徵，全長一百七十二公尺。參道底下的圓柱整齊畫一，創造了視覺上極具規則性的律動感，雖然是經過修復的成果，卻也不得不敬佩千年之前吳哥王朝對美的追求。參道兩側原本有四座水池，早期修復時，曾將其中一座的砂岩台階修好，因此大部分的平面圖都只有標記一座水池。這四座水池也是巴蓬廟的謎團之一，因為巴蓬廟沒有護城河（北方的那座長方形水池是皇宮的護城河），若要完成須彌山與宇宙之海的圖像，很可能這四座水池象徵的就是宇宙之海。

在參道的軸線上、砂岩修復的水池旁，有一座十字形的塔樓，這座塔樓也是個謎，在其他吳哥建築的參道上通常設置的是十字形平台。也有人認為它是巴蓬廟原本的外東塔門，這件事還需要進一步研究。

塔樓的壁面雕鑿著各種可愛的動物，這裡就可以看出巴蓬廟浮雕的典型特色，小巧、充滿童趣的純真感，即使是打鬥場面也沒有殺氣。

第三層迴廊與東面塔門。等待復原的構件排列於此。

2. 金字塔第三圍迴廊

　　巴蓬廟的金字塔外，環繞著一圈迴廊，架高參道與東面塔門相連，迴廊與塔樓矗立在疊高的基礎上。沿著階梯登上塔樓，進入迴廊後，請沿著指標參觀。

　　迴廊的砂岩石牆非常厚實，窗框以橫線為裝飾。原本四個轉角都設有塔樓，東、南、西、北四面各有一座塔門。塔門的頂部設計成蓮花的造型，雖然已經殘缺，也看得出原本是十分精巧的傑作。

3. 藏經閣

　　在第三圍迴廊的東塔門與金字塔之間，有兩座藏經閣的殘跡，這兩座藏經閣之間也是由架高參道連結，目前僅存支撐參道的圓柱。

4. 金字塔

　　金字塔本身共有五層，兩座迴廊以同心圓的方式分別圍繞第二層和第四層，塔頂有一座中央聖殿。金字塔的基礎相當壯觀，橫向線條與花朵造型的浮雕飾帶構成節制而規律的視覺效果。金字塔的西面為巨大的臥佛雛形，遠觀比較看得出臥佛的輪廓，近看就只是一片石塊疊成的壁面。

每一座塔門兩側都有精美的浮雕，兩排綻放的蓮花中間，鑲著連環畫般的小格圖像，蓮花的中心還隱約可以看出蓮蓬的痕跡。小格圖像以動物、小人兒為主，也有各種神獸（包括金翅鳥），模樣逗趣可親。

最精采的壁面浮雕位於第四層迴廊的北、東、西面這三座塔門兩側，可以沿著南面或北面設置的木梯拾階而上。觀賞迴廊塔門浮雕時，由於可立足的空間很狹窄，請小心腳步，以免跌落。

4-1. 第四層迴廊北塔門：沿著木梯而上，首先映入眼簾的是塔門兩側的門柱。八角形的門柱精雕細琢，環以幾何圖形的紋飾，柱腳的地方刻著婆羅門隱士。

稍微往右挪動腳步，塔樓西側轉角的壁面上刻著《羅摩衍那》的故事。雖然是相同的題材，很多典型構圖也大同小異，但風格與吳哥寺等其他寺廟截然不同。背著弓箭的兩人是羅摩和羅什曼那，他們遇到猴王兄弟為了王位爭執，羅摩接受須羯哩婆的請求，在危急時拉弓

塔門兩側雕著可愛的動物。

金字塔西面是一尊巨型臥佛。

東塔門南側的皇室生活場景。

蓮花造型的塔頂。

殺死了猴王的哥哥婆黎，婆黎的妻妾哀傷地撫著屍身大哭。

塔樓東側轉角的壁面上，則是羅摩衍那中「楞伽之戰」的場景，猴軍與魔軍對戰廝殺，十頭二十手的魔王羅波那，也駕著戰車應戰。

4-2. 第四層迴廊東塔門：進入北塔門，沿著迴廊往東塔門前進，可以在迴廊內看看門框上方的壁面，雕飾為婆羅門隱士。濕婆曾化身婆羅門隱士，在吳哥壁畫中也是常見的主題。

東塔門的東面，北側轉角的浮雕以《摩訶婆羅多》為主題，毗濕摩以箭為床捨身就義的圖像，是其中最易辨識的特徵。南側轉角的浮雕則是生活場景，描繪人們玩耍、打獵、貴族遊憩等。

4-3. 第四層迴廊南塔門：南塔門南面西側的浮雕內容較複雜，一邊是生活場景，一邊是黑天的故事。黑天故事中最精采的圖像是上面數下來第三幅，黑天騎在一隻多頭蛇身上，彷彿將之撕裂成兩半，這是黑天對付巨蟒卡利亞的場景。其他圖像則是黑天與剛沙王派來的妖魔搏鬥的故事，頭上的三束頭髮表示黑天還是個幼童。

5. 中央塔

金字塔的第五層即中央塔，原有的聖殿已毀圮，只剩一點點台基。中央塔四周環以迴廊，但迴廊的保存狀況也很差，現在看到的廊柱大多是最近修復時製作的，以灰白色的砂岩和原有建材區別。從台基的殘跡中可以看見砂岩下裸露的磚紅壤，這就是巴蓬廟金字塔的結構，先填以泥沙，外面再堆砌較便宜的磚紅壤作為主要的承重系統，最外層則包覆美觀的砂岩。

鬥象台
Terrace of the Elephant

　　這一條長達三百五十公尺的平台，就位在大吳哥城的南北向皇家大道上，南接巴蓬廟，北鄰癩王台，為古皇宮正前方的皇家閱兵台。在往昔的歲月中，它可能築有木構造的樓閣，為觀賞表演的皇室成員提供清涼的遮蔭，但目前只剩下砂岩築成的台基。歷代吳哥的國王就是坐在鬥象台上，迎接凱旋而歸的軍隊由勝利門進入，眼前的戰象一字排開，將士神氣威武。此番軍容壯盛、舉國歡騰的景象，至今仍可從鬥象台的浮雕中窺見一二。

　　鬥象台共有五座向東突出的台階，中央台階最大；南端台階和中央台階樣式相同但規模較小；北端台階形式特殊，有三層浮雕，台頂還有一座蓮花塔；在三座大台階之間還設有兩座相同的小台階。以下依序由南向北介紹。

1. 南端台階至南小台階

　　壁面上連續的浮雕以大象為主題，但保存狀況並不好。登上台階，會看到左右兩旁的石獅已更換成新的複製品，台階兩側築有那迦欄杆。層層高起的平台立面，浮雕主題改換成阿帕莎拉仙女，旁邊的小人兒，有人認為是緊那羅。在印度神話中，緊那羅是半人半鳥的雌性半神，精於舞蹈，在柬埔寨的傳統舞蹈中也是很重要的表現題材。

　　繼續往西走，長長的大道西側，地上排列著刻有佛陀的牆垣裝飾。東側則刻著神鵝漢薩舉起雙翅，下巴高高抬起。漢薩的腳邊刻著蓮花，說明了漢薩是水中的神獸。平台上，有些段落的漢薩則用喙叼著蓮花，姿態生動可愛。

中央台階。

建築年代：西元十二世紀末
風格：巴戎寺式
統治者：闍耶跋摩七世
其他中文譯名：象台
推薦指數：★★★★
參觀時間：三十分鐘

隱蔽浮雕中的阿帕莎拉。

蓮花台全景。

隱蔽浮雕中的大象，象鼻捲蓮花。

2. 南小台階

台階的兩側，三頭象伸長鼻子捲起蓮花，這個造型和大吳哥城的城門彼此呼應。階梯旁的牆面刻著雙手高舉的阿修羅，笑容燦爛。此處有一塊隱蔽浮雕，可由一條小階梯走下去。與裸露在外的壁面浮雕相較，隱蔽浮雕內的金翅鳥、獅面人身神獸和那迦都保存得相當完好，金翅鳥尖尖的鳥喙看起來相當兇猛，可以藉此想像盛世之年的鬥象台。

3. 中央台階

中央台階東迎勝利門軸線大道，西接古皇宮的東塔門，是國王使用的出入口，因此規模也最大，設有那迦欄杆與石獅。以中央台階為中心，在南小台階以北、北小台階以南的這段，壁面浮雕由連續的金翅鳥、獅面人身神獸、那迦所組成，依照吳哥的傳統，那迦被刻畫成由金翅鳥踩在腳下的姿態。

4. 北小台階至北端台階

北小台階與南小台階規格相同，都是以三頭象愛羅婆多為主題。這裡沒有隱蔽浮雕，由此以北的壁面浮雕又恢復為大象行進的畫面。

5. 北端台階

北端台階歷經多次擴建，成為整段鬥象台最特殊也最精采的一段。三公尺高的台基，包覆了三層浮雕：

一、外圍：東側築有三頭象愛羅婆多，長鼻子捲起蓮花。南側與北側為馬球賽事的場景。

二、第二圍：浮雕極為精緻，五頭馬與各種天神、仙女，可能與蟠蛇殿中觀世音化身五頭馬的神話故事有關。

三、內圍：南北兩側的牆面刻有大象，騎乘者姿態英武，鸞彎雕工細緻，象鼻捲起蓮花的構圖線條非常優美。

台基上方的蓮花台也是亮點。蓮花台本身是一座十六世紀增建的佛塔，塔身由磚紅壤製成。在蓮花台的東側，砂岩製成的壁面飾以兩組愛羅婆多，其餘空間則由阿帕莎拉仙女與其他半神填滿，門楣浮雕常用的卡拉與那迦等元素，也在壁面中占據了一塊空間，雕工華麗細膩。

古皇宮
The Ancient Royal Palace

東塔門。

建築年代：西元十世紀初建，十三世紀擴建
風格：喀霖寺式
統治者：蘇耶跋摩一世初建，歷經數代
推薦指數：★
參觀時間：四十分鐘

　　位於鬥象台西側的古皇宮，並非宗教性建築，原有的木構皇宮早已腐朽消失，現場只留下幾座水池、圍牆和塔門，以及一座祭祀用的「空中宮殿」。根據目前殘留的遺蹟推斷，最初在此建造宮室的，可能是十世紀時羅貞陀羅跋摩二世的臣子，由於建造年代無法明確精算，也有人認為是羅貞陀羅跋摩二世之子，闍耶跋摩五世在位的時期。比較肯定的推斷是，蘇耶跋摩一世定都於此，在比鄰國廟巴蓬廟的這個區域建立皇宮，之後的歷代國王便繼續沿用。直到闍耶跋摩七世重新整頓大吳哥城，也一併整理了皇宮的部分建設，尤其是與鬥象台連接的部分。

　　周達觀在《真臘風土記》中記載了十六世紀時的皇宮樣貌，可以藉此想像一下當年的景象：

　　「國宮及官舍府第皆面東，國宮在金塔金橋之北，近北門，周圍可五六里。其正室之瓦，以鉛為之，餘皆土瓦，黃色。梁柱甚巨，皆雕畫佛形。屋頗

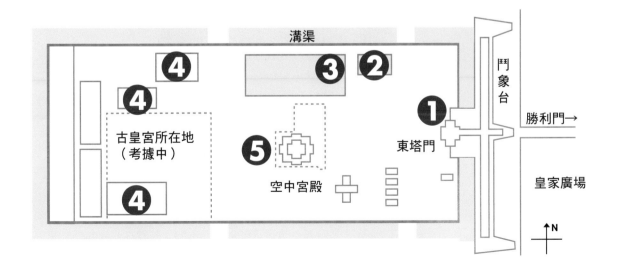

勝利門。

東塔門門樓內門楣，天神坐在卡拉頭上。

壯觀，修廊複道，突兀參差，稍有規模。其莅事處有金窗櫺，左右方柱上有鏡數枚，列放於窗之旁，其下為象形。聞內中多有奇處，防禁甚嚴，不可得而見也。」

　　由於「防禁甚嚴」，身為元朝使節的周達觀只進到了「莅事處」，看見了繁複的迴廊，梁柱都雕有佛陀的浮雕。國王所居住的宮殿上覆鉛瓦，其他宮室則使用黃色的土瓦。在鬥象台西側確實曾發現鉛瓦，與周達觀的觀察吻合。有的研究者見到「其下為象形」這句，便猜測鬥象台即「莅事處」，這一點還需要進一步的研究方能確認。

　　屋瓦的使用是依身分嚴格規範的，根據周達觀的記載，皇宮中的建築，只有家廟和寢室可以使用瓦，其餘房舍只能用草來製作屋頂。瓦的形式、材質依政治身分而有所區別，一般百姓無論貧富，一律不可以使用瓦。

　　皇宮共有五個出入口，東面的塔門為正門，與勝利門連成一條東西向的軸線，也可以將勝利門視為皇宮設計的一部分。北面與南面圍牆各有兩個規模很小的入口，西面圍牆則沒有開口。皇宮內現存的遺蹟雖然不多，卻也有些可觀之處，可以從鬥象台穿過東塔門進入，或是從巴蓬廟北側沿著小路穿過皇宮南面小門；若是從北面的提琶南寺往南走，穿過密林高草，也可以從皇宮北面的小門進入。

1. 東塔門

建於十三世紀的東塔門，是現存的喀霖寺式風格建築中，製作最精良、保存最好的作品。圍牆以成本較低的磚紅壤搭建，塔門則以砂岩製成，東面入口處與門樓內的門楣浮雕，卡拉、那迦、浪花巧妙地組合在一起，卡拉頭上裝飾著火焰，有的卡拉頭上坐著天神。天花板（已不存）的緣飾層層疊疊，蓮花苞、蓮花瓣、浪花、菱形花紋等，甚是繁複。門框刻有碑銘，但受到破壞，重要的人名被抹除。門框的空白處有許多線條拙劣的人物鑿痕，不確定是塗鴉或是後世試圖改建的痕跡。

大池塘西南角池緣，綴滿
各式浮雕。

2. 小池塘

從東塔門走進皇宮內苑，在你的右手邊有一座小池塘，長約五十公尺，寬三十公尺。一九五六年清除淤泥時，曾在這裡篩出金戒指、金塊和金項鏈，項鏈以絞索的方式製作，工藝成就極高；同時也挖掘出保存良好的橫梁、織蓆等文物。

皇宮內共有五個池塘，有些學者認為靠近東北角的這兩座池塘，是皇室成員舉辦祭祀儀式前，沐浴淨身的地方。小的池塘由男性使用，大的池塘則是女性專用。這座池塘是五座池子中面積最小的，池邊沒有任何裝飾。

3. 大池塘

在小池塘的左邊，是一座規模相當大的水池，長一百四十五公尺，寬五十公尺。池緣以砂岩築成台階，並綴滿各色浮雕，以西南角的保存狀態最佳。上層為男女天神；中層為那迦、那吉妮（雌性的那迦），以及各種神話人物；下層是魚類、鱷魚及其他水中神獸。

這座池塘在十世紀時就已經存在，闍耶跋摩七世時曾經被填掉，之後才又重新啟用。

4. 其他池塘

在大池塘的西邊、西北塔門附近，還有一座刻有神鵝漢薩的池塘，但由於泥沙淤積，看不到浮雕。

此外，在宮苑的西側，還有兩座池塘一南一北，中間夾著一片平地，推估即皇宮的所在地。這一帶目前仍在進行考古挖掘，遊客不能進入。

空中宮殿。

5. 空中宮殿

　　這座高僅三層的「迷你」金字塔，是皇宮區域內最大的亮點。它的名字叫做「Phimeanakas」，這個字是梵文，意即「空中的宮殿」。周達觀在《真臘風土記》中形容它是「金塔」，可能在十六世紀時，外牆曾包覆金箔。書中也記載了一段頗具獵奇性質的傳說：

　　「其內中金塔，國主夜則臥其下，土人皆謂塔之中有九頭蛇精，乃一國之土地主也。係女身，每夜則見，國主則先與之同寢交媾，雖其妻亦不敢入。二鼓乃出，方可與妻妾同睡。若此精一夜不見，則番王死期至矣。若番王一夜不住，則必獲災禍。」

　　空中宮殿為十世紀的建築，形式與東梅蓬、科克大廟類似，但規模很小。和東梅蓬一樣，空中宮殿的金字塔以磚紅壤堆疊，每一層的四個角都各有一隻砂岩製成的大象。塔的四面各有一座階梯直達塔頂，兩側設有石獅。塔頂以砂岩製成的迴廊環繞，中央有一座神龕，已經毀圮，迴廊與神龕都是更晚期的建築。由於迴廊的尺寸很小，寬僅一公尺，高僅一・六七公尺，不符合人的行動需求，呼應了「蛇精」的傳說，讓這座塔的用途更顯得神祕難解。且金字塔四周並未設有象徵宇宙之海的護城河，似乎也不符合須彌山的概念。目前只能確定這是皇室專用的神殿。

癲王台
Terrace of the Leper King

　　癲王台位於鬥象台北方，是一座高六公尺、每邊約二十五公尺的平台，西側與皇宮外的廣場相連，密密麻麻的深浮雕讓人眼花撩亂。這座平台的建築年代、功能和象徵意涵全部都是謎，神祕難解的種種線索，也產生了許多不同的傳說。「癲王台」的名字可能是來自平台頂端的一尊男性雕像，由於身上覆蓋青苔，看起來就像是生了痲瘋病，而吳哥歷代國王至少有兩位已被證實是痲瘋病患，傳說闍耶跋摩七世也是死於痲瘋病。

　　一九六五年，日本作家三島由紀夫曾經到吳哥遊覽，聽到癲王的傳說之後，回國寫下了劇本《癲王的神壇》，並於一九六九年發表。故事敘述俊美的國王在建造佛寺時染上痲瘋病，隨著佛寺即將落成，國王的痲瘋病也使他變得醜陋衰弱。這部戲也讓癲王台成為日本廣為人知的景點。

　　痲瘋病可能是吳哥皇室長年的困擾，若闍耶跋摩七世也深受痲瘋病所苦，那麼他在各地瘋狂興建醫院的舉措就變得十分合理。至於癲王台的功能，目前被廣泛接受的說法是「火葬場」，也有一說是天葬場。天葬是束人的喪葬古俗，周達觀在《真臘風土記》中記載：

　　「人死無棺，止以簟席之類蓋之以布。其出喪也……抬至城外僻遠無人之地，棄擲而去。俟有鷹犬畜類來食，傾刻而盡，則謂父母有福……今亦漸有焚者，往往皆唐人之遺種也。……國主乃有塔葬埋，但不知葬身與葬骨耳。」

　　一般平民百姓死後，習慣上是棄置荒野任野獸啃食，但皇室不可能如此。火葬的方式在周達觀的年代雖然還不普遍，但皇室成員使用火葬的可能性是很高的。至於火葬舉行的地點是否就是癲王台，也有反對

癲王台全景。

建築年代：西元十三世紀
風格：巴戎寺式
統治者：闍耶跋摩七世初建，闍耶跋摩八世擴建
其他中文譯名：瘋王台、癩王台
推薦指數：★★★★★
參觀時間：二十分鐘

閻摩（癲王）雕像。

阿修羅。

的說法，主要是癲王台的位置就在皇宮的左前方，位於主要幹道上，
車水馬龍，在此露天火葬有點不合情理。

癲王台的浮雕共有六至七層，靠近地面的底層為水中生物，因造
型與皇宮內水池畔的浮雕風格一致，由此確認癲王台建於十三世紀。
此外，壁面浮雕大致可分成三大主題：

一、皇室成員的生活場景。位於北側，內容刻畫國王與後宮觀賞
雜技表演的場景，雜技演員正在表演吞劍。

二、女神和男性天神。這一類的浮雕最多，癲王台面向大路的壁
面幾乎都是這個主題，但風化得很嚴重。

三、阿帕莎拉仙女與阿修羅。保存狀況最好，位於癲王台內的狹
窄甬道。

從癲王台南側的木棧道進入，眼前的景象保證讓人大吃一驚，保
存完好的深浮雕彷彿剛剛才完工，妖豔的阿帕莎拉仙女與兇惡的阿修
羅活靈活現，彷彿能感受到他們身上肌肉的質感。肥嘟嘟的那迦位於
靠近地面的位置，五個頭、七個頭、九個頭的造型不一而足。這裡本

阿帕莎拉仙女與阿修羅。

來是被沙石填滿，法國遠東學院發現後將沙石清除，也因此確認了癲
王台是經過擴建才形成今日的規模。

根據吳哥當地的說法，阿帕莎拉仙女是乳海攪拌時產生的珍寶之
一，負責跳舞娛神，但由於數量太多，眾神無法管理，便交由陰間之
王閻摩管轄，因此這裡的壁畫就將阿帕莎拉仙女和阿修羅放在一起，
這些阿修羅則是冥界的差役。

走出木棧道，可以從旁邊的樓梯上到平台頂端，這裡有兩尊雕
像，都是「癲王」的複製品，真品存放在金邊國家博物館。原本只有
一尊水泥製成的複製品，但即使是複製品，頭部仍然被盜走，之後才
又重塑一尊。雕像採取裸體的樣貌，但沒有雕出生殖器官，這件事也
是吳哥難解之謎。一般來說，吳哥的雕像無論男女都會穿著下裳，身
上佩帶飾品，全裸的造型是非常罕見的。而雕像的嘴部雕琢出鬍子與
獠牙，則是祂被解釋成陰間之王「閻摩」的原因。

十二塔。

建築年代：西元十三世紀
風格：巴戎寺式
統治者：因陀羅跋摩二世
其他中文譯名：十二生肖塔
推薦指數：★
參觀時間：十分鐘

塔的用途迄今依舊是個謎。

十二塔
Prasat Suor Prat

在鬥象台對面，有一排十二座構造相同的神祕小塔，位於大吳哥城南北向大道的東側，通往勝利門的道路將小塔從中切分成六個一組，其中五座並排於南北大道旁，坐東朝西，開口面向皇宮；靠近勝利門的兩座，則轉而彼此相對，分別與面向皇宮的小塔形成轉角，圍繞著南北喀霖寺與水池。

小塔的形式迥異於一般的寺廟，除正式入口外，其餘三面均開有大型窗戶。主要建材為磚紅壤，窗框、門框與浮雕裝飾則採用較為堅固的砂岩。轉角處的檐板飾以那迦浮雕，山形牆則雕飾著植物、動物、人物等花紋，但大多已嚴重毀損。

這十二座塔的建造目的與功能至今依然是個謎團。「十二生肖塔」是台灣觀光客給予的稱呼，其柬文字義為「走繩索人的塔」，據說在節慶時，提供國王與皇室成員在鬥象台和皇家廣場上欣賞特技表演之用，將繩索綁縛在塔與塔之間，特技演員在此展現驚人技藝。但這個說法並不被認可，另外一個廣為人知的記載，是周達觀在《真臘風土記》中所描述的：

「又兩家爭訟，莫辯曲直，國宮之對岸有小石塔十二座，令二人各坐一塔中，其外兩家自以親屬互相提防。或坐一、二日，或三、四日，其無理者必獲證候而出，或身上生瘡癤，或咳嗽發熱之類，有理者略無纖事。以此剖判曲直，謂之天獄，蓋其土地之靈有如此也。」

由於事涉靈異，以科學角度來看，實在很難被接受。還有另一個更不可能成立的說法，認為這十二座塔是供國王與皇室成員在另外一個角度閱兵、看表演用的。

南北喀霖寺
The Kleangs

在十二塔旁邊、古皇宮的正對面，有兩座砂岩與磚紅壤混合建築，位置對稱但功能不明，分立於勝利門與古皇宮軸線大道的兩側。柬文名稱「Kleang」是「倉庫」的意思，但實際上的功能為何，至今依然沒有定論。

北喀霖寺的建造時間較南喀霖寺更早，保存情況也較好；南喀霖寺則沒有完工。這兩座建築由於地處邊陲，很容易被忽略，若時間許可，中午在附近的遊客餐廳吃完飯，倒是可以來這裡走走。此處綠樹成蔭，涼風習習，有些當地人會來此野餐、午睡。

南北喀霖寺的形式相近，建築風格獨樹一幟，在高棉藝術史中被標舉為「喀霖寺式」。主要特徵為橫向、獨立的長廊，與入口塔樓交錯出十字形的空間。門邊設有八角形門柱，浮雕以蓮花瓣、渦卷、花蔓、菱形的花朵狀紋飾為主，門楣浮雕則以卡拉為中心，手握花蔓，有時卡拉頭上會坐著一位天神。

南北喀霖寺均為坐東朝西的格局，與皇宮相對。北喀霖寺的前方設有那迦欄杆圍成的參道，長廊後方則是正方形的中央聖殿，須再穿過圍牆與西塔門才能進入，兩座藏經閣與中央塔均已毀圮。

在中央聖殿的圍牆四周，放置了無法歸位的山牆，可以發現這裡的山牆僅以花紋裝飾，並未刻有任何神話故事的場景。

長廊的屋頂部分設有小孔，用來安插支撐屋頂的木梁。天花板已不存，但砂岩雕成的線腳裝飾保存得還不錯，風格雅致內斂。

北喀霖寺正立面。

建築年代：西元十世紀末至十一世紀初
風格：喀霖寺式
統治者：闍耶跋摩五世
其他中文譯名：倉庫
推薦指數：★★
參觀時間：二十分鐘

南喀霖寺正立面。

北喀霖寺，典型的喀霖寺式風格浮雕。

北喀霖寺中央聖殿。

T號寺廟的廟塔。

建築年代：西元十二世紀初至十四世紀
風格：吳哥寺式
統治者：蘇耶跋摩二世
其他中文譯名：聖佛寺
推薦指數：★★★★
參觀時間：四十分鐘

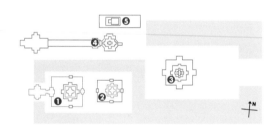

聖皮度寺群的護城河。

聖皮度寺群
Preah Pithu

　　隔著皇家廣場大道，在聖琶麗寺正對面、餐廳的附近，有一組五座的寺廟群，被稱為「Preah Pithu」，即「神聖菩薩」之意。但其實這五座寺廟中，只有一座是佛寺，其他都是印度教寺廟，而且分別於不同的時代建造，彼此間並沒有絕對的關連性。印度教寺廟均為坐東朝西，只有佛教寺廟（483 X）朝東。

　　聖皮度寺群雖然鄰近人聲鼎沸的餐廳，但古木參天、荒煙蔓草，很少遊客會注意到陰暗的森林深處還有這片寧靜的樂土。雨季時，寺廟的護城河蓄滿水，映照著藍天、森林與廢墟，在這裡漫遊，彷彿來到童話國度，如夢似幻，好像下一秒就會有精靈或仙子從河邊的野花叢中飛出來似的。

　　大力推薦聖皮度寺群的原因除了它的靜謐，深具特色的門楣浮雕更是亮點。看似破落殘敗的亂石中，藏著好幾處令人驚喜的浮雕藝術，如果能將步調放慢，你一定會在此發現專屬於自己的神祕勝景。

1. 481 T號

　　可以從編號481 T的這座寺廟開始，以短柱架高的雙層十字形平台，設有那迦圍成的欄杆。穿過西塔門，走進方形圍牆的內圍，十字形塔樓已經頹圮，壁面上勉強可以看到一尊蒂娃妲女神。

2. 482 U號

　　穿過481 T號寺廟的東塔門繼續向東走，482 U號寺廟位在同一個軸線上，並與前者使用同一座護城河，兩座廟應是同時建成的。十字形塔樓的西面門楣為濕婆跳著毀滅之舞，四個頭的梵天在濕婆的左邊，右邊則是毗濕奴。濕婆腳下的卡拉緊緊抓著兩隻獅子

的腳，模樣逗趣。

　　繞進已經崩毀的塔樓，內側門楣的保存情況也很好，乳海攪拌的主題刻畫得相當生動，中間的毗濕奴嘴上有撇小鬍子，下面作為基石的烏龜還駄著象與馬。

　　旁邊的門楣刻畫著天神坐在卡拉頭上，和吳哥寺的很類似，但耳朵特別大。

　　離開時不妨欣賞一下外牆壁面上的達拉帕拉門神，雙目圓睜的阿修羅相，搭配著沉甸甸的耳環，再配上壯碩的胸肌，頗具官能感。

U號中央塔西面門楣的濕婆，正跳著毀滅之舞。

3. 483 X號

　　這是五座寺廟中唯一的一座佛寺，沒有圍牆，護城河與T、X這兩座廟的護城河相連，而且中央塔也沒有完工，應是十四世紀的建築。方形的台基上只有一座塔，塔內刻有一整排連續的佛像，人物纖瘦、線條流暢，風格已經和暹的佛像有點相近。

　　繼續往東走，會發現這座寺廟其實設有磚紅壤砌成的參道，鄰近河邊的地方還有兩隻砂岩製成的大象，迎接前來參拜的信眾。

X號塔內的佛像浮雕。

4. 484 V號

　　這座寺廟也是坐東朝西，長長的架高參道一路向西延伸。砂岩製成的廟塔規模雖然大，但現在只剩基礎，也是一座沒有完工的寺廟，塔內供奉林伽。

5. 485 Y號

　　位於V號寺廟北側，長方形的圍牆內設有一座長形神龕，南、北入口處的山牆與壁面刻畫著羅摩衍那與黑天的故事。北門山牆為黑天與阿修羅巴納對戰的場景，和吳哥寺內的壁畫很相似；南門山牆則是猴兄弟打架、毗濕奴跨三步奪回三界的故事。

Y號南門山牆，猴兄弟打架與毗濕奴跨三步。

東塔門。

建築年代：西元十三世紀末至十四世紀初
風格：巴戎寺式
統治者：闍耶跋摩八世之後
推薦指數：★★
參觀時間：十五分鐘

聖琶麗寺的那迦欄杆保存良好。

聖琶麗寺
Preah Palilay

　　聖琶麗寺位於提琶南寺後方，古皇宮的北方。可以從貫穿大吳哥城南北軸線的大道，先參觀提琶南寺，再從提琶南寺後方的小路進入；或是從古皇宮城牆北面的小門，沿著幽靜的叢林小徑抵達。這片森林原本的名字是「琶麗梨耶迦」，簡稱「琶麗」，「Preah」是寺廟，原文的意思就是「琶麗森林中的寺廟」。

1. 參道入口

　　聖琶麗寺規模不大，建築結構分成三個部分：參道、東塔門、佛塔。佛塔塔身被三株古榕緊緊抓住，令人印象深刻。若從古皇宮的北方進入，最先映入眼簾的，就是這幅古榕擢取殘塔的畫面。聖琶麗寺原本被叢林密覆，直到一九一八年才清理出來，一九三七年起，利用「原物歸位法」將之修復。

　　聖琶麗寺為佛寺，建築年代不明，由於佛教主題的浮雕並未受到十三世紀毀佛運動的破壞，且建築風格融合了巴戎寺與吳哥寺的特色，研判應為十三世紀末至十四世紀初所建造。東面入口前的參道小巧精緻，圍繞著十字形平台的那迦欄杆做工細膩，保存狀況相當不錯。

　　參道入口的起點原設有一雙石獅，目前只剩一隻；石獅後方原設有達拉帕拉門神的立像，但現在只剩基座與殘跡。

2. 近代神龕

　　參道的盡頭是一座近代修築的木製神龕，裡面供奉著巨大佛像，佛像高達二‧七公尺，由砂岩製成，結跏趺坐，手呈觸地印，頭頂髻。這裡是現代柬人重要的禮佛聖地。

3. 東塔門

在現代神龕之後的就是作為正門的東塔門。塔門以砂岩製成，所有山形牆都雕刻著佛教主題的圖案，由於避過了毀佛浩劫，雖難免歷經歲月風化，但仍相當值得欣賞。門框兩側皆飾以八角形的門柱，整體裝飾甚是繁複。

東面中央門楣：佛陀橫臥在卡拉上方。

東面中央山形牆：佛陀端立於蓮座上，信徒以跪姿圍繞祈禱。

東面北門山形牆：森林中的動物前來禮佛。

北面山形牆：佛陀馴服食人象那羅吉裏。

西面北門山形牆：佛陀坐在陽傘下，接受少女蘇迦塔施予乳糜。

西面中央山形牆：婦女帶幼兒向佛陀行禮。

東面南門山形牆：佛陀在菩提樹下悟道。

南面山形牆：佛陀結跏趺坐，信徒圍繞。

4. 佛塔

聖琶麗寺的佛塔以其細長的塔頂，迥異於其他的吳哥寺廟建築，盤踞其上的三棵榕樹曾一度危及佛塔的建築結構，因此被攔腰砍去。但熱帶地區的植物生命力旺盛，很快又長得青翠茂盛。佛塔區域在考古時挖掘出許多重要文物，包括黃金薄片、三叉戟狀的銀葉，以及數枚婆羅門教與佛教的神像頭部、陶瓶，以及舍利子。

佛塔內不可進入，但東面門楣的浮雕卻值得看看，主題是因陀羅騎在三頭象愛羅婆多背上，周圍的森林、底下的卡拉，構圖華麗炫目，雕工甚是精湛。

參道盡頭的近代神龕。

東塔門西面山形牆：婦女帶著孩子禮佛。

東參道正面。

建築年代：西元十六世紀
風格：巴戎寺式
統治者：不詳
推薦指數：★
參觀時間：十分鐘

坐佛。

佛塔。

提琶南寺
Tep Pranam

　　沿著大吳哥城南北軸線的大道向北走，在癲王台北方不遠處，即可看見提琶南寺的東參道入口。

1. 東參道

　　參道由砂岩和磚紅壤砌成，入口兩側各有一隻巴戎寺風格的石獅，平台四周設有那迦圍欄，平台以外的參道則設有蓮花花苞造型的佛教界石。

　　在此區曾發現一塊九世紀末的石碑，記載著耶輸跋摩一世在位時，對於某間佛教寺院的組織規章，並由國王決定在東巴萊湖附近興建幾座婆羅門教寺廟。然而，提琶南寺本身並未留有任何九世紀時的遺蹟，現在看到的所有建築，都是十六世紀時留下來的。

2. 坐佛

　　在參道的盡頭，是一尊砂岩砌成的坐佛，安置在木構造的棚子中。這裡依然是現代柬人的信仰重地，各式各樣的儀式與聚會持續在此進行。坐佛手結觸地印，單跏趺坐於蓮座上。

3. 立佛

　　在坐佛後方，是一尊砂岩製的立佛，手結施無畏印，由水泥製成的棚子加以保護。這尊立佛原本的頭已然佚失，現在是以水泥的製成品補上。

4. 現代佛塔

　　由於此處是香火鼎盛的寺廟，篤信佛教的柬人相信，人死後葬於此處，更能受到庇佑，因此大量的佛塔聚集於此。直到政府頒布禁令，不得在世界遺產區域內墓葬，埋骨於此的風潮才被迫停止。然而每年亡人節（柬埔寨的重大節日，類似華人的清明節）時，這裡依然是舉行追思儀式的重要據點。

思瑪貝凱克廟
Thma Bay Kaek

　　在巴塞增空金字塔與大吳哥城的南門之間，有兩座前後相連、坐向朝東的小型寺廟，靠近馬路的是思瑪貝凱克廟，在思瑪貝凱克廟後面的則是帕沙貝廟，兩座寺廟都是耶輸跋摩一世所建，屬於圍繞著國廟巴肯山的小廟，建議可以一起參觀。

1. 東塔門

　　思瑪貝凱克廟現存殘跡只剩東塔門、神廟基部，還有西北方一座較小的附屬建物。東塔門是由磚紅壤堆成平台，塔身則是用紅磚砌成，門框、門柱與門楣則使用砂岩。可以從殘存的建材中發現，砂岩的耐久性最好，其次是磚紅壤，而紅磚最差。

　　東塔門後方的平台上佇立著一座林伽，柱體由下而上分別是四方形、八角形和圓形，這是指三相神，即濕婆、毗濕奴與梵天合而為一的象徵。

2. 神廟遺蹟

　　在東塔門的正後方為神廟遺蹟，濕婆的坐騎南迪跪在門前，表示這是一間祭祀濕婆的神廟。進入神廟的台階為蓮瓣造型，這是吳哥寺廟的一大特色。神廟內目前空無一物。值得一提的是，考古團隊曾在此挖出五片金葉，其中一片刻有南迪的花紋。

神廟遺蹟。

建築年代：西元十世紀
風格：巴肯山式
統治者：耶輸跋摩一世
其他中文譯名：思瑪貝凱克寺
推薦指數：★
參觀時間：十分鐘

東塔門。

蓮瓣造型的台階。

帕沙貝廟全景。

建築年代：西元十世紀
風格：巴肯山式
統治者：耶輸跋摩一世
其他中文譯名：帕沙貝寺
推薦指數：★
參觀時間：十分鐘

帕沙貝廟
Prasat Bei

　　帕沙貝廟的保存狀況較佳，「Prasat」在柬語中是「廟塔」，「Bei」是「三」，原意即「三座廟」的意思。除中央塔為三層建築，北塔和南塔均為一層。統一朝東面開口，其他三面設有假門。和思瑪貝凱克廟一樣，帕沙貝廟也是以磚紅壤疊成台基，用紅磚砌築塔身，而門框、門柱與門楣則使用砂岩。一字排開的形式則與荳蔻廟類似。

　　中央塔內原供奉林伽，現只餘優尼（即林伽的基座，具有象徵女陰的開口，引導聖水流出）。中央塔的門楣浮雕，刻畫著因陀羅坐在三頭象愛羅婆多身上，而左右兩側各有一隻獅子。南塔的門楣浮雕也是以騎象的因陀羅為主角，但這裡的象就只有一個頭，兩側為那迦。北塔沒有完工，靠近頂部的三分之一均是近代修復時補上的建材。

　　台基上設有數個排水孔，將雨水向大吳哥城護城河方向導出，這可能也是帕沙貝廟保存狀況較佳的原因。在帕沙貝廟旁邊的河岸設有遊船，供遊客在船上看落日吃晚餐，可向旅館櫃台洽詢預訂，一個人一小時的船資為十五美金起跳。

排水孔。

中央塔門楣。

塔普倫哥寺
Ta Prohm Kel

從吳哥寺西參道入口處向西行，大道北方的森林中有一座小型的醫院遺蹟，是闍耶跋摩七世所擴建的一百零二座醫院之一，目前僅殘存地基，以及一座搖搖欲墜的廟塔，是為塔普倫哥寺。

1. 廟塔

根據文獻，廟塔中主祀的是藥師佛，配有九十八位工作人員，以及一位占卜師、兩位祭師。醫院的相關規定亦詳列其中，在首都，醫院的工作人員往往多達二百人。

這一百零二間醫院的建築格局大體相同，均為一座塔門、一座廟塔、一座小型的藏經閣，以及一座水池。這三種設施均為石造建築，工作人員、僧侶和病患，則居住在旁邊的木造房舍中。隨著歲月流逝，遺蹟中的木造房舍均已不存，只剩下石造建築的部分。

塔普倫哥寺的廟塔體現了佛教寺廟的特色，坐向朝東，僅存的北面山形牆上刻畫著三層人物，最上層的是佛陀，在毀佛運動中被破壞了；下面兩層是信徒，呈祈禱姿。

北面的假門與轉角的蒂娃妲女神保存狀況還不錯，最令人驚喜的則是塔內門楣上的帶狀浮雕，一整排坐佛自毀佛運動中倖存，面容安詳地端坐在蓮座上。

2. 印度教遺蹟

廟塔四周散落著許多無法復原的石塊，從這些殘存的石塊中，可以發現塔普倫哥寺並不是一處純粹的佛教建築群，其中也複合了印度教的部分，最明顯的跡證就是殘留於此的「優尼」。「優尼」是「林伽」的台座，以女陰為造型，說明了這裡亦曾是印度教徒膜拜濕婆的信仰基地。

時至今日，雖然塔普倫哥寺已殘破不堪，每天清晨仍有老人家到此整理、祭祀。

塔普倫哥寺全景。

建築年代：西元十二世紀
風格：巴戎寺式
統治者：闍耶跋摩七世
推薦指數：★
參觀時間：十分鐘

優尼。

北面假門。

金字塔側面全景。

建築年代：西元十世紀初至中葉（西元
九四七年完工）
風格：巴肯山式與科克式之間的過渡
統治者：曷利沙跋摩一世、羅貞陀羅跋摩
推薦指數：★★
參觀時間：十五分鐘

巴塞增空金字塔
Baksei Chamrong

　　巴塞增空金字塔，是吳哥遺蹟中唯一不是國廟
的「廟山」結構建築。日出時金色的陽光照耀在
紅色的塔身上，橘紅色的光輝相當壯麗。「Baksei
Chamrong」原意為「鳥之巨翅庇護下」，在吳哥文
明的傳說中，有一個故事是這樣的：「都城被攻陷之
時，天邊飛來一大鵬鳥，展開巨翅，將國王庇護於雙
翼之下。」巴塞增空金字塔的名字，很可能就是來自
這個傳說。

1. 東參道入口

　　根據碑銘，這座寺廟是曷利沙跋摩一世為獻予濕
婆、黛維（Devi，濕婆妻子的化身之一）及他的父
母而建的。寺廟坐西向東，東入口築有參道，參道兩
旁設立界石。寺廟周圍原本有一座四方形圍牆，但目
前只剩下一點點殘跡。圍牆的東面入口以砂岩築成塔

東面入口之門楣與蒂娃妲女神浮雕殘跡。

門，現存台階與一頭石獅。

　　令人疑惑的是，在塔門後面放了一個神像基座，上面堆置了一些殘片，包括窗戶的石雕短柱、佛像的局部，以及難以判斷的雕塑等，不確定屬於哪一座寺廟。

砂岩雕成的假門。

2. 金字塔

　　巴塞增空金字塔共有五層，包括四層台基，以及最高層的塔形結構。東、西、南、北四面各有一座階梯直通頂層，這是吳哥遺蹟中第一座以單一階梯直通頂層的設計，西面的階梯比較好爬，但攀爬時仍須小心跌落。

　　金字塔本身是以小型紅磚砌成，這是十世紀以前吳哥建築的一大特色。建造者曷利沙跋摩一世是耶輸跋摩的兒子，此時的都城位於耶輸陀羅補羅，國廟為巴肯山。在耶輸跋摩一世遷都耶輸陀羅補羅之前，國都為羅洛士遺址群所在的訶里訶羅洛耶，因此巴塞增空金字塔的外型和羅洛士遺址群的巴孔廟頗為相似；在建造期間，國都一度遷移至科克，這種紅磚砌成的金字塔結構也在科克的大廟展露出極其雄偉的樣態。西元九四四年，在科克繼位的羅貞陀羅跋摩二世又將都城遷回巴肯山附近，即東巴萊湖的南側，並於西元九四七年將巴塞增空金字塔修築完成。

3. 塔頂聖殿

　　除了東面的開口，其餘三面均為砂岩雕琢而成的假門。東門的門框碑銘詳細載有吳哥國王直至西元九四七年的世系，是研究吳哥歷史重要的文獻。碑銘以兩種文字寫成，南面的是帕拉瓦時期的梵文，北面的是納嘎里文字。碑銘中記載，巴塞增空金字塔擁有壯觀的灰泥雕飾，寺廟中祭祀拜里迷蘇拉（Paramesvara，意為「至高無上的濕婆神」，也是吳哥建國者闍耶跋摩二世的謚號）的黃金神像。灰泥雕飾僅留有些許殘跡，在磚牆上還可以看見蒂娃妲女神的鑿痕。黃金神像已不知所終，目前聖殿內供奉的是涅槃的臥佛。

　　東面門楣上的浮雕也是一大亮點，天神因陀羅騎著三頭象愛羅婆多，兩側則有甘尼夏從浪花中躍出。有趣的是，甘尼夏的坐騎竟是祂象鼻子的延伸，相當逗趣！

吳哥東區

塔瑪儂廟（Thommanon）

周薩神廟（Chau Say Thevoda）

思賓瑪石橋（Spean Thma）

塔高廟（Ta keo）

塔內寺（Ta Nei）

塔普倫寺（Ta Prohm）

班迭喀蒂寺（Banteay Kdei）

皇家浴池（Sras Srong）

庫提斯跋羅廟（Kutisvara）

巴瓊寺（Bat Chum）

荳蔻廟（Kravan）

變相廟（Pre Rup）

東梅蓬（East Mebon）

班迭桑雷廟（Banteay Samre）

塔普倫寺，木棉生長在塔門穹頂上。

東塔門南側與藏經閣。

建築年代：西元十二世紀初
風格：吳哥寺式
統治者：蘇耶跋摩二世
其他中文譯名：塔瑪儂廟
推薦指數：★★★
參觀時間：三十分鐘

中央塔北面。

西塔門南面。

塔瑪儂廟
Thommanon

　　塔瑪儂廟位於周薩神廟對面，和周薩神廟對稱坐落於道路北邊，坐向也是朝東，參觀者由南面進出。

1.南入口

　　一九六〇年代，法國團隊耗費十年，才將塔瑪儂廟修復完成。塔瑪儂廟的建築形式和周薩神廟很像，但它只有東、西兩座塔門，東塔門為正門，南北兩邊則沒有塔門。從部分山牆上未完成的雕刻來看，塔瑪儂廟是一座沒有完工的寺廟，因此南北兩側沒有塔門，也可能是因為沒有完工的緣故。但也有學者認為，從遺蹟的裂縫中看來，本來這裡應該是有塔門的，但究竟工程進度為何，已不可考。

　　和周薩神廟一樣，塔瑪儂廟沒有被記載在任何文獻上，從雕刻的風格推估，應該是十二世紀初期的作品，比吳哥寺稍微早一些。因為風格與吳哥寺近似，也有人稱它為吳哥寺的原形之一。

2.東塔門

　　和其他寺廟正式的入口處一樣，東塔門有三個出入口，前面也有一座平台，東面山形牆上的雕刻還沒完工。南北兩邊的山形牆上，雕有主神毗濕奴的形象，北邊山形牆的保存情形較佳。在東塔門的西面，兩座小門的山牆上，也是以毗濕奴及相關神話為主題。

3.主殿與中央塔

　　與周薩神廟類似，塔瑪儂廟的主體也是由長方形的主殿和十字形的中央塔構成，主殿的屋頂為筒形拱頂，用石頭雕出瓦片狀的花紋。主殿和中央塔之間以短廊銜接，主要建材為灰色砂岩，與吳哥寺相同。外

牆上精緻細膩的蒂娃妲女神浮雕，和吳哥寺的風格近似，因為這裡人潮不多，浮雕的保存狀況較好，可以細細品味。

進入主殿，西邊與短廊相連的門楣上，刻著四臂因陀羅騎著三頭象愛羅婆多的浮雕。室內幽暗，建議帶手電筒參觀。若遇到帶著手電筒的警衛或當地小孩，主動提議要介紹你看「別人不知道的浮雕」，這是需要付費的，他們並不是專業解說人員，可以自行評估是否接受服務。切記，接受前先議價。

穿過短廊，進入中央塔東面入口的廂房內，可以抬頭看看門楣上的毗濕奴浮雕。四臂毗濕奴手執武器，站在金翅鳥肩上。

中央塔內有一尊無頭佛像盤腿坐在台座上，原來的毗濕奴神像已不在此處。中央塔南面入口的山牆上雕著跳舞濕婆，但已殘缺不全。西面假門的門楣浮雕倒是保存得不錯，卡拉神情猙獰，左右兩邊各有一位天神，呈舞蹈姿。

主殿南側入口的山牆上雕著「羅波那搖撼凱拉薩山」，羅波那的十隻手臂與十個頭顱還可辨識，濕婆神與雪山女神微笑的臉龐則保存良好。

4. 西塔門

西塔門比東塔門小一點，浮雕保存良好。西面山牆的浮雕描繪毗濕奴騎著金翅鳥，與阿修羅大戰；南面上層的山牆為「濕婆化身隱士」，吳哥寺也有一樣的主題。

西塔門南面山牆上刻有「濕婆化身隱士」。

5. 藏經閣

塔瑪儂廟只有一座藏經閣。在吳哥的建築中，如果附屬建物只有一座，以房屋的坐向為軸線，這座單獨存在的建物便會蓋在右邊，這座藏經閣即是如此。藏經閣入口朝西，朝東的是假門。假門上方的浮雕保存狀況也不錯，最上層的山牆為羅摩在森林中的場景，左邊頭戴皇冠、手執蓮花的女子是悉多，中間背著弓的男子是羅摩，右邊的是羅什曼那。

參觀完塔瑪儂廟，建議可以沿著主要道路前行，走到底左轉，探訪神祕的塔內寺。

藏經閣山牆上的羅摩森林場景。

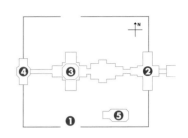

北塔門被改作主要出入口。

建築年代：西元十二世紀中葉
風格：吳哥寺式
統治者：蘇耶跋摩二世、耶輸跋摩二世、
闍耶跋摩八世
推薦指數：★★★
參觀時間：三十分鐘

中央塔內原本供奉著林伽。

周薩神廟
Chau Say Thevoda

　　沿著大吳哥城的勝利門向塔高廟方向前行，道路的左右兩側為兩間極為相似的小廟，北方為塔瑪儂廟，南方為周薩神廟。這兩座位置對稱、結構相似的廟宇被稱作「姊妹寺廟」，但其實彼此沒有任何關係，建設的年代也比勝利路來得早。

1. 北塔門入口

　　鄰近道路的入口是北塔門，但正式的入口是東塔門。勝利路完工後，因為與東塔門參道平行，為求便捷，一般習慣直接從北塔門進入。後世使用者為了配合實際動線，特別在北塔門前方也蓋了一座平台，地上還看得到平台的殘跡。

　　由於沒有任何碑銘提到這座寺廟，僅能根據建築樣式和雕刻風格來推估修築年代，大約是十二世紀中葉。主神為濕婆和毗濕奴，大部分的牆面浮雕以頌揚毗濕奴的《羅摩衍那》為主題，中央塔供奉濕婆的象徵「林伽」。周薩神廟規模小，也沒有被記載，可能並非由國王下令興建，而是其他皇室成員修築的。寺廟由四座華麗的十字形塔門圈出圍牆的範圍，靠近外圍的建築較矮，向中間層層堆高，在視覺上營造出巍峨的效果。

　　周薩神廟原本嚴重毀圮，茂密的樹木盤踞在亂石上。法國治理時曾進行結構補強，後來由中國修復隊花了八年進行修復，經過清理、拆解、拼湊，形成目前精緻堅固的面貌。也由於看起來太「新」，中國修復隊的做法一直存在著爭議。

2. 東塔門參道

　　東塔門前的參道往東延伸，直通暹粒河。森林中的參道景致優美，從河邊緩緩向神廟前行，可從中遙

東塔門南面山牆，刻有「猴王婆黎之死」。

想當年信徒前往神廟祭祀的心情。

　　東塔門參道由靠近河邊的界石、架高參道和十字
型平台構成。界石就是一根一根的短柱，柱頂造型為
蓮花花苞，用以區隔神聖和俗世。這些界石大部分是
從暹粒河裡打撈回來的。

　　和巴蓬廟一樣，周薩神廟也有一條筆直的架高參
道，左右兩側築有那迦造型的欄杆，引領人走進神的
世界。從界石圈畫的土路，拾階步入架高參道，藉由
空間感的改變，令參拜者收束心神，虔敬前行。和吳
哥寺的西參道類似，中國在進行修復時，一半為平整
的石板，另外一半則保留鏤空，用以表示參道上的石
板是新做的，也透過鏤空處，使參觀者了解參道的結
構。

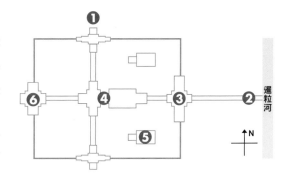

3.東塔門

　　作為神廟的主要入口，東塔門的規模也是四個塔

門中最氣派的。原本每個山牆上都有很精采的浮雕，可惜大部分的保存狀況都不是很好。

東面入口處山形牆上，下方的雕刻可能是在描述「楞伽之戰」，勉強可以看到有猴子和人組成軍隊在打仗。在「楞伽之戰」上面，有一道那迦的裝飾，也就是看起來像蛇的身體那一段，最頂端是兩位阿帕莎拉仙女，手上拿著供品。再往上看，有一個花苞的雕刻，很明顯是修復時新製的。在花苞的右邊有個女神，下面一點的地方，左右各有一個戰士。這是印度教的神話故事，叫做「阿帕莎拉蒂羅塔瑪」。話說有兩個惡魔，一個叫做桑達，一個叫做烏帕桑達，這兩個惡魔造成宇宙大混亂，為了結束這場紛爭，天神就創造了蒂羅塔瑪，她是個非常美麗的女神，由她來結束這場災難。

南面山形牆上的是「猴王婆黎之死」，是印度史詩《羅摩衍那》中，猴兄弟爭奪王位的故事。就在弟弟須羯哩婆快要被哥哥婆黎擊殺的瞬間，羅摩向婆黎射了一箭，保全了須羯哩婆的性命。浮雕描繪婆黎倒在妻妾懷中，須羯哩婆在畫面正上方即位為王，右下角還有小猴子抱著媽媽，流露出悲傷的神情。

南藏經閣，山牆刻有醫院場景。

4.主殿和中央塔

從東邊的入口走進主殿，可以看到門楣上雕刻著卡拉，卡拉頭上坐著一位手持神杖的天神。卡拉原本是個貪吃的妖怪，為了制服它，濕婆就叫卡拉吃掉自己的身體，所以卡拉只剩下一個頭。把卡拉放在門楣上，是讓卡拉把惡鬼邪魔吃掉，守護神廟。繼續前行，軸線上的第二道門楣，刻著梵天和祂的坐騎神鵝漢薩，保存狀況也不錯。

中央塔內原本供奉了林伽和優尼，但林伽已經不見了。小乘佛教普及後，佛教信徒將刻有佛陀的浮雕碎片放在中央塔內，繼續奉祀。

南面的外牆上有許多蒂妲娃女神的雕刻，雕工

西塔門南面山牆上，火神阿耆尼托著悉多自火焰中升起。

細膩，不但身形優美，髮型和服裝也很華麗，值得仔細欣賞。蒂妲娃女神和阿帕莎拉仙女不一樣，蒂妲娃是站立的，位置在門窗的兩側，其職務類似門神。主殿和中央塔的外牆雕刻繁複精緻，牆面上還刻有一幅具體而微的「乳海攪拌」，位置在中央塔東南轉角處。

5.南藏經閣

周薩神廟有兩座藏經閣，在中央軸線的南北兩側對稱排列，開口向西。南藏經閣的山形牆雕刻保存完整，可能是描繪婦產科醫院的場景。尤其是左下角的老人，刻畫得特別生動。

6.西塔門

西塔門南面的山形牆，描繪的是「悉多烈火驗堅貞」的故事。這幅「悉多烈火驗堅貞」是吳哥古蹟中保存最好的，吳哥寺也有一幅，但牆面斑駁。悉多為了證明自身清白，不惜自焚，火神阿耆尼托著毫髮未傷的悉多自火焰中升起，並說：「我可以擔保悉多的貞潔。」羅摩才放下成見，衷心接納妻子。

思賓瑪石橋
Spean Thma

思賓瑪石橋全景。

建築年代：西元十五世紀末至十六世紀初
風格：後巴戎寺式
統治者：不詳
推薦指數：★
參觀時間：十五分鐘

石橋局部特寫。

　　在高棉語中，「Spean」是「橋」的意思；「Thma」是「石頭」，「Spean Thma」就是「石橋」的意思。從大吳哥城的勝利門往東走，經過塔瑪儂廟和周薩神廟後，有一座跨越暹粒河的現代小橋，左手邊那一堆被大樹盤踞的石塊，就是思賓瑪石橋。它象徵了吳哥王朝的殞落，可視為吳哥的句點。

　　思賓瑪石橋是吳哥王朝唯一現存的石造橋梁遺蹟（另有一座由闍耶跋摩七世建造的石橋Spean Prap Tos，保存良好，至今仍在使用。位於國道六號，在暹粒和磅同之間，但它就不是遺蹟了），墩距為一‧一公尺，橋面寬一‧二公尺，全長為四十公尺。石橋原始的設計是要橫跨暹粒河，跨幅為舊河道的兩倍寬，然而乾濕季間河水的漲退變化劇烈，蓋好後的石橋在滿水時仍無法跨越河道，且暹粒河因為泥沙淤積而改道，不再從這座橋下經過。然而當時國力衰弱，無法整修，只能任它荒廢於此。

　　橋墩和其他寺廟使用的是相同的自撐結構，本來有十四根橋柱。從石塊表面不連貫的雕刻可以看出，是由其他寺廟搬來的廢棄石材拼組而成。這表示吳哥王朝已無法支出高昂的成本從山上採石打造，只能利用鄰近寺廟的廢材進行修築。雕刻的風格大多為巴戎寺式，也就是說，石材來自十二世紀到十三世紀的這段時間蓋好的寺廟。

　　這座石橋落成後不久，吳哥就被暹羅征服，遷都到現在的金邊。自此之後，這裡就沒入叢林，直到一九二〇年才被清理出來。

塔高廟
Ta Keo

　　塔高廟，中國譯為「茶膠寺」，名字中的柬文發音「Ta」即「祖父」之意，「Ta Keo」即「水晶祖父」。在寺廟的碑銘中，塔高廟則被形容為「金頂山」，為闍耶跋摩五世的國廟。闍耶跋摩五世將都城西遷至闍因陀羅那迦梨（Jayendranagari，之前的國都是以變相廟為中心，位於東巴萊湖南側）後，打破國廟位於都城中心的傳統，在東巴萊湖西側建立國廟。

1. 東塔門

　　以往的參觀動線皆由坡度較緩的南塔門進入，隨著中國修復團隊二○一一年修復計畫的開展，在東塔門搭建了便於行走的木梯，南塔門便被封閉起來。

　　在東塔門前，有一條設有界石的參道筆直向東延伸，穿過護城河，原本的設計是通往東巴萊湖的。東巴萊湖現

塔高廟全景。

建築年代：西元十世紀末
風格：喀霖寺式
統治者：闍耶跋摩五世、闍耶維羅跋摩
其他中文譯名：塔高寺、茶膠寺
推薦指數：★★★
參觀時間：三十分鐘至一小時（看夕陽需時較長）

陡峭的「天梯」。

在已經乾涸，而護城河在雨季時還蓄有一點點水。

　　塔高廟是吳哥遺蹟中最早的全砂岩建築，也是吳哥廟山形式建築中，最具代表性的作品。廟山形式的其他遺蹟還包括西巴萊湖畔的亞揚廟、引發泰柬邊境砲火爭端的柏威夏寺，但塔高廟的藝術成就是最為耀眼的。

　　這座還來不及雕刻的雄偉寺廟，因為質樸而顯得巍峨霸氣。也因為它是一座蓋到最後突然停工的建築，可以讓後世清楚的研究吳哥寺廟的建造工序，原來是先將石塊依需要的尺寸切割、堆疊完成之後，才開始雕出裝飾的。關於它突然停工的原因眾說紛紜，較普遍的說法是，因為建造者闍耶跋摩五世過世，繼任者原本要繼續蓋完，但一道猛烈的閃電打在塔高廟上，塔高廟便被視為不祥，神明不願意居住於此，便停工了。

　　東塔門是這座寺廟雕刻較多的地方，包括門框兩側的柱子、山形牆、平台的線腳裝飾、塔角的那迦浮雕等，都較同一時期但年代稍早的班迭絲雷廟拘謹。從雕刻的位置，也可以驗證吳哥建築的雕刻順序，習慣從最多人使用的地方開始雕刻。

　　在砂岩上可以看到許多小洞，這是當年建築工人為了搬運石塊而鑿出來的。

2. 長廊

　　進入東塔門後，左右兩側是長方形的長廊，假窗、廊柱和門框已維修完成，其餘石塊與山形牆，則整齊地堆疊在一旁。在長廊靠近南北兩側的轉角位置，各設有一間小房間。在東南角的長廊旁邊，地上有一個圓形的洞，原本是用來插旗桿或某種柱狀物的。塔高廟西南角

東塔門左右兩側的長廊。

東塔門上搭了木梯。

的位置，也有一個同樣的洞。

3. 迴廊

　　穿過內圍的東塔門，回頭看看這一圈「圍牆」，實際上是一整圈沒有出入口的迴廊，設置在此純粹為了裝飾。迴廊的屋頂已消失，與其他用石塊搭成拱頂的迴廊頗有差異，推測應該是用其他不易保存的材料所建造。這是圈狀迴廊第一次在吳哥建築中出現，在此之前，都只有使用長廊作為布局的建築語彙。

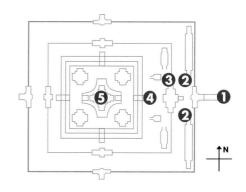

4. 天梯

　　在攀登上這座「金頂山」之前，會發現左手邊有一頂祭祀用的小黃傘，傘下堆置著南迪、神像的基座、只剩下兩隻腳的神像，以及一座香爐。原本放在這個位置的只有南迪雕像，但後來的人將遺蹟內發現的神像與相關聖物，都集中在這裡祭祀。南迪是濕婆神的坐騎，因此可以得知，這是一座濕婆神的神廟。雖然南迪是印度教的神獸，現在的柬埔寨人則是用佛教的方式供奉。

　　攀上陡峭的「天梯」之前，可以先在這座五‧五公尺高的平台旁逛逛，欣賞一下台基優雅細緻的線腳花紋。以菱形、浪花、荷花花苞、荷花花瓣緊密交織而成的花紋，繁複而工整，可以想像這座寺廟如果完工，將會是如何富麗堂皇得令人咋舌。

　　「天梯」本身相當陡峭，需要手腳並用，穩穩地向上爬。爬上頂端之後涼風習習，四周美景一覽無遺，經過一整天的酷熱與疲憊，在此悠閒的守候落日，會有被神救贖的感動。

沒有出入口的迴廊。

5. 五座塔

　　在高台上修築五座塔，這種形式和變相廟、東梅蓬與吳哥寺是一樣的，象徵須彌山。塔身完全沒有雕刻裝飾，塔內空無一物，有時會遇見內行的遊客坐在裡面乘涼，眺望遠方，靜靜沉思。

高台上無修飾的塔。

塔高寺東門前的小徑可通往塔內寺。

建築年代：西元十二世紀末
風格：巴戎寺式
統治者：闍耶跋摩七世、因陀羅跋摩二世
推薦指數：★★
參觀時間：二十分鐘

木棉樹盤踞著西外塔門北側圍牆。

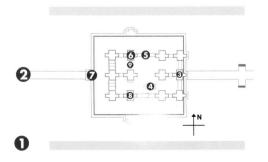

塔內寺
Ta Nei

　　由於尚未被觀光化，塔內寺周遭的林相與植被仍相當原始，可以見到植物對古建築蠶食鯨吞最鮮活的案例，若喜歡研究植物與生態，塔內寺是非常值得一訪的叢林祕境。

1. 小徑入口

　　沿著塔高廟東門前的森林小徑，往北走，即可抵達塔內寺。但小徑分歧且路標不清，雨季時整條路都是爛泥，難以行走。沿途人煙罕至，密林高草不見天日，曾發生過搶劫勒索的事件，建議結伴前往會比較安全。若遇到穿著警察制服的摩托車騎士前來表示要帶路，請先談好導覽價錢，以免產生糾紛。

2. 西外塔門

　　塔內寺是西元一一八一年到一二一九年之間的佛教建築，風格是巴戎寺式。與印度教建築不同的是，佛寺沒有節節高升的塔形結構。建造者應該是皇室成員，這也證明了闍耶跋摩七世晚年，佛教勢力已取代了印度教。

　　巨大樹木在遺蹟上盤根錯節，遺蹟的石塊長滿了青苔，彷彿被人遺忘般，隱藏在濃密的熱帶森林裡。這座小廟由於位置隱密，很晚才被發現，目前由日本負責維修。

　　沿著小徑走，會由西南方進入寺廟。首先映入眼簾的是西外塔門，隱沒在叢林裡。往右邊看去，木棉樹在寺廟的建築體上盤根錯節，令人驚詫。繞過已被板根封閉的西塔門，可由東塔門進入寺內。

3. 東塔門

　　寺廟的圍牆並未完成，北邊、西邊、南邊各設一

西塔門東面山形牆特寫，菩薩已被鑿毀。

藏經閣，拱頂由砂岩砌成，牆體為磚紅壤。

座小塔門，牆體以磚紅壤為建材，塔門和角樓則是用砂岩。塔內寺的座向朝東，東塔門為正門，規模較大，共有三個入口。東塔門外是一座十字形的平台參道，平台參道的起點設有外塔門，與西外塔門對稱。東塔門的柱頭花紋和蒂娃姐女神浮雕，被苔蘚類植物層層覆蓋。

　　大部分的建築主體都已經坍塌，我們可以從東塔門進去，沿著參道進入寺院。

　　塔內寺的南北兩邊沒有修築外塔門，但分別有一條水槽形的護城河，保護著寺院。塔樓之間大都由迴廊連接。寺院內神祕幽暗，踩著厚實的落葉在頹倒的院落間漫步，別有一番冒險尋寶的樂趣。

4. 藏經閣

　　走進寺廟內，面向西方，即可看見左手邊有一座半坍塌的藏經閣，山形牆已不見蹤影，但假門和屋頂上的蓮花座仍然完好。藏經閣混合使用磚紅壤與砂岩，可以在此清楚看見吳哥建築的拱頂工法。

北迴廊出入口南側山形牆特寫。

5. 北迴廊出入口山形牆

僅剩下半身的菩薩站在座上，左右各有一人持涼傘服侍，底下跪著一排奉獻的信徒。畫面中的人物都梳著髮髻，這種髮型在吳哥遺蹟中並不常見。

6. 西北塔門

西北塔門南方的山形牆上，雕著一個手持武器的人，騎在馬上。下方跪坐的人物頭戴寶冠，雙目低垂、面露微笑，一手置於胸前呈祝禱姿。

7. 西塔門東面山形牆

中間原本應該是菩薩的位置，被人用工具將佛像鑿毀。菩薩四周有飛舞的天人，下面跪著祈禱者。

8. 南塔門北側山牆

在廟宇（或宮室）中，一位男子替面前的兩個小孩祈福，小孩的照顧者背後還跟著兩隻動物，可能是狗和烏龜。屋頂上有天人飛舞。

9. 增建的塔樓

可能是闍耶跋摩七世的繼任者，因陀羅跋摩二世所增建，原本為十字形的兩層樓建築，與中央塔之間由迴廊連接，迴廊的牆壁也是由磚紅壤築成，屋脊則是砂岩，現已崩毀難辨。

塔普倫寺
Ta Prohm

塔普倫寺位於班迭喀蒂寺的西北方，坐西朝東。從班迭喀蒂寺的西側塔門出來後，沿著大路往北轉，即可來到塔普倫寺的東面入口。這座寺廟是闍耶跋摩七世為母親所建的「母廟」，供奉女神般若波羅蜜多，以驚人的樹木「盤踞」景象聞名。法國執政時刻意保留入侵遺蹟的樹木，使塔普倫寺在最大限度內維持與森林共生的危險平衡。安潔莉娜裘莉在此拍攝的「古墓奇兵」，使塔普倫寺在國際上聲名大噪，經典電影場景在遊客多年來的攀爬踩踏下快速毀損。為了因應每日湧入的大量遊客，原本以「廢墟之美」作為保存宗旨的維護方針也不得不改變，目前已修築路線固定的木棧道，容易受到破壞的區域也圍起

塔普倫寺被植物盤踞。

建築年代：西元十二世紀末
風格：巴戎寺式
統治者：闍耶跋摩七世
推薦指數：★★★★★
參觀時間：兩小時

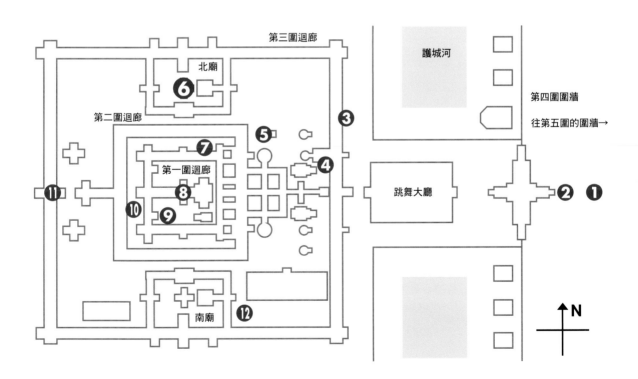

「長髮女子救佛陀」大型
浮雕。

了警示線，但洶湧的人潮仍常常擠到「掉出」木棧道，無視警示線爬
樹留影的現象也十分嚴重。遺蹟需要每個參訪的人共同維護，請務必
依循指標，切勿攀爬、踩踏、撫摸已經很脆弱的古建築和樹木。

1. 第五圍東塔門

　　塔普倫寺雖然被稱為「寺廟」，但根據該寺的碑銘記載，這裡
實際上是一座城市。從第五圍的圍牆起算，整座城市占地共六十
公頃，其中寺廟的部分僅五公頃（從第四圍圍牆起算）。曾經有一
萬二千六百四十名工作人員居住在此，以維持寺廟的運作。在第五
圍圍牆之外的周邊區域，則聚集了三千一百四十個村莊，共有七萬
九千三百六十五人以塔普倫寺為生活重心。處於核心的塔普倫寺本身
是一座佛教僧院，建物的平面布局、建築語彙，和同時期的班迭喀蒂
寺、聖劍寺（父廟）頗有共同之處。只是塔普倫寺一直維持著頹圮的
狀態，木棉樹與絞殺榕四處盤踞，顯得紛亂迷離，也因此深受遊客青
睞，成為吳哥寺以外柬埔寨最熱門的景點。

　　這座東塔門原本築有人面塔，和巴戎寺、班迭喀蒂寺一樣，四面
都刻著「高棉的微笑」，但現在只剩一點點殘跡。十字形塔樓的凹處
刻著巨大的金翅鳥，腳下踩著的那迦還依稀可辨，這個設計與班迭喀
蒂寺的人面塔是一樣的，也都屬於後來增建的建物。

　　從第五圍東塔門到第四圍東塔門之間，須經過一段不算短的森林
泥土路，一雙好走的鞋、陽傘和充足的飲水，可以讓你輕鬆許多。

2. 第四圍東塔門

　　沿著泥土路往西，在路的北側有一座保存良好的砂岩小屋，坐東
朝西，出入口在十字形塔樓的西側，南北兩側開設窗戶而非假門，是
比較特殊的。窗戶上方也有山形牆，以觀音為主題人物。闍耶跋摩七
世的重要寺廟常在主要參道旁設有這類小型建物，作用不明，可能是
驛站，也可能是倉庫。

　　第四圍東塔門前，有一片由那迦欄杆圍著的砂岩平台，木棉樹深
入岩塊之間，不知道什麼時候，強勁的根系就會將這些砂岩掀翻。這
些「占領」塔普倫寺的巨木，是由鳥類的糞便攜來種子，落在砂岩石
縫間，逐漸生長後，反而成為鞏固建築的重要力量；然而，一旦樹木
枯死，這些建築也會隨之瓦解。為了維護塔普倫寺「與樹木共生」的
狀態，就必須耗費更多人力管理植物，維持這種危險平衡。

　　木棧道的起點是東塔門北側的入口小門，小門左邊有一幅著名的「長髮女子救佛陀」大型浮雕，這也是塔普倫寺最壯觀的一幅浮雕壁畫，畫面中央的佛陀已在毀佛運動中被鑿去。這個故事是描述佛陀靜修時，阿修羅前來鬧事，一名女子便使用她的長髮，將鄰近區域的水往上吸，使佛陀在水的保護下免受攻擊。

　　進入小門，沿著木棧道來到東塔門的西側，一株木棉自塔樓直竄天際，發達的根系從砂岩仿雕的屋瓦頂上鋪捲垂掛，甚是壯觀。但可別因搶不到空隙拍合照而遺憾，因為後面還有更驚人的，不需要在此流連太久。

木棧道北側小型神龕的山形牆。

3. 第三圍迴廊

　　沿著木棧道繼續往西走，先經過正在維修的跳舞大廳，接著穿過第三圍迴廊東塔門側邊的出入口，便進入複雜混亂的寺院主建築群中。第三圍的迴廊是由兩列方柱與一片壁面所構成，雖然拱頂因為結構的承重問題而多處塌陷，且壁面浮雕因為天災人禍而消失，其典雅的梁柱雕飾仍值得欣賞。

　　主要建物和附屬建物嚴重坍塌，到處都是巨大的石塊，除非仔細對照平面圖，接下來的景象很容易讓人無法判斷自己身在何方。

4. 如蛇盤踞的木棉樹

　　一穿出第三圍迴廊，你的右手邊就是一棵大木棉，樹根像蛇一樣盤踞在屋頂上，同樣也是極熱門的拍照景點。

　　木棧道向西直線延伸，左右兩邊的小型神龕距離很窄，山形牆上以佛陀為主題的浮雕，就在觸手可及之處。由於人的汗水與體溫會傷害砂岩壁面，千萬不要伸手去摸浮雕喲！

敲心塔。

5. 敲心塔

　　和吳哥寺一樣，這裡也有敲心塔，站在裡面拍打自己的胸口，可以聽見整個空間一起發出咚咚咚的回聲。

6. 北廟

　　沿著木棧道轉往北，眼前的這棟建築是塔普倫寺的衛星寺廟，供奉的是闍耶跋摩七世的哥哥——闍耶迦提提婆。塔普倫寺共有兩間衛星寺廟，一座在北，一座在南，南廟供奉的是闍耶跋摩七世的國師闍

北廟。

被絞殺榕吞沒的女神。

木棧道南側的砂岩建築。

耶摩迦拉陀提婆。這個配置和聖劍寺很像，不同之處在於，聖劍寺的衛星寺廟是北、西、南各一間。

7. 被絞殺榕吞沒的女神

沿著木棧道回到第二圍迴廊，攀在第一圍迴廊上的絞殺榕正在「絞殺」你眼前的建築物，裡頭有一尊蒂娃妲女神的浮雕，被絞殺榕「吞食」，只剩臉部微微露出，相當妖異，彷彿正在上演「倩女幽魂」。

8. 中央塔

轉進第一圍迴廊後，亂石崩雲，壁面上連接不斷的蒂娃妲女神在石塊的阻絕下，美艷絕倫的身影更具魅力。走進中央塔內，石壁布滿井然有序的小凹洞，據說之前鑲滿了各式各樣的寶石，在頂端開口投射的天光下，光采奪目。猶如聖誕樹般的缺口，是為了減輕結構負擔的設計，減少石塊堆疊彼此擠壓的重力。

9. 第一圍迴廊西南塔門

在中央塔的西南方，第一圍迴廊的西南塔門已使用木樁支撐即將傾頹的結構，山形牆的浮雕原本是以佛陀為主題，在毀佛運動中，佛陀被拙劣的手法「改造」成一尊林伽。

這裡有一根孤立的石柱屹於庭中，是昔日木造神龕的支柱，班迭喀蒂寺、聖劍寺也都有相同的構造物。

10. 大木棉

穿過第一圍迴廊的西南塔門，第二圍迴廊屋頂的大木棉絕對讓你眼前一亮。這是柬埔寨除了「吳哥微笑」之外，最負「盛名」的景觀，木棉的樹根厚實地在長廊拱頂上水平蔓延，相當壯觀。據說這幅景象曾被製成模型，代表柬埔寨在世界博覽會中展出，對歐洲視野造成強烈震撼。

這裡也是觀光客「必拍」的超級熱門景點，千萬

不要試圖爬上樹根或屋頂，觀光客的攀爬，對樹木和遺蹟都是傷害，會加速樹木死亡、遺蹟崩毀。

11. 第三層迴廊西塔門

來到第三層迴廊的西塔門外，已修復的十字形砂岩平台與那迦欄杆開闊敞亮，這裡是大部分遊客的最後一站（若是從西往東走，則是第一站），如果你不趕時間，還可以繼續探索塔普倫寺的其他空間，接下來的路線遊客稀少，可以更深入體會塔普倫寺的獨特魅力。

12. 塔普倫寺南側

由於絕大多數的遊客都擠在北側，第二圍迴廊以南的空間顯得幽靜而清雅。你可以漫無目的地（不被人潮推擠）在此散步，欣賞濃密林蔭下保存良好的寺廟遺蹟。看看南廟的東側山形牆，上頭刻有「踰城出家」的主題浮雕；第三層迴廊既深且長，筒狀穹頂完美覆蓋，可以仔細瞧瞧有沒有什麼神祕的浮雕藏在穹頂之下。附帶一提，這裡有些石獅子形狀完整，非常難得。

塔普倫寺南側保存良好的長廊。

入口東塔門築有人面塔。

建築年代：西元十二世紀末
風格：巴戎寺式
統治者：闍耶跋摩七世、因陀羅跋摩二世
其他中文譯名：班黛喀蒂寺、班蒂喀黛寺、班蒂喀提寺、貝黛喀蒂寺、斑蒂克蕾宮
推薦指數：★★★
參觀時間：三十分鐘

塔門凹處的巨型金翅鳥。

班迭喀蒂寺
Banteay Kdei

　　在皇家浴池對面，班迭喀蒂寺高聳的人面塔垂目微笑，就像是充滿謎團的神祕誘惑，讓人忍不住一探究竟。由於鄰近皇家浴池與塔普倫寺，這三座遺蹟可以連在一起徒步參觀。在幽靜的森林中，金光燦爛的晨曦透過薄霧點亮遺蹟的華麗浮雕，是最迷人的風景。趕在旅行團塞爆塔普倫寺之前，帶上簡單早餐，看完皇家浴池的日出，接下來就好好享受廢墟的寧靜吧！

1. 第四圍東塔門

　　班迭喀蒂寺的中文譯名十分混亂，尤其容易和班迭絲雷廟（Banteay Srei）、班迭桑雷廟（Banteay Samre）弄混。「Banteay」就是城堡，「Kdei」是僧院，本來是印度教的寺廟，在闍耶跋摩七世執政期間，被改建為佛教寺院，而且擴大規模。比方第四圍的人面塔，即闍耶跋摩七世改建的結果。

　　這座東塔門最引人注目的是，在十字形結構凹角處，各有一隻體型巨大的金翅鳥浮雕，雙手緊揪住那迦的尾巴，雙腳踩踏著那迦的身體。在最外圍圍牆壁面上刻有巨型金翅鳥的案例，除了班迭喀蒂寺，東北方的聖劍寺也是如此，兩者都是闍耶跋摩七世時代的

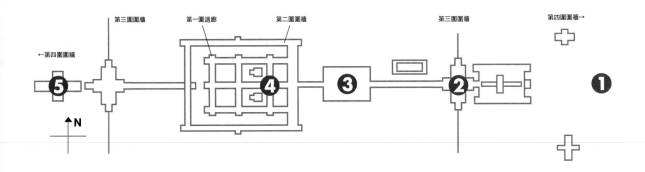

第四圍圍牆→

←第四圍圍牆　　第三圍圍牆　　第一圍迴廊　　第二圍圍牆　　　　　　第三圍圍牆

5　　**4**　　**3**　　**2**　　**1**

↑N

產物。繼續往裡面走，還會發現好幾處這個時代共同的建築語彙。

2. 第三圍東塔門

經過一段紅土路，第三圍的東塔門前方有一座砂岩平台，上頭疊建了一座十字形平台，周圍設有那迦欄杆，在聖劍寺與塔普倫寺也有相同的配置。護城河沿著第三圍圍牆的外側而建，雨季時還可以看到積水。

同樣是筒狀拱頂的設計，相對於拱頂大多嚴重崩塌的塔普倫寺，班迭喀蒂寺第三圍東塔門的筒狀拱頂保存情況良好。東側入口的山形牆上，羅摩拿著神弓，與妻子悉多站在高棉式的亭子下，萬民歡呼。

在塔門內有一尊後來安置於此的佛像，香火鼎盛，可以從中了解南傳佛教在柬埔寨的祭祀特色。抬頭看看雕飾繁複的梁柱，柱頭的轉角處，金翅鳥正奮力扛著天花板呢！

3. 跳舞大廳

離開東塔門後繼續往西走，那迦欄杆圍著的參道正帶領你前往神的世界。參道北側的小型砂岩建築只剩下柱子，據說這是給僧侶冥想靜修用的小空間。

那迦欄杆參道的盡頭，跳舞大廳舞姿曼妙的阿帕莎拉仙女嫣然微笑，迎接來此的訪客。大廳的屋頂已經消失，石柱上的仙女和巴戎寺的淺浮雕是同一種風格。除了阿帕莎拉仙女，砂岩石柱上也有其他主題的淺浮雕，其中一幅是男子向上位者下跪的線條構圖，但尚未完成。

跳舞大廳西側入口處，刻有達拉帕拉門神與蒂娃妲女神的浮雕，達拉帕拉門神的風格和聖劍寺、達松寺一樣，一邊是阿修羅的容貌，一邊是善神的容貌。西側入口的南門山形牆以佛陀為主題，但佛陀已被毀去，剩下兩排信眾，左半邊是善神、右半邊是阿修羅，天上則有阿帕莎拉仙女飛舞。

塔門內奉祀著佛陀。

阿帕莎拉仙女。

女陰形象清楚的優尼。

4. 第一圍迴廊內部

　　穿過布滿淺浮雕的美麗塔門，第二圍迴廊內緊接著第一圍迴廊，向西走出第一圍迴廊塔門，眼前藻飾繁複的浮雕覆滿各個建物的壁面，蒂娃妲女神與各式各樣的裝飾元素，搭配不同顏色的砂岩，與窗間門柱相互輝映。移步易景，彷彿是一場吳哥壁面浮雕秀。

　　第一層迴廊內部的建築，除了中央塔，東苑的南北兩側各有一座藏經閣，西苑的南北兩側則各有一座獨立的石柱，和達松寺的一樣，用來支撐木造神龕。

　　西塔門內現存一個優尼台座，上頭的林伽已不見了，但優尼的引水口雕琢細膩，層疊的女陰被具象的表現了出來。

5. 西參道

　　沿著西參道繼續往西，穿過西塔門，會發現整體設計和東參道相當類似，只是規模較小。西塔門前也有一片砂岩平台，疊建著十字形平台，那迦欄杆與石獅殘破不堪。由於林木蓊鬱，西參道沿途的風景也是很不錯的。

皇家浴池
Sras Srong

　　循著既定的大圈路線，即可抵達位於班迭喀蒂寺對面的皇家浴池，寧靜如鏡的湖水倒映著雲影天光，微風自湖面徐徐而來，綠樹成蔭，可說是吳哥古蹟群中清麗動人的藍寶石。在此觀賞日出或日落，風光最是旖旎。

　　皇家浴池實際上並非「浴池」，而是一座水庫，與東巴萊湖、西巴萊湖、因陀羅塔塔迦湖等水庫是一樣的，湖中亦建有湖心寺，法國人著手清理吳哥遺蹟時，皇家浴池的湖心寺被一棵大樹所盤踞，在清除大樹的過程中，湖心寺也因而坍塌，再也無法復原。

　　這座水庫在西元十世紀時即已存在，由迦維因陀羅梨摩多那設計建造，當時的水庫面積較現存的範圍更大。十二世紀時，闍耶跋摩七世於水庫周圍增加砂岩製的邊框，雕以細膩花紋，並於西岸增築了一座十字形的砂岩平台，坐向朝東，用石獅、那迦欄杆作為裝飾，金翅鳥雄壯地展開雙翼、制伏三頭那迦的造型最是精采。改建後的皇家浴池，東西長約七百公尺，南北長約三百五十公尺，站在平台上舉目四望，視線所及，盡是皇家風範。

　　砂岩製成的十字形平台也有碼頭的功能，可供皇室成員遊湖休憩。由於柬埔寨每年七月至九月為雨季，佛教僧侶有「雨安居」不外出的傳統，據傳，篤信佛教的闍耶跋摩七世很可能在雨安居期間，曾在皇家浴池的湖心寺閉關。

觀景平台。

建築年代：西元十世紀、十二世紀
風格：巴戎寺式
統治者：羅貞陀羅跋摩創建、闍耶跋摩七世改建
推薦指數：★★★★★
參觀時間：十五分鐘至一小時（看日出或日落）

那迦欄杆。

平台上向東眺望。

庫提斯跋羅廟
Kutisvara

建築年代：西元九至十世紀
風格：神牛廟式、變相廟式
統治者：闍耶跋摩二世、羅貞陀羅跋摩二世
其他中文譯名：庫提斯跋羅寺
推薦指數：★
參觀時間：二十分鐘或更久（含迷途）

　　庫提斯跋羅廟位於班迭喀蒂寺北方大約兩百公尺處，隱沒在林野間，雖然主要道路上掛著指標，但依指標鑽入荒地後，茂盛的長草中並沒有任何小徑可以行抵。由於現場只剩下三座磚塔的一點點殘跡，就算不去探訪也沒有什麼損失（除非對荒野探險或考古具有高度熱忱）。

　　和亞揚廟一樣，庫提斯跋羅廟的價值是古老。依據九世紀時的碑銘記載，「庫提」即僧侶居住生活的地方。但另一塊碑銘則指出，它是羅貞陀羅跋摩二世在位時，由僧侶濕婆迦梨建造的，主祀濕婆神，同時也供奉毗濕奴和梵天。

　　這三座磚塔並排而立，塔身已嚴重毀圮，基座被埋在土堆中，門楣浮雕斑駁散落。中央塔為神牛廟式，包括塔身和基座都是用紅磚砌成；其他兩座為變相廟式，基座建材為磚紅壤。門框兩側飾以細長的八角形砂岩石柱，模糊的門楣依稀可以看出乳海攪拌的主題，地上散落的其中一個門楣則以梵天為主角。

庫提斯跋羅廟只剩殘跡。

巴瓊寺
Bat Chum

　　穿過景致優美的森林和田野，這座位在荳蔻廟東北方、皇家浴池東南方的小型佛寺，是迦維因陀羅梨摩多那的建築作品之一。這位目前唯一被世人得知姓名的吳哥建築師，在此建造了吳哥歷史上最早的佛寺。巴瓊寺為三座橫向並排的磚造小塔，用磚紅壤墊成台基，砂岩僅作為門框、門柱、塔門階梯、石獅與門楣浮雕之用，建築形式與同時期帕沙貝廟、荳蔻廟類似。

　　巴瓊寺坐西朝東，東面入口的道路是一條古道，可直達班梅雷雅廟。路上原有一座東塔門，周圍也設計有護城河和蓄水池，現已湮沒難辨。每座塔只有東面正門是正式入口，其餘三面均為假門。但假門並非由砂岩製成，而是

正在整修中的巴瓊寺。

建築年代：西元十世紀中葉（西元九五三年落成）
風格：變相廟式
統治者：羅貞陀羅跋摩二世
推薦指數：★
參觀時間：十五分鐘

尚未安裝的門楣。

中央塔門楣刻有因陀羅騎愛羅婆多。

石獅。

碑銘。

在紅磚壁面上刻出假門的形狀。正門砂岩門柱上的環狀花紋，與門楣浮雕中一整排祈禱狀的小人兒，是這個時期的典型風格。

中央塔的門楣刻著因陀羅騎著愛羅婆多，兩側各有一隻獅子，但保存狀況不佳。由於大型的維修工作正在進行，尚未被安裝修復的門楣則放在寺廟前的廣場。中央塔前的階梯兩側安置著護持寺廟的石獅，石獅銳利的腳爪被雕塑者刻意強調，相當有趣。

巴瓊寺的門框碑銘指出了建造時間、建造者與相關的歷史紀錄，而中央塔的門框後頭，則被發現刻有一枚正方形的「Yantra」，這種神祕幾何圖形與曼陀羅類似，在印度教與佛教中，是用來代表特定神明的宗教力量與意涵，每個神都有自己的「Yantra」。

茞蔻廟
Kravan

　　茞蔻廟位於吳哥寺東北方、班迭喀蒂寺的南方，可與班迭喀蒂寺、皇家浴池、巴瓊寺等鄰近景點一起參觀。由於坐西朝東，且亮點是塔樓內的壁面浮雕，趁清晨時陽光斜射入塔，可以看見較為清楚的浮雕景致。若在其他時間前往參觀，建議攜帶手電筒。

　　根據碑銘，茞蔻廟所奉祀的毗濕奴神像，是在西元九二一年時正式入祠的。這個時候正值吳哥王朝因王位繼承問題陷入混亂的時期，偉大的君主耶輸跋摩一世在西元九一〇年逝世後，王位由王子曷利沙跋摩一世、伊奢那跋摩二世接任，前者在位時間不長，自西元九一〇年至九二三年，僅十三年的時間；後者更短，自西元九二三年至九二八年，僅五年光陰，且因為政爭，西元九二一年時，他的叔叔闍耶跋摩四世占據了吳哥東北部，伊奢那跋摩二世實際上的政治影響力僅限於吳哥中區，以及馬德望

茞蔻廟前廣場。

建築年代：西元十世紀初
風格：巴肯山式與科克式
統治者：曷利沙跋摩一世、伊奢那跋摩二世
其他中文譯名：茞蔻寺
推薦指數：★★★★★
參觀時間：三十分鐘

南塔門楣，毗濕奴騎乘金翅鳥。

以西。在他死後，國都立刻神祕地遷至東北方的科克。雖然荳蔻廟主
神入祠時，伊奢那跋摩二世尚未即位，但一般也將荳蔻廟歸屬於伊奢
那跋摩二世的功業。

1. 入口廣場

　　荳蔻廟的名稱來自廟旁的一棵荳蔻樹，「Kravan」即荳蔻。寺
廟的形式在吳哥遺蹟中相當罕見，五座廟塔依南北軸線並排在一座長
方形的平台上。全廟以小型紅磚緊密堆疊而成，建築過程中僅使用植
物作為黏合劑，因此嚴絲合縫，砌面平整，展現出頂尖的工藝水準。
東面的廣場還保留了紅磚鋪成的地基，從地基來看，荳蔻廟原本還有
一座正式的東塔門，而稍微高起的方形基座，很可能是藏經閣的地
基。

　　這五座塔樓各自有一座樓梯通往砂岩製成的東面入口，除東面入
口外，其餘三面為磚砌的假門。五座塔樓中，中央塔最大，保存狀況
也最完整，由下而上共有五層類似的結構，逐層縮小，每一層都摹仿
下層的造型，只是更為簡略。由於塔樓尚未完工，外牆壁面的裝飾很
少，下層東面入口旁的轉角壁面雕有達拉帕拉門神，周邊飾以小型人
物。

　　其餘四座塔則往南北兩端逐漸縮小，門楣、門柱與門框均為砂
岩。南塔門楣保存得最好，可以看到毗濕奴騎乘在金翅鳥上，但雕刻
尚未完成。門柱為八角柱，以樹葉、珠串和蓮花瓣為浮雕裝飾。

　　由於整座廟宇均為細密的紅磚結構，紅磚易碎，使得修復工作異
常困難。一九六二年至一九六六年間，荳蔻廟進行大規模的修復，新
燒製的磚塊均標記「CA」（吳哥保存中心的縮寫），與原有建材作
為區別。二〇一〇年開始，北端的兩座塔繼續進行修復作業，因此封
閉不能入內。

2. 塔內浮雕

　　中央塔和北塔內的壁面浮雕，由於精湛的磚雕工藝，使荳蔻廟被
譽為「高棉紅磚藝術的展示室」，這也是吳哥遺蹟中唯一留存的大型
壁面紅磚浮雕，極具藝術價值。

　　2-1. 中央塔西面：八臂毗濕奴立在線條勾勒的神龕中，四周布滿
雙手合十的信徒，信徒為站姿，由上到下共有七排。畫面頂端以線條
構成花框，最高處框納了一隻不確定是蜥蜴還是鱷魚的生物，令人聯

中央塔南面，毗濕奴跨越海洋。　　中央塔西面，八臂毗濕奴。

想到吳哥寺的濕婆壁畫浮雕中，也有一隻類似的生物被刻畫在濕婆頭上。

2-2. 中央塔北面：四臂毗濕奴騎乘在金翅鳥肩上，強壯有力的四隻手臂分別執著四樣法器：神盤、寶珠、海螺、權杖。金翅鳥的羽毛根根清晰，雙足緊抓住寶座，寶座左右各有一位侍從跪著，雙手合十。

2-3. 中央塔南面：四臂毗濕奴執著法器，一腳踩在寶座上，一腳跨越三條黑線所象徵的海洋，踩在由妻子拉克希米端著的蓮花上。這幅圖像展現的是毗濕奴化身侏儒的故事。傳說仁慈愛民的阿修羅王巴里自梵天那裡獲得了統治三界的權力後，被強大的力量腐化了心智，對眾神造成威脅。於是毗濕奴便化身侏儒，向巴里請求，賜給祂三步內的空間，作為棲身之所。巴里看著眼前身材短小的侏儒，料想祂三步也跨不了多遠，便答應了祂的請求。然而毗濕奴的第一步便跨越了天界，第二步跨越了人間，巴里明白這是毗濕奴的神威，徹底悔悟，毗濕奴便保留了第三步，讓巴里繼續治理冥界。

2-4. 北塔：北塔目前仍關閉維修中，不能參觀。塔內有兩幅拉克希米的大型浮雕，若前往時已開放參觀，很值得進入一探。

第二層圍牆東塔門。

建築年代：西元十世紀中葉（西元九六一年）

風格：變相廟式

統治者：羅貞陀羅跋摩二世

其他中文譯名：變身塔、比粒寺、卜里盧寺

推薦指數：★★

參觀時間：二十分鐘至一小時（看日出或日落）

變相廟
Pre Rup

　　變相廟位於東梅蓬南方一．五公里處，為羅貞陀羅跋摩二世為新國都所建立的國廟，時代稍晚於東梅蓬，兩者形式相近，均為紅磚結構的金字塔式建築，最上層由五座尖塔組成。變相廟廣用的中文譯名是「變身塔」，柬文名「Pre」為「神」，而「Rup」是「身」的意思，加上此處曾被認為是火葬場，深受印度觀念影響的柬埔寨人相信，屍身被火焚燒後化為黑煙，方能前往下一世的輪迴（國王則恢復天神身分）。但由於「變身」二字容易造成誤會，往往需要中文導遊費心解釋，故本書以接近柬文原意的「變相廟」稱之。

　　從科克遷都回吳哥後，新都城耶輸陀羅補羅以東巴萊湖為北界，變相廟依往昔的傳統坐落在都城中

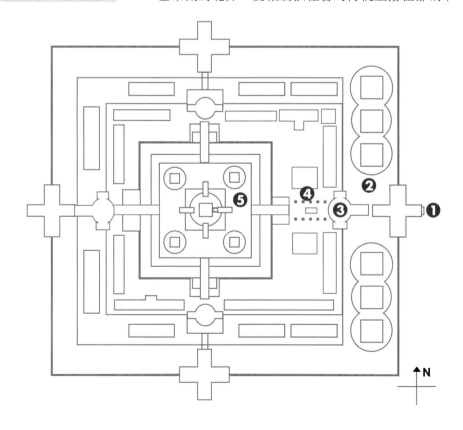

N

央，坐西朝東。深受印度教建築影響，變相廟的磚塔造型、魚龍排水口都可以在印尼等泛印度化文明地區找到類似的跡證。變相廟在紅磚與磚紅壤兩種建材的使用搭配上極為成功，很可能是依國家建築師迦維因陀羅梨摩多那留下的設計圖所建造，巧妙的將兩種建材應用在不同功能的建築結構上，並兼顧了美觀與和諧。和東梅蓬一樣，砂岩僅用在門框、門柱、門楣、假門、窗櫺等處，但保存狀況不佳，除假門外，大部分的浮雕都已經風化消失。紅磚壁面原本敷有灰泥，現在還有部分殘存。

　　在變相廟看日出或日落是很受歡迎的活動，交通方便，且人潮不像吳哥寺日出或巴肯山日落那麼多，若時間許可，不妨將之安排進行程表中。

1. 第一層圍牆東塔門

　　變相廟的圍牆以磚紅壤築牆，塔門則是用小型紅磚細細堆砌，築成十字形的塔樓。十字形的每一端都設有一座小室，往昔可能是作為

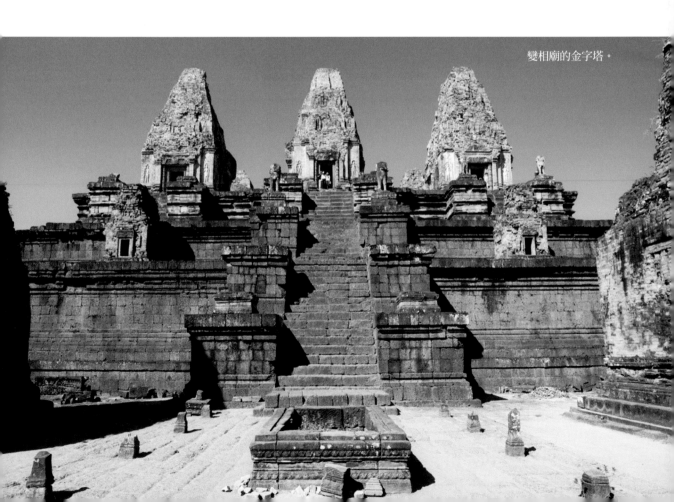

變相廟的金字塔。

第二層圍牆東塔門。

從塔頂俯瞰增建的長廊。

神龕之用。

　　現存的塔樓已利用小型紅磚堆築成拱門，並以人工雕鑿成鋸齒狀。這種拱形結構一直是吳哥建築的重要傳統，即使後來採用砂岩築樓，仍延續類似的工法。

2. 第一層圍牆與第二層圍牆之間

　　穿過第一層圍牆，可以看到圍牆與圍牆之間的庭院，被增建的塔樓塞得幾乎不能行走。增建塔樓應為北側三座、南側三座，但北側只有兩座塔樓完工，靠近東西軸線的部分只有地基。

　　鑽進北側塔樓與金字塔之間的狹窄縫隙，可以看見一枚魚龍造型的排水口，類似的構造在東梅蓬也有。

　　除了金字塔東側的這些塔樓，同時期的增建物還有北側、西側、南側的長廊。這些長廊後來逐漸發展成吳哥建築樣式中的同心圓迴廊。長廊的功能可能是僧侶的休息室，也可能是儲藏室。

3. 第二層圍牆東塔門

　　殘剩的塔門遺蹟還可見到雕刻精美的門楣，三頭象愛羅婆多身上的神祇原本是因陀羅，已經隨著時間風化而消失了。

4. 第二層圍牆與金字塔之間

　　穿過塔門後，在你的前方是一條參道，兩側立有界石。原本這條參道應該一直向東延伸，與都城的主要幹道銜接，但現在已經埋沒在森林之中，只剩一點點界石的殘跡可供考證。變相廟中的參道中央有一座砂岩圍成的石池，原本應該是南迪雕像的基座，現在成了花壇。

　　參道的南、北兩側各有一座紅磚塔樓，以紅磚築成的窗櫺特別引人注目。由於塔樓有被火燒過的痕跡，而石池內曾發現有舍利子（骨灰），因此柬人傳

說這裡是火葬場，而石池就是清理骨灰的地方。關於火葬場的種種傳聞，最有名的一則是「偷瓜國王」的故事：

　　很久很久以前，有一位國王很喜歡吃某位農夫種的瓜，便特許這位農夫可以砍殺偷瓜的人。有一年收成不好，但國王很想吃瓜，忍不住嘴饞，便趁夜去那位農夫的瓜田偷瓜。夜色深沉，農夫看不清楚小偷的長相，一刀將小偷殺死了，這位國王的屍身就在這裡舉行火葬儀式。然而國王死於非命，並未指定繼承人，大臣們便決定讓一頭皇室養的大象去尋找繼承人。大象來到農夫的瓜田，也許是嗅到國王在此留下的氣味，便對著農夫下跪，大臣們不明究裡，擁戴這位農夫當國王，這位農夫就這樣成了一國之君。

5. 金字塔

　　金字塔本身共有三層，東、南、西、北各有一條階梯直達頂層，階梯兩側設有石獅護衛。頂層有五座尖頂磚塔，中央塔規模最大，均以灰泥作為表面裝飾。維修時無法歸位的門楣便擱在金字塔東面的地上，供遊客參觀。

　　金字塔的第一層環以十二座紅磚小塔，這些小塔都是神龕；第二層沒有設置任何建築，僅作為增加高度之用；第三層即頂層，每一座塔都奉祀著特定神明。

　　西南塔：奉祀拉克希米，毗濕奴的妻子。壁面上的女性浮雕中，四個頭的女神是梵天的妻子辯才天，野豬頭的女神則是毗濕奴的妻子拉克希米（野豬是毗濕奴的化身之一）。辯才天與拉克希米原本的形相都不是這副模樣，這只是依據丈夫的形相，再以女神身形呈現的作法。

　　西北塔：奉祀烏瑪，濕婆的妻子。

　　東南塔：奉祀毗濕奴。

　　東北塔：奉祀濕婆。門框上刻有碑銘。

　　中央塔：奉祀羅貞陀羅跋陀羅史跋羅，即「保護羅貞陀羅跋摩（國王）的濕婆」。

西南塔，壁面上的四頭女神為梵天的妻子。

東上岸碼頭。

建築年代：西元十世紀中葉（九五三年）
風格：變相廟式
統治者：羅貞陀羅跋摩二世
其他中文譯名：東梅奔、東美蓬寺、東湄本寺
推薦指數：★★★
參觀時間：四十分鐘

東梅蓬
East Mebon

　　位於變相廟東北方約一公里處的東梅蓬，是東巴萊湖的湖心廟。原本只能乘船前往，而今東巴萊湖已乾涸，可以依照傳統的大圈行程，直接坐車到東面入口處的停車場，從東碼頭步行進入寺廟中。

　　東巴萊湖是耶輸跋摩一世為了新都城耶輸陀羅補羅所建的水庫，名之為「耶輸陀羅塔塔迦」。耶輸跋摩一世將都城訶里訶羅洛耶（即羅洛士）遷至耶輸陀羅補羅後，國民安居樂業，國祚穩定發展，度過了大約五百年的繁華盛世。使國家得以穩定運作的力量，就是這座耶輸陀羅塔塔迦湖。在未乾涸之前，它原本是深約五公尺，長七‧五公里，寬一‧八公里，儲水量高達五萬五千立方公尺的巨型水庫，引入暹粒河

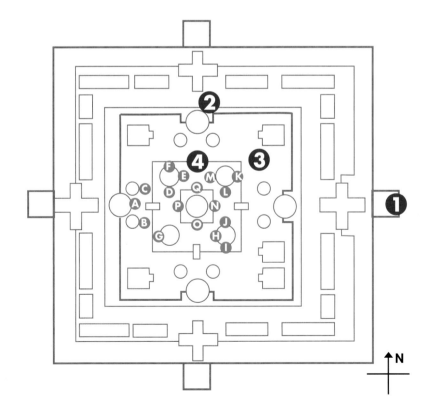

水，用以對抗雨季與乾季懸殊的水文與氣候。水庫的四角分別立了以梵文雋刻的石碑，祝禱恆河女神的庇佑。泥沙淤積是水庫乾涸的主因，維護水庫的能力，往往與國力互為表裡。

　　東梅蓬的落成時間比水庫晚五十年。從碑銘中得知，東梅蓬是吳哥王朝的國家建築師迦維因陀羅梨摩多那的作品，奉祀羅貞陀羅史跋羅，立祀時間為西元九五三年一月二十八日星期五，上午十一點左右。

1. 東上岸碼頭

　　東梅蓬是一座建在島上的寺廟，由於泥沙淤積，現在已經看不到「島」在哪裡了。磚紅壤砌起的金字塔台基共有五層，第五層為中央塔。第一層和第二層的四個轉角各設有一隻砂岩雕成的大象，可能是為了營造建築高聳的視覺效果，第一層大象的體型較大，第二層便縮小一些。這些大象石雕刻畫精細，項圈與身上的環索清晰可見，身上還掛著象鈴，是遊客合照的熱門對象。雖然大象很可愛，但它們畢竟已經一千多歲了，合照時請勿觸碰攀爬哦！

2. 金字塔第二層平台

　　沿著階梯爬上金字塔，會發現各個塔門的保存情況都不太好，僅

金字塔轉角處的大象石雕。

A：西塔門門楣，毗濕奴化身人獅。

D：西北塔南門楣，神祇騎立獅。

E：西北塔東門楣，因陀羅與愛羅婆多。

南面塔門殘剩的部分較多。磚紅壤搭建的塔門大都只剩砂岩材質的窗櫺、門柱與基座，門前的台階雕琢成蓮花瓣的造型。這些塔門均為十字形的空間，十字形的每一端都設有一座小室。塔門與圍牆的關係滿有趣的，不同於其他吳哥寺廟，塔門總是突出於圍牆，東梅蓬的塔門設計為內凹，尤其以東塔門最為明顯。這是為了騰出更多空間，讓人在碼頭活動。

由上往下看，可以看到第一層平台內有許多不連續的長廊（只剩殘跡），這些長廊原本可能是用來收納祭祀用品的倉庫。

為了排水，金字塔的第二層設了八道砂岩製的排水管，每一邊兩道，嵌在磚紅壤堆成的台基上，排水口雕琢成魚龍的造型。魚龍是恆河女神的坐騎，也是水的象徵。

3. 金字塔第三層平台

走上第三層平台，繽紛多樣的門楣浮雕便是這些紅磚塔樓的亮點。以小型紅磚砌塔、外層敷以灰泥，是十世紀以前的高棉建築最大的特徵。這些紅磚塔的塔身布滿小洞，就是為了固定灰泥之用。

第三層平台共有四座磚紅壤塔門，每座塔門旁設有兩座紅磚小塔樓。這些塔樓外層的灰泥大多風化脫落，但砂岩製成的門楣浮雕倒是相當精采，可以依平面圖上的英文標記對照欣賞：

A. 西塔門：毗濕奴化身人獅，祂正要撕開魔王的胸腹。

B. 西南小塔樓：因陀羅騎著三頭象愛羅婆多。

C. 西北小塔樓：因陀羅騎著三頭象愛羅婆多。

4. 金字塔第四層平台與中央塔

第四層平台上，共有五座塔依骰子「五」分別而立，中央塔立於獨立的台基之上，規模最大。從現存的遺蹟中可以發現，十世紀時的浮雕工法，是先在紅磚壁面上鑿出人形，進而敷上灰泥，再在灰泥層上進

行細節的雕琢。目前灰泥多已不存，只能從紅磚壁面上的雛形探知當年吳哥王朝的信仰圖像。

東梅蓬坐東朝西，除東面開口，其餘面向皆為假門。經過修復後，假門與門柱的雕飾也相當精美。以下可繼續依地圖上的英文標記，欣賞這五座塔重要的亮點：

西北塔：

D. 南門楣：神祇騎著立獅，兩側為魚龍，小人兒自浪花中躍出。

E. 東門楣：因陀羅站在單一個頭的愛羅婆多背上，兩側的象頭神甘尼夏坐在自己的鼻子上。

F. 北門楣：因陀羅坐在單一個頭的愛羅婆多背上。

西南塔：

G. 西門楣：伐樓拿騎在神鵝漢薩背上。

東南塔：

H. 西門楣：不知名神祇坐在卡拉頭上。

I. 南門楣：閻摩騎著水牛，水牛下方為卡拉。

J. 北門楣：不明神獸（可能是卡拉）吞食大象。

東北塔：

K. 東門楣：因陀羅騎著三頭象愛羅婆多。

L. 南門楣：兩隻獅子站在浪花中。

M. 西門楣：金翅鳥。

中央塔：

N. 東門楣：因陀羅騎著三頭象愛羅婆多。

O. 南門楣：閻摩騎著水牛。

P. 西門楣：伐樓那騎在神鵝漢薩背上，漢薩下方為卡拉，卡拉下方有一隻三頭那迦，兩側為兩隻金翅鳥。延伸至兩側的浪花中，三頭那迦與金翅鳥均為重要的裝飾元素，每個漩渦中還躍出雙頭鵝。花蔓上方有一排舉著蓮蓬的小人兒。

Q. 北門楣：俱毗羅（財神）坐在華麗的神龕中，由兩隻獅子舉著。門楣兩側各有一個小人騎著魚龍。

東北塔。

擁擠的班迭桑雷廟。

建築年代：西元十二世紀中葉至十三世紀
風格：吳哥寺式
統治者：蘇耶跋摩二世
其他中文譯名：班提色瑪寺、班疊薩雷
推薦指數：★★★★
參觀時間：一小時

班迭桑雷廟
Banteay Samre

　　位於東梅蓬東側約一‧五公里，班迭桑雷廟就像是一座小型的吳哥寺風格浮雕博物館，精緻優美但略嫌擁擠。由於缺乏碑銘等文獻記載，只能從建築風格進行推估，大約是十二世紀中葉至十三世紀初期的作品。同時期的類似廟宇還有塔瑪儂廟、周薩神廟、披邁寺、帕儂藍廟，後兩者均位於現在的泰國境內。尤其是披邁寺，與班迭桑雷廟極為相似，只是規模更大、保存得更完整。

　　班迭桑雷廟的來源有個神話傳說。「Banteay」為「城堡」，「Samre」為「農人」，原意即「農人的城堡」。「Samre」是北東地區的少數民族，膚色較黑，一部分成員源於雅利安人入侵印度時流亡的部

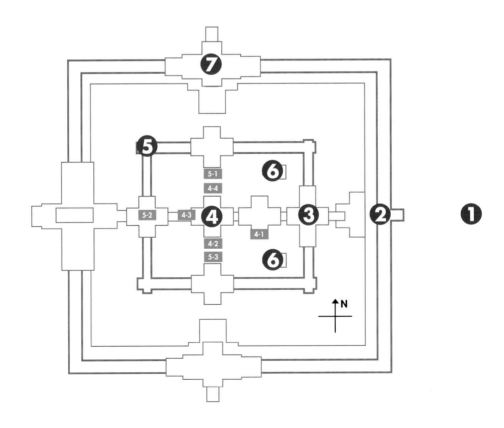

落，一部分則來自印尼群島。「Samre」族世代務農，在高棉族中備受歧視，但這個部族曾經出過一任國王，這份驕傲在部族中以神話的形式世代相傳。

在〈變相廟〉中曾經介紹過一位愛瓜而死的國王，班迭桑雷廟的傳說就是這個事件的神話版本：

「Samre」族有一位美麗的處女，有一天，在田裡工作時，遇到一位隱士從田邊經過，兩人互相對望了一眼，隱士繼續前行，處女卻神奇的懷胎產子。小孩逐漸長成聰穎英俊的少年，由於成長過程中不斷受到嘲弄，少年終於受不了，向母親詢問自己是否真的沒有父親？母親終於告訴他真相，父親在庫倫山上修行。

「少年前往庫倫山尋父，遇到一位隱士，聽到少年的來意，便細心的照顧少年。少年離去前，隱士教導少年與野獸溝通的咒語，並給了少年一盒甜瓜種子，叮囑他：『長出來的第一批瓜，一定要進獻給國王。』少年回到部落，遇見了鍾愛的少女，兩人婚後便努力耕作，很快的，神祕種子便生長得瓜瓞綿綿。

「少年依照隱士的囑咐，帶著收成的瓜來到吳哥都城，將瓜進獻給國王。國王瘋狂愛上了這款甜瓜，便送給少年一把長刀，用以護衛瓜田。然而有一年水患，瓜田受損，國王吃不到瓜，又忍不住癮頭，便帶著少數隨從趁夜潛入瓜田。有人潛入的聲音驚醒了少年，少年提刀衝進田裡，國王立刻躲進樹葉堆中，少年找不到小偷的蹤跡，一怒之下將長刀用力刺進樹葉堆，卻剛好刺中國王。國王不敢吭聲，待少年離去，才在隨從的攙扶下回到皇宮。但遭刺的傷口惡化得很快，沒多久，國王就駕崩了。

「國不可一日無君，然而吳哥王朝的國王是神的化身，國王死前來不及指定繼承人，繼位的人選就只好祈求天意指引。具有神性的大白象最後找到了種瓜少年，高舉少年並將之放到自己的背上，少年便莫名其妙的成了國王。然而這種結果勢必引發貴族的不滿，他們處處與新王作對，種瓜少年只好在原本的瓜田附近蓋了一座城堡，也就是這座班迭桑雷廟，躲到這裡以求清靜。但政變的跡象愈來愈明顯，種瓜少年盛怒之下，將這些口蜜腹劍的傢伙集中到班迭桑雷，打算將他們一次殺光。庫倫山上的隱士感受到兒子的殺氣，便祈求天神，授意國王可以遷都，藉此透過不流血的行動，解散不服從的政治團隊。」

從此之後，只要是繼位的吳哥國王，都要進行遷都，這也是吳哥首都屢屢搬遷的由來。

第一層迴廊西面入口處山形牆。

　　沿著傳統的大圈行程，大馬路將會引領你抵達班迭桑雷廟的北側。由於寺廟坐西朝東，建議可以在北門下車後，沿著磚紅壤砌成的圍牆步行至東門，從架高參道進入。

1. 東參道

　　東參道為班迭桑雷廟的正式入口，可能是十三世紀的增建物，長達一百四十公尺，一直向東延伸，進入翁鬱森林的深處。參道的東入口沒有完工，可能暗示著班迭桑雷廟原本是一座熱鬧城市的中心，而這座城市還在持續擴張中。在圓柱架高的參道上，設有吳哥寺式廟宇典型的十字形平台，平台周圍以那迦欄杆圍繞，參道兩側蹲坐著石獅。在空照圖裡，靠近參道起始處的南北兩側，還看得見水池的痕跡，現場則被密林掩蓋。為了安全起見，不建議離開參道進入森林。

2. 第二層迴廊東門

　　班迭桑雷廟由兩層迴廊構成「回」字形，東參道盡頭的東門即第二層迴廊，但東側只有單層的牆，可能是沒有完工，也可能是受到破壞。東門也不是典型的塔門，與正式入口常見的華麗雄偉大異其趣。極為厚實的牆體與它的「城堡」之名相呼應，令人聯想到碉堡。塔門東側的山形牆保存情況不佳，一排正在祈禱的人圍繞著一隻看起來像馬的動物，但其餘部分都已經崩毀。

3. 第一層迴廊東塔門

　　筒狀拱頂上的一排矛狀裝飾總是令遊客印象深刻。這種裝飾物在吳哥建築中十分常見，但因為其他廟宇在維修時不一定能將碎落的小型構件歸位，因此不太容易在其他廟宇中大規模的發現。班迭桑雷廟的修復工作卻縝密到連這種小構件都處理了，這是一九三六年至一九四四年間，由格萊茨領軍的法國遠東學院修復團隊辛苦工作的結果。

　　東面入口山形牆的男子浮雕僅胸口處保存完好，因此無法判斷這位神祇究竟是誰。西面入口處的山形牆則是眾天神與惡魔對戰的情景。在地面上，左邊有一支惡魔軍團駕著由獅子拉的戰車，右邊的惡魔騎乘戰象與馬，拉弓向天上的諸神發動攻擊。左上角，太陽神蘇利耶駕著馬車而來；右上角的則是月神，坐在蓮花座上。吳哥浮雕中，日神與月神背後都有一圈光輪，這是辨識祂們很關鍵的特徵。最上層

的天上宮闕，左右各有一位阿帕莎拉仙女在旁飛舞。

4. 中央塔與聖殿

　　順著緊密銜接的樓梯，很快就來到中央塔與附屬的聖殿。這裡的室內門楣都刻有浮雕，在聖殿的東入口處，刻著因陀羅騎乘三頭象愛羅婆多；緊接著的下一座門楣則刻著濕婆、毗濕奴與梵天。

　　穿過聖殿，來到中央塔的東入口處，門楣浮雕極其精緻鮮活，以時間之神卡拉為主角，上緣罕見地刻著一整排小尺寸的卡拉，作為邊緣裝飾。

　　中央塔內原本應供奉著毗濕奴，但現在只剩破碎的底座。沿著原路回到聖殿的東入口處，接下來將順時針由南向北介紹中央塔與聖殿各假門的門楣與山形牆浮雕，當然你也可以隨意行走，遇到有興趣的畫面再對照以下的解說。

　　4-1. 聖殿南門：山形牆保存不佳，下層為舞者搭著肩膀跳舞，上層有阿帕莎拉仙女。

第二迴廊東門，磚紅壤圍牆高而厚。

中央塔北門柱腳，刻畫著勇士鬥牛。

第一層迴廊內的那迦欄杆。

4-2. 中央塔南門：

南面右側柱腳：《羅摩衍那》的場景，十首魔王羅波那劫走悉多。

外門楣：兩位仙女在卡拉頭上，雙手舉起四臂毗濕奴。

山形牆：可能是《羅摩衍那》的場景，但無法辨識情節。

內門楣：四臂毗濕奴站在卡拉頭上，擊敗阿修羅兄弟。

南面左側柱腳：阿修羅與野牛搏鬥。

西面右側柱腳：毗濕奴躺在蛇神阿難陀身上，妻子拉克希米為祂按摩雙腿。

4-3. 中央塔西門：

右側柱腳：兩名勇士一手緊抓著卡拉的角，一手高舉棍棒。

內門楣：兩隻神鵝漢薩用頭頂起蓮座，但蓮座上的神明凋敝難辨。

4-4. 中央塔北門：

左側柱腳：勇士鬥牛，沙龍裙角翻飛。

內門楣：主要神祇已被敲毀，下方的兩隻孔雀背上各馱著一名騎士。門楣下方的假門精美絕倫。

5. 第一層迴廊

繞著中央塔與聖殿轉一圈後，會發現第一層迴廊內的空間很狹窄，塞進了中央塔、聖殿以及兩座藏經閣，建物之間甚至無法容人通行。在如此狹隘的空間中，卻無處不裝飾、無處不氣派，不僅建物基座雕滿了各式花紋，迴廊也設置了那迦欄杆，雖然雕梁畫棟，卻也讓人感到有點喘不過氣來。

迴廊的每一座塔門也都刻有精緻的山形牆與門楣浮雕，許多是以《羅摩衍那》為主題。以下依逆時針方向介紹保存狀況較佳的幾處浮雕。

5-1. 第一層迴廊北塔門：

南面山形牆：上層為音樂演奏、歌舞昇平的場

景；上層為濕婆騎著神牛南迪。

門楣：毗濕奴擊敗阿修羅。

5-2. 第一層迴廊西塔門：

門楣：主要神祇已毀損，三名仙女高舉著神祇的蓮座。少見的是，左右兩名仙女的身體被設計成蔓形花紋的起點。

東面山形牆（上）：戰神塞犍陀騎著孔雀，立於傘下。

東面山形牆（下）：底層為一排身穿華服的人在祈禱，接著是一排婆羅門隱士，上方為日神與月神，仙女在空中飛舞。

5-3. 第一層迴廊南塔門：

北面山形牆：由於主要人物已被破壞，從火堆的形狀研判，可能是《羅摩衍那》中悉多烈火驗忠貞的場景。

左側柱腳：火神阿耆尼騎著犀牛，祂的兩位妻子分別執著扇子，跪坐在左右兩側。

右側柱腳：主要人物已被破壞，但兩側的阿帕莎拉仙女、樹木和小人，仍值得看看。

第一層迴廊北塔門的山形牆。

6. 藏經閣

班迭桑雷廟的藏經閣對稱立於第一層迴廊東塔門的左右兩側，按照慣例向西開口，與中央塔的開口方向相反。北藏經閣的西面山形牆上刻畫著毗濕奴躺在阿難陀身上，柱腳的位置則有《羅摩衍那》的戰爭場景，一隻猴子咬住阿修羅的屁股。

7. 第一層迴廊

第一層迴廊的北、西、東三座塔門，建材為磚紅壤與砂岩的混合搭配，內圍山形牆多以《羅摩衍那》的戰爭場景為主題，在一堆猴群混戰的場景中，穿插著毗濕奴或濕婆等大神的主題浮雕。

結束班迭桑雷廟的巡禮，可由第一層迴廊北塔門出去，即可回到下車的地方。

庫倫山大瀑布。

吳哥東北

第二層圍牆東塔門。

建築年代：西元十二世紀末
風格：巴戎寺式
統治者：闍耶跋摩七世
其他中文譯名：寶劍塔
推薦指數：★★★
參觀時間：一小時

聖劍寺
Preah Khan

　　坐落於闍耶塔塔迦湖（已乾涸）西側的聖劍寺，是闍耶跋摩七世為父親所建的「父廟」，落成於一一九一年，占地廣闊且規模宏大。聖劍寺不只是一座寺廟，它還是一座城市的中心，也是一所佛教大學，在此研修的僧侶高達上千人。這裡的碑銘完整的記載了聖劍寺的建造與維護資料，在大吳哥城修築期間，很可能就是國都與皇宮的所在地。由於不斷增建，整體布局繁複致密，漫步於傾頹的石塊間，令人迷亂暈眩。由於許多浮雕隱藏在幽暗的縫隙中，建議可以帶著手電筒前往。

1. 西參道

　　聖劍寺的座向雖然是坐西朝東，但依循著既定的大圈行程，遊客多從西邊的參道入口進入。建議在進入建物後，可以先直奔東門，順著建物的設計邏輯循序向西走，最後回到位於西側的主要幹道。以下的介紹即依此路線排序。

　　西參道是聖劍寺的「後門」，這條寬約十公尺的泥土路，兩側設置了佛教界石，每側五十四枚。每個界石高約二公尺，頂端為蓮花花苞，底部的方柱雕飾著不知名的神獸，獅頭人身，生著金翅鳥的雙翼與下肢，強健的雙手擎著石柱。神獸上方火焰形的花紋邊框內，原本刻著佛陀，在毀佛運動中被鑿毀。

　　當你走到泥土路的盡頭，兩列「乳海攪拌」的主題欄杆護持著眼前的砂岩石橋，和大吳哥城南門的配置相當類似。抓著九頭那迦的人

第四層圍牆

第三層圍牆

西塔門

西參道

❶

❷　跳舞大廳　❸　不明的砂岩建築

東參道　東塔門

第一層大廳　第二層大廳

砂岩平台與層建十字形平台

N

擁有八隻手臂，密密麻麻的攀在巨蛇身上，相當有趣。但由於聖劍寺地處邊陲，管理不密，這些石雕的頭大部分都已被竊盜一空。

2. 第四層圍牆

西參道走到底後，眼前巨大的金翅鳥浮雕將是最引人注目的風景。聖劍寺的第四層圍牆共有六十二隻金翅鳥浮雕，高五公尺，每隻相距五十公尺，轉角處的金翅鳥尺寸更大。金翅鳥頭戴頂冠，雙手揪住兩條那迦的尾巴，雙腳踩踏在那迦身上，穩穩地制住祂的敵人。

圍牆上連續的帶狀鐘形裝飾原本都雕有坐佛，但都已被鑿毀。西塔門持續進行維修中，山形牆上的浮雕模糊難辨，但牆上的花紋精雕細琢，是典型的巴戎寺式風格。

3. 東參道

進入石牆內圍後，建議先直接貫穿全寺走到東參道。東參道的設計與西參道相當類似，但規模更大，一路往東，可通往闍耶塔塔迦湖，在湖畔設有一座露台，其功能和皇家浴池的露台相同。

沿著東參道向西行，北方有一座功能不明的砂岩建築，和塔普倫寺的配置一樣。沿著參道走到底，在第三層圍牆的東塔門前方有一座大型的砂岩平台，沿著參道方向疊築了一座十字形平台。那迦欄杆與金翅鳥石雕圍著平台而建，西參道界石上的獅面神獸高舉那迦，羽毛豐滿的金翅鳥則箝制那迦，雕琢細膩，形貌生動威武。繼續向前，眼前的東塔門本身是一條拱形長廊，共有五個出入口。南翼被木棉樹盤踞，雖然不比「母廟」塔普倫寺壯觀，但潛在的危害一樣嚴重。

西參道，那迦欄杆特寫。

第四層圍牆東塔門旁，木棉樹盤踞迴廊。

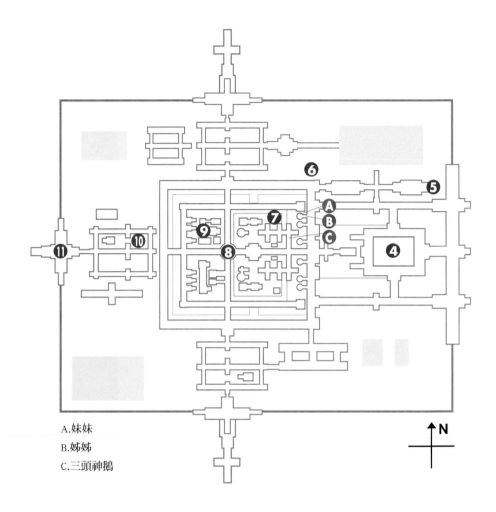

A.妹妹
B.姊姊
C.三頭神鵝

4. 跳舞大廳

穿過東塔門後，緊接著的「跳舞大廳」由四排兩兩一組的列柱組成，原本的屋頂已經消失，但連接屋頂的壁面仍可見到帶狀的浮雕裝飾。底下的一排阿帕莎拉仙女舞姿婀娜，是這個建築空間被命名為「跳舞大廳」的原因；上面一排的坐佛浮雕已被破壞。

5. 兩層樓

從跳舞大廳的北側通道往北走，即可來到聖劍寺最著名的地標「兩層樓」。這棟樓在吳哥遺蹟中獨一無二，一樓的圓形列柱與三角形的山牆，讓人不禁聯想到希臘神殿。這座建築的功能也是一個謎，推測可能是穀倉或某種儲藏庫。也有學者認為這裡是皇室用來觀賞北側水池的觀景台。現存的石造結構中沒有設計樓梯，當年使用的樓梯可能是木造。

在「兩層樓」的對面是一座長方形的磚紅壤建築，一樣也是功能不明，目前流傳的說法有兩種，其一認為它是火葬場，另外一種則說

它是表演用的場地。

6. 第二層圍牆

　　沿著第二層圍牆往南回到東塔門。這座塔門向東延伸，形成突出的十字形塔樓，在吳哥建築中相當罕見。穿過東塔門後往回看，門框兩側各有一尊精美的達拉帕拉門神，就像「乳海攪拌」中的阿修羅與善神，一邊是雙目圓睜、頭戴花冠的阿修羅，另一邊則是頭頂三角錐髮冠、垂目微笑面容祥和的善神。

　　再往西走，柱子上淺淺地以線條雕刻著跳舞濕婆的形象，十隻手臂分別拿著法器，額頭上的第三隻眼正準備放出烈焰毀滅世界。

　　在第二層圍牆與第一層圍牆之間有許多小型建築物，由於塌陷崩落，形成層層疊疊的迷宮。在東北角有一個房間是現代柬人祈求婚姻圓滿的聖地，可以穿過第一層圍牆的東塔門抵達。

7. 第一層圍牆東苑

　　東塔門的兩側也站著兩尊門神，形貌和第二層圍牆塔門的門神一樣，站在蓮座上。東塔門內是一座十字形的廂房，未能放置回原位的石塊就堆在通道兩側。

　　從十字形空間往北走，進入北翼的廂房，其中有一枚神鵝漢薩的浮雕，三個頭高高仰起，長在同一個身體上，高舉著雙翼，相當搶眼。在長廊盡頭的倒數第二根石柱右轉，沿著廂房往南，再左轉進入第一層圍牆與第二層圍牆間的增建房間中，即可看到堆滿祭拜用品的景象。牆上有一幅女性浮雕，據說是國王闍耶跋摩七世的妻子之一，因為深受國王疼愛，死後國王非常哀傷，便又娶了她的姊姊，夫妻關係幸福美滿。姊姊的雕像就刻在隔壁房間，來這裡祭祀，必須先祭拜妹妹，再祭拜姊姊，婚姻才會受到祝福。

　　沿著原路回到十字形空間，繼續往西，進入連接的小房間後抬頭往回看，可以看到門楣上刻著四隻手

兩層樓。

第一層圍牆東塔門，小廂房內門楣浮雕。

臂的毗濕奴，左右兩側各有一個小人兒對祂祈求。比較特別的是構圖，毗濕奴站在卡拉的頭上，卡拉的兩隻手各攢著一隻獅頭神獸。

8. 中央塔

繼續往西走，離開第一層圍牆的東塔門，來到圍牆內的庭院，突然襲來的天光可能會令人睜不開眼。你可以選擇稍微停一下，適應光線的改變，然後探索庭院內頹圮的小型建物；也可以低頭快速走過，進入中央塔。

塔內有一座鐘形佛塔，這是十六世紀時的建物，本來供奉的是闍耶跋摩七世的父親的雕像。周圍的石壁上布滿小孔，根據碑銘記載，這裡原本應該包覆著銅皮。

9. 第一層圍牆西苑

步出中央塔，進入第一層圍牆內的西半部，庭院中的增建物保存較好，可以看到雕飾藻麗的壁面上有一排婆羅門修士，可能是晚期增建的產物。其他的小型石造建築也有以蒂娃妲女神為裝飾的，有的女神頭像已被砍下盜走。

東西主軸線上的小廳由四排石柱支撐，每一根方形石柱都用線條刻繪婆羅門修士的圖案。小廳中央供奉著林伽。

西廟中央塔西側的廂房內，筒形拱頂下方布滿浮雕。

西廟北方庭院中，山形牆刻
著「黑天殺死剛沙王」。

10. 西廟

　　離開第一層圍牆西塔門後，繼續向西，穿過第二層圍牆，即可進
入西廟。聖劍寺在第二層圍牆外的北方、西方、南方各建有一座獨立
的廟宇，分別奉祀濕婆、毗濕奴、梵天。南廟完全毀圮，北廟則部分
毀圮，僅西廟保存較好。在西廟中可以看到一個細長的優尼台座，上
有三個孔。根據碑銘記載，這三個孔分別供奉羅摩、羅什曼那和悉
多，而今雕像已不存。

　　優尼台座西側的小房間內，東面山形牆上刻畫的是「黑天舉起哥
瓦爾丹山」，西面山形牆也是以毗濕奴為主題，但從畫面上無法判斷
典故。

　　接續著西軸線的是西廟的中央塔，中間的台座原本應該供奉著毗
濕奴雕像，但雕像已不知所終。往西進入一個長方形廂房，筒形拱頂
下方刻滿了各式各樣的浮雕，但這裡比較幽暗，需要手電筒協助照
明。

　　大型的雕像基座幾乎塞滿了十字形的西塔門，目前基座上放置的

人物坐像是後來擱上去的，與這個空間原本的屬性沒有關連。

　　步出西廟後，北方的庭院地上放著一塊以毗濕奴神話為主題的山形牆，描述毗濕奴化身黑天殺死剛沙王的故事（第64頁〈吳哥寺〉十字形迴廊的浮雕說明8-2）。這塊山形牆應該是西廟的一部分。

11. 第三層圍牆西塔門

　　西塔門的東側保存狀況還不錯，牆面上的漩渦形雕飾與蒂娃妲女神風姿妍媚，門楣浮雕則以毗濕奴為主題。上方的山形牆則刻畫著一艘船，船上有兩個人在下棋，構圖與吳哥寺內的「墮羅缽底戲水節」相當近似。

　　西塔門內的廊柱也雕滿了婆羅門修士的淺浮雕。繼續往西走，西塔門西側的山形牆上呈現的是「楞伽之戰」的場景，而門口的兩尊達拉帕拉門神，頭部都已經不見了。

　　沿著十字形平台繼續向西，穿過第四層圍牆的西塔門，即可回到入口處。

西塔門西側全景。

蟠蛇殿
Neak Pean

蟠蛇殿位於聖劍寺東方，兩者位在同一軸線上。它是聖劍寺的水庫「闍耶塔塔迦湖」的湖心廟，在聖劍寺的碑銘中，將之描述為「勝利之池」，中央的島嶼淨化了仙河的泥水，就像跨越海洋的小舟。蟠蛇殿由五座正方形水池所組成，建材為砂岩，中央水池最大，四座小池圍繞四邊。中央水池中築有一座廟塔，基座為圓形。當中央水池水滿時，水便沿著四邊的渠道注入旁邊的小池，而這四個渠道分別以人面、象頭、獅首、馬頭作為出水口的造型，上覆雕飾嚴謹的拱頂，整體布局極具巧思。其形式在吳哥建築中獨一無二，象徵意義繁複。雖然在二〇一一年中南半島水患後，便因為水位太高而關閉，即使只在入口處遙望，仍能讓人覺得不虛此行。

中央塔。

建築年代：西元十二世紀末
風格：巴戎寺式
統治者：闍耶跋摩七世
其他中文譯名：龍蟠宮、涅槃宮、盤蛇寺
推薦指數：★★★★★
參觀時間：三十分鐘

1. 入口

進入蟠蛇殿須經過一條長長的土堤，道路兩旁即是沼澤，可以想像這座水庫在淤塞前，曾經也擁有壯闊的蔚藍景象。靠近入口處是一段架在水面上的木棧道，木棧道穿過砂岩圍牆的缺口，再往前走穿出叢林後，五座藍色水池映入眼簾時，碧波如鏡，倒映著天光樹影，讓人眼前一亮。

周達觀在《真臘風土記》中對此已有記載：「北池在城北五里，中有金方塔一座，石屋數間，金獅子、金佛、銅象、銅牛、銅馬之屬皆有之。」雖然表面的金與銅早已不存，但蟠蛇殿的格局與規模都符合周達觀的記錄。

相傳這五座水池所蓄的水具有神奇的療效，因此也有人認為蟠蛇殿是闍耶跋摩七世建造的醫院之一。為什麼說有療效呢？根據周達觀的觀察，柬人的醫療習俗就是洗浴：「國人尋常有病，多是入水浸浴及頻頻洗頭，便自痊可。」經過神所護持的水則更具療效。若不論宗教上的原因，應該是因為這裡的水利用建築設施初步淨化，比起泥

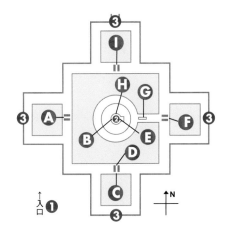

A.馬頭
B.佛陀在菩提樹下
C.獅首
D.溢水口
E.佛陀剃髮
F.人面
G.菩薩化身飛馬
H.踰城出家
I.象頭

水較為乾淨的緣故。

2. 中央水池

　　中央水池邊長六十六公尺，以七層台階圍繞池邊，中央的圓形小島也是七層，直徑三十三公尺。兩隻那迦相對環繞著小島，頭部朝東，兩條尾巴在西側糾纏在一起，相當有趣。小島上的中央塔為十字形構造，原本東南西北都各有一扇門，後來只留東門，將其他三扇門用砂岩填起，並以觀世音菩薩為浮雕主題，菩薩站在中央，體型特別大，信徒則以拜禱的姿勢點綴左右。

　　山形牆上的浮雕是以佛陀的生平為主題，但保存狀況不太好。北側山形牆描述的是悉達多太子「踰城出家」，東面的山形牆則是剃髮的情景，西面可以勉強辨識佛陀坐在菩提樹下，但南面就無法判讀了。

　　每扇門之間都設有三頭象愛婆羅多的石雕，和大吳哥城南門的形式相近，但由於毀損嚴重，須仔細看才認得出來。

　　中央塔的上部層層遞減，每一層都是對底層的摹仿，塔頂則刻成花瓣瓣尖的形狀，將整座塔收束成蓮花花苞的造型。

　　在中央塔的東方，有一座飛馬石雕，修復時將散落的碎片一一拼回，缺漏的部分則以方形砂岩補替，作為新舊的區別。這個典故是觀世音菩薩化身飛馬，前往拯救發生船難的人，人群緊緊抓住飛馬，自楞伽島逃出。

滿水位的蟠蛇殿，2011年因水患關閉。

3. 四方水池

蟠蛇殿的四座小水池，東方配置著人面，南面則是獅首，西面為馬頭，北面為象頭，水則是從這些頭部的嘴中傾注至池內。從建築的布局與浮雕主題來看，蟠蛇殿與佛典中的「阿耨達池」相當接近。根據丁福保所編纂的《佛學大辭典》，阿耨達池的面貌為：「在贍部洲之中心，香山之南，大雪山之北。周八百里，金銀琉璃。頗黎飾其岸，金沙彌漫，清波皎鏡，八地菩薩以願力之故，化為龍王，中有潛宅，出清冷水供給贍部洲。見西域記一。按喜馬拉亞山之佛母嶺，高出海岸一萬五千五百尺處，有一湖名瑪那薩羅華，即阿耨達池也。殑伽，信度，縛芻，徙多，四河出焉。佛典載，此湖之水。自山谷間曲折流出，分為四大河，一河中有黃金，一河中有金剛石，一河中有紅寶石，一河中有琉璃是也。」

「殑伽」即恆河；「信度」則是印度河；「縛芻」是阿姆河；「徙多」則是塔里木河。《阿毘曇毘婆沙論》卷二中記載：「恆河自金象口出，趨入東海；信度河自銀牛口出，趨入南海；縛芻河自琉璃馬口出，趨入西海；徙多河自頗梨獅子口出，趨向北海。」

雖然方位與佛典所載不同，象徵物亦有差異，但大體上蟠蛇殿的配置方式與「阿耨達池」的典故頗有暗合之處。若以「阿耨達池」來思考闍耶跋摩七世的設計理念，便可理解這裡象徵著宇宙生命之起源。

這四個注水口由砂岩製成的拱形屋頂保護，拱形屋頂的兩側均設有山形牆，以觀世音菩薩為浮雕主題。拱形屋頂下方的空間，其性質等同神龕，四個注水口均被視作聖物，至今依舊受到信眾膜拜。在拱形屋頂的另一側，與中央水池相接的倒數第二個台階處，設有溢流孔，外型雕琢成雌性的神獸，頗堪玩味。

菩薩化身飛馬救人。

中央塔蓮花花苞尖拱。

南面水池出水口為獅首。

東塔門與十字形平台。

建築年代：西元十二世紀末
風格：巴戎寺式
統治者：闍耶跋摩七世
推薦指數：★
參觀時間：二十分鐘

東塔門西北角神獸。

牛場寺
Krol Ko

　　比鄰蟠蛇殿的牛場寺是一處不被注意的小型佛寺，當旅遊團熙來攘往地在達松寺與蟠蛇殿之間穿梭時，你可以循著路標鑽進叢林，尋訪遺世獨立的牛場寺。它就在蟠蛇殿斜對面，距離主要道路僅一百公尺。這裡不見喧囂，只有風與樹，與鳥，與林間灑落的點點金光，與悠遠遺蹟低吟淺唱。

　　在柬文中，「Ko」是牛，「Krol」即場所，至於這座佛寺為什麼與牛的場所有關，因為缺乏文獻，也就不得而知。闍耶跋摩七世大興土木，在王國各地興建佛寺，牛場寺也是其中之一，但尚未完工。磚紅壤與砂岩混合砌成的結構雖然簡單，卻也具體而微。當地柬人認為，這座佛寺的配置和他們的傳統住家非常相似，也可能是當年某個臣子的家宅的一部分。

1. 東塔門

　　牛場寺坐西朝東，經過環繞寺廟的護城河（已乾涸），即可從東塔門開始參觀。東塔門的前方有一座磚紅壤砌成的十字形平台，塔門本身除了使用磚紅壤，窗戶等具有裝飾性的構造則使用砂岩。柱狀砂岩浮雕的底部，凡是刻有佛像的，都在毀佛運動中被敲掉了。

　　在東塔門的西北角，柱狀砂岩浮雕的底部刻有一尊神獸，像是將卡拉的大頭硬安在獅子的身體上，猛一看就像是卡拉正在進食，模樣逗趣可愛。

2. 山形牆

　　無法安放回建築體的砂岩山形牆，便堆置在寺廟四周。在東塔門西邊、護城河南端，有幾座山形牆並列放置，由北向南，依序是：觀音菩薩立像，周圍環繞三層信徒；觀音菩薩立像，左右兩側各有一名信徒

黑天舉起哥瓦爾丹山。

中央塔壁面浮雕。

跪拜，信徒背後為動物，天人在菩薩頭部旁邊飛舞；黑天舉起哥瓦爾丹山，村民與動物都來到山下躲避暴雨。

3. 藏經閣

　　進入東塔門，面對中央塔時，左手邊是一座坐東朝西的藏經閣，壁面刻著蒂娃妲女神，門柱兩旁基部的佛教主題雕飾也都被敲除了。往內勘探，地面有一塊正方形的基座，之前可能曾有神像安置於此。

4. 中央塔

　　中央塔為砂岩建築，牆面上的蒂娃妲女神保存得不錯，垂目微笑，神情和巴戎寺的微笑巨臉如出一轍。

藏經閣。

西塔門。

建築年代：西元十二世紀末始建、十三世
紀擴建
風格：巴戎寺式
統治者：闍耶跋摩七世、因陀羅跋摩二世
其他中文譯名：達松將軍廟
推薦指數：★★
參觀時間：三十分鐘

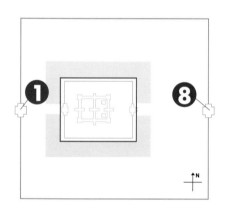

達松寺
Ta Som

　　達松寺是一座空間布局單純的小型僧院，和其他
遺蹟相比，達松寺顯得有點單調荒疏，但東塔門上蓬
勃生長的絞殺榕，那緊緊糾纏的情景彷彿就要將塔樓
吞噬，令人印象深刻，已成為吳哥的攝影名景之一。

1. 第一層圍牆西塔門

　　和聖劍寺、蟠蛇殿同樣位於闍耶塔塔迦湖區域的
達松寺，東西軸線較前二者稍微偏北，坐落於闍耶塔
塔迦湖的東岸，也是坐西朝東的一間佛寺。和班迭喀
蒂寺、塔普倫寺一樣，寺廟最外圈的圍牆都是後來增
建的，也都築有人面塔，塔頂雕琢成蓮花花苞的造
型。這些人面塔的每一張臉都不一樣，可以仔細比較
一下差異。

　　遊客的參觀入口為西塔門，因為寺廟結構簡單，
參觀動線從西到東倒是無礙。從第一層圍牆就可以看
到，這座寺廟採用磚紅壤與數種不同顏色的砂岩共同
組成，這種建材品質良莠不齊的情況導致保存性不
佳，也反映了建造時拮据的經濟。包括第一層圍牆在
內，達松寺是一座三層的回字形結構，第一層和第二
層都是圍牆，中間則由十字形塔樓和迴廊組成田字形
的內圍空間。西塔門入口處的山形牆刻畫著佛陀，接
下來的許多山形牆浮雕，也都是以佛陀為主題。

2. 第二層圍牆西塔門

　　沿著砂岩砌成的西參道向東行，穿越護城河，眼
前的這一座西塔門只剩下一點點輪廓。它在一九七〇
年以前仍是完好的，因為上頭生長著一株巨大的絞殺
榕，緊緊盤踞著人面塔樓，曾經是國際上著名的景
點。赤柬時期，曾有一支軍隊藏匿於此，他們將這株

西塔門南翼的蒂娃妲女神。

榕樹砍掉後，塔樓也因此崩塌。

　　雖然是一座崩塌的塔樓，但它的蒂娃妲女神浮雕仍是相當精采，有的嬌憨可愛，有的嫵媚優雅，服飾配件也有各種款式，沉重的大耳環是這個時期的時尚表徵。

　　西塔門內的十字形空間北側，堆置著佛像碎片，至今依然有信徒前來祭祀。

3. 第三層迴廊西塔門

　　可以明顯看到磚紅壤與各色砂岩混用的情況，筒狀拱頂雕刻成瓦片的造型，蒂娃妲女神的沙龍裙還雕著布的花樣。塔門內有一座優尼台座，但因為這裡原是佛寺，優尼台座可能是印度教復興後才放在這裡的。毀佛運動在這裡也破壞了許多佛像浮雕，四處都可以看到佛像被鑿掉後的空缺。

中央塔與孤立石柱。

第三層迴廊東塔門，達拉
帕拉門神。

4. 毗濕奴、梵天、佛陀山形牆

穿過第三層迴廊西塔門後，轉過身來看看這座奇特的山形牆，它放置在西塔門東側的地上。中央最大的人物是佛陀，已在毀佛運動中被鑿掉，左邊的小人物是四臂毗濕奴，右邊的小人物則是四個頭的梵天。在吳哥遺蹟中，佛教人物與印度教人物一起出現在同一個畫面中是很罕見的，也可以從中理解佛教與印度教在吳哥相互影響、交融的過程。

5. 佛陀山形牆

往東方望去，你的正面有一幅以佛陀為主要人物的山形牆，佛陀的左右兩邊與下方跪著信眾。仔細看看，這些信眾雙眼圓睜、頭戴花冠，正是吳哥神話人物中「阿修羅」的典型特徵。

6. 中央塔

中央塔為寺廟內最重要的建築，蒂娃姐女神的浮雕一直分布到第

二層，簷角的那迦保存狀況還算不錯。

在中央塔的西南邊有一根石柱，原本是用來支撐木構造神龕，聖劍寺、塔普倫寺和班迭喀蒂寺都有類似的結構，但木構造的建物都已經消失了。

在中央塔的東南方，地上放置著無法歸位的蓮花苞塔頂，從殘缺的洞口往內看，可以了解這種花形塔頂是如何用砂岩拼湊而成。

7. 第三層迴廊東塔門

在兩間砂岩建造、坐東朝西的藏經閣後面，緊接著就是東塔門。這座塔樓是達松寺的正門之一，塔頂有三層，每一層都在山形牆上多所著墨。西側的主要山形牆仍是以佛陀為主題人物，右下角的印度白牛，背上的峰很醒目。

和聖劍寺一樣，在塔樓的北翼與南翼出入口，兩側分別站著善神與阿修羅造型的達拉帕拉門神，善神手持三叉戟，阿修羅手持長棍，兩者都是面帶微笑、神情祥和。

塔樓內的十字形空間同樣放置著一座優尼，上面的石雕已不知去向。

絞殺榕盤踞的東塔門。

8. 第一層圍牆東塔門

穿過嚴重崩毀的第二層圍牆東塔門，沿著東參道向前走，便可來到達松寺現在的地標：被絞殺榕緊縛的塔門。隨著絞殺榕持續生長，當榕樹枯萎時，這座塔樓也會隨之崩塌。

9. 第三層迴廊南塔門山形牆

在依循原路返回西邊入口處時，不妨繞行第三層迴廊的南側，庭院中擱著另外一座蓮花塔頂，而南塔門的山形牆因為無法歸位，放在南塔門的左前方。山形牆保存狀況還不錯，主要人物也是佛陀，身上被茉莉花編織的花環所圍繞。

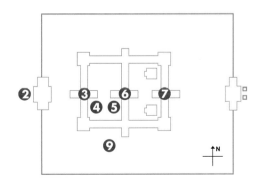

東參道東四樓門。

建築年代：西元十世紀（九六七年）
風格：班迭絲雷廟式
統治者：羅貞陀羅跋摩二世、闍耶跋摩五
世
其他中文譯名：女皇宮、女神廟、班蒂斯
蕾
推薦指數：★★★★★
參觀時間：兩小時

班迭絲雷廟
Banteay Srei

　　被譽為「高棉藝術之鑽」的班迭絲雷廟，位於暹粒東北方約三十八公里處，整座寺廟是由粉紅色砂岩與磚紅壤所構成，堅硬致密的材質彷彿從未經過時間洗禮，通體覆滿技藝卓絕的深浮雕，無論是建築形構、裝飾藝術，都是吳哥遺蹟中保存最完整、成就最驚人的作品，建議帶著小型望遠鏡，可以將禁區內的建築細節看得更清楚。當寺廟沐浴在清晨與黃昏的金色斜陽下，金橘色的建築本體閃閃發光，浮雕玲瓏的光影更是令人目眩神馳。

　　由於面積並不寬廣，參觀人潮在早晨十點左右就會蜂擁而至，將寺廟擠得水洩不通，因此趕在早上八點以前抵達，參觀品質最好；或是一早先去庫倫山、高布思濱等郊外景點，下午三點之後再進入班迭絲雷廟。班迭絲雷廟的門票含在吳哥中心區的票券中，不需另外購買，但下午五點閉館，需要特別注意、把握時間。

　　在進入班迭絲雷廟之前，可以先逛逛位於入口處

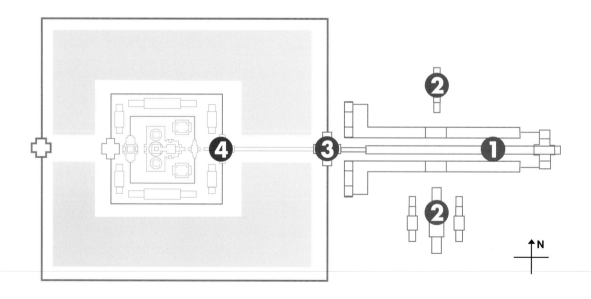

東四樓門山形牆，因陀羅騎乘愛羅婆多。

的小型展覽館，這裡展示著一九二四年至一九三六年間清理、修復的珍貴史料。而禁區中難以近距離觀賞的精采浮雕，以及被挪到博物館收藏、不在現場的構件，也都拍攝成大型看板，陳列於此。

從碑銘中留下的資料推算，班迭絲雷廟於西元九六七年四月二十二日落成，是國王羅貞陀羅跋摩二世賞賜給大臣耶若婆羅訶的修院。耶若婆羅訶和他的兄弟毗濕奴庫馬拉聯手打造，並於羅貞陀羅跋摩逝世前一年完工。但正式立碑的時間遲了一年，直到闍耶跋摩五世繼任，班迭絲雷廟才正式啟用，耶若婆羅訶也成為闍耶跋摩五世的國師（Brah Guru，意即「聖師」）。

和其他吳哥寺廟一樣，班迭絲雷廟在建造之時，也是一座城市的中心，但現在當地只剩密林高草，以及這座美麗不可方物的砂岩遺蹟。

1. 東參道

經過漫長的紅土路，初看到迷你的東四樓門，你可能會覺得有點失望。這座樓門由磚紅壤和粉紅色砂岩構成，兩旁沒有圍牆向南北延伸，以往可能是用木材作為寺廟最外圍的圍籬。班迭絲雷廟留給後世的其中一個謎團，就是它不合理的尺寸。在東文中，「Banteay」為

東二樓門內山形牆，拉
克希米。

「城堡」，「Srei」為「女性」，意即「女人的城堡」，這個名字應
該是現代人根據它的尺寸、顏色與華美精巧的裝飾所取，在碑銘中，
班迭絲雷廟的原名為「三界之王」，從它供奉的林伽之名而來。

　　東四樓門的山形牆上刻畫著因陀羅騎乘三頭象愛羅婆多，由於因
陀羅是東方之神，這個圖像在接下來的許多東向浮雕中會反覆出現。
兩側的門柱由卡拉和金翅鳥頭像連綴而成，火焰是貫串班迭絲雷廟的
裝飾主題，翻捲的花焰與螺旋隨處可見。

　　穿過東四樓門，東參道持續向西延伸，兩旁設有蓮花花苞狀的砂
岩界石，左右各十六枚。參道地面鋪設著磚紅壤。

2. 長廳

　　沿著東參道的南北兩側，共設有六座長廳。這些長廳的牆體由磚
紅壤砌成，門柱、窗櫺和山形牆使用的是砂岩，屋頂為瓦片。磚紅壤
較不耐久，因此嚴重頹圮，但砂岩的部分保存得還不錯。尤其在參道
中段，南、北兩座大型長廳最受矚目。北一長廳的山形牆刻畫著毗濕
奴化身人獅，撕裂阿修羅的胸腹；南一長廳的山形牆則刻畫著濕婆與
妻子烏瑪，兩人坐在神牛南迪背上。

3. 東三樓門

東三樓門為班迭絲雷廟的正門，也是第三層圍牆的正式出入口。東面山形牆由於無法放回原位，擱在北二長廳旁的地上。浮雕呈現《羅摩衍那》中，羅波那命手下維羅陀劫走悉多的場景，羅摩和羅什曼那揮舞著劍，卻已追趕不及。樓門內原本供奉林伽，現在只留存基座優尼。內樓門的門框刻有碑銘，為解讀班迭絲雷廟的重要文獻。

西面山形牆收藏於法國居美博物館，現場無緣得見；西面門楣則被安置於樓門南邊的圍牆前，浮雕刻畫著西方之神伐樓那騎乘神鵝漢薩。

4. 東二樓門

東二樓門形貌絕美，雙層山形牆氣勢非凡。優雅的帶狀緣飾綴以繁複的菱形花紋，向兩側延伸，最後以螺旋收束，精巧程度絲毫不比歐洲的蕾絲工藝遜色。東面的外山形牆上刻畫著常見的卡拉，一位男性天神坐在卡拉頭上；內山形牆則呈現兩頭大象用鼻子高舉水瓶，將象徵幸福與潔淨的清水灑在拉克西米（毗濕奴的妻子）身上。拉克希米下方是毗濕奴的坐騎金翅鳥，雙手勾住花蔓。

樓門內放置著一座優尼，上面有兩個方形插孔，表示之前應有兩尊神像放置於此。在樓門的南北兩端各有一枚方形的蓮花石磚，設置方式相當罕見。

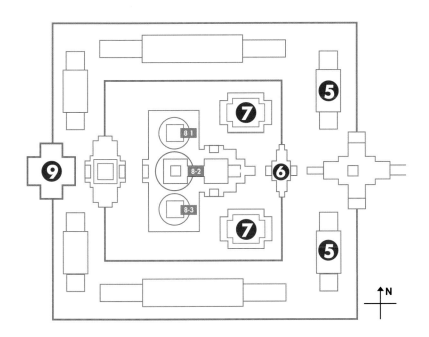

東北長廊。

北藏經閣東面山形牆上半部，黑天阻止因陀羅降雨。

5. 第二層圍牆內長廊

穿過東二樓門，進入第二層圍牆的內圍，這裡在東、西兩側各設有兩座長廊，南、北則僅設一座，以磚紅壤為主要建材，因此大多頹圮。東側的南、北兩座長廊保存狀況最好，山形牆與門楣的浮雕內容均相同。

6. 東一樓門

東一樓門與東二樓門之間的距離非常狹窄，中間設置了一尊南迪石雕，但已看不出牛的形狀。東一樓門的東面山形牆刻著濕婆的神話故事。濕婆在畫面中央跳著毀滅之舞，一位樂師在旁擊鼓伴奏；濕婆的信徒迦梨迦阿蜜耶捨棄了肉體之美，變成乾瘦的醜女，虔心修行。

山形牆下方的門楣浮雕則是毗濕奴的故事：毗濕奴的化身黑天，深受惡毒舅父剛沙王迫害，在去找剛沙王算帳的途中，徒手擊敗了一頭象和一隻獅子。

西面的山形牆刻畫著濕婆妻子化身難近母杜爾迦擊敗牛魔王的故事，但因為第一層圍牆內為禁區，無法穿過東一樓門近距離欣賞，只能從側邊遠眺。

7. 藏經閣

班迭絲雷廟坐西朝東，位於中央聖殿東側的南、北兩座藏經閣則是開口朝西，與寺廟的坐向相反。這兩座藏經閣典雅富麗，深具故事性的山形牆浮雕精采絕倫，已成為吳哥藝術廣為人知的代表作。南藏經閣的東面山形牆刻畫著十首魔王羅波那搖撼凱拉薩山的故事，濕婆和妻子烏瑪住在凱拉薩山的頂峰，羅波那為了母親前來求取甘露，由於不耐煩濕婆長達千年的性愛，憤而搖撼起凱拉薩山，嚇得動物紛紛走避，諸神與修士則出面努力阻止。下方的門楣卡拉形象也很生動，頭上端坐的女性神祇可能是拉克希米。

南藏經閣的西面山形牆則呈現濕婆燒死愛神伽摩的場景。深受阿修羅荼毒的世界需要濕婆之子拯救，

但濕婆虔心修行，無心結婚生子，深愛他的雪山女神（烏瑪的化身）只好找來愛神伽摩相助。伽摩向濕婆射了一箭，濕婆大怒，睜開第三隻眼，將伽摩燒成了灰燼。眾神為伽摩求情，最後伽摩只有靈魂復活，失去了形體，因此「愛」也成了飄忽、無形的存在。

北藏經閣的兩座山形牆都是黑天的故事。在東面山形牆中，火神阿耆尼為了燒死住在森林的那迦王，請黑天與阿周那守住森林的出入口，以防惡魔逃離；雷電之神因陀羅則降下大雨，試圖撲滅這場大火。因陀羅在畫面中騎乘著三頭象愛羅婆多，四周圍繞著求助的天神，下身浸在水波紋中，這些水波紋可能象徵著雲。水波紋下方密密麻麻的直線，是阿周那射出的箭形成的大傘，用以阻擋因陀羅降下的暴雨。在箭傘中央有一隻那迦，那是那迦王達剎，祂想到自己的兒子還在森林中，非常焦急。

東面山形牆下方的門楣浮雕，也是用因陀羅為主題，比較特殊的是，這裡的愛羅婆多只有一個頭。

北藏經閣的西面山形牆，是黑天擊殺舅父剛沙王的場景。剛沙王統治國家的手段殘暴不仁，預言宣告剛沙王將死於妹妹的兒子之手，因此從黑天出生時，剛沙王就不斷迫害他們母子。經過漫長的逃難與反抗，黑天終於手刃剛沙王，解救了蒼生。

8. 中央塔群與中央聖殿

為保護遺蹟，第一層圍牆內已禁止遊客進入。從牆外可以看到三座塔樓呈南北向排列，中央塔連接著一座聖殿，所有建物都是朝東開口，一同坐落在高九十公分的T型平台上。這種平台式的設計在後來的許多寺廟中也很常見，如豬山廟，即三座塔南北排列立於平台上；周薩神廟與塔瑪儂廟，則是一座中央塔與中央聖殿相連，立於平台上。

三座塔都是典型的印度教神廟建築，每一層都是模擬下一層的形式逐漸向上縮小，並於每一層的簷角設置迷你型的小塔作為裝飾。北塔奉祀的是毗濕奴，門口的守衛雕像是毗濕奴的坐騎金翅鳥；中央塔與中央聖殿奉祀的是濕婆；南塔前方的守衛是獅子，象徵南塔奉祀的是濕婆的妻子杜爾迦（烏瑪的化身）。其他的守衛神像還有猴子、夜叉等。現場的這些神像都是複製品，真品都收藏在金邊的國家博物館中。在這個區域尚未封閉之前，中央塔群的浮雕和雕塑（包括水泥製品）屢遭竊盜破壞，因此不得不畫為禁區。

中央聖殿南面山形牆，卡拉咬象頭的構圖很逗趣。

8-1 北塔：奉祀毗濕奴的北塔，東面山形牆為毗濕奴化身人獅、扯出阿修羅內臟的場面；門楣則是東方之神因陀羅騎著愛羅婆多。北面山形牆則是以北方之神俱毗羅為主角，門楣浮雕是黑天殺死雙體惡魔；南面山形牆則是閻摩騎水牛，門楣仍是黑天殺死惡魔的主題；西面山形牆刻畫西方之神伐樓那騎著神鵝漢薩，而毗濕奴騎在金翅鳥肩上。

8-2 中央塔與聖殿：中央塔的西面門楣也是《羅摩衍那》的場景，與東三樓門的東面山形牆為同一個主題，都是維羅陀劫走悉多；西面山形牆則是伐樓那騎著神鵝漢薩。南面山形牆為閻摩騎水牛，門楣為兩名男子勾肩搭背，下方的野豬可能是毗濕奴的化身之一，也可能是寺廟主人耶若婆羅訶（意為「獻祭的野豬」）的象徵。北面山形牆是北方之神俱毗羅，門楣則是猴王須羯哩婆與兄弟婆黎爭王位的場景。

與中央塔相連的聖殿，最令人驚訝的是小型紅磚所砌成的拱頂。筒狀拱頂大多以砂岩製成，而小型紅磚則是九世紀前高棉建築最常使

用的建材，由此可以探知從紅磚到砂岩，高棉建築工藝的流變過程。牆面的花磚紋飾與窗櫺構成協調的華麗感。聖殿東面山形牆上，東方守護神因陀羅騎著三頭象愛羅婆多；南面與北面基本上內容相同，卡拉咬象頭的構圖相當有趣。

　　8-3 南塔：由東向入口處的兩尊石獅研判，南塔以前奉祀的可能是濕婆的妻子杜爾迦（烏瑪的化身），獅子是杜爾迦的坐騎。南面的山形牆上雕繪著濕婆與妻子烏瑪一同騎乘神牛南迪，底下的門楣浮雕則是南方之神閻摩騎乘水牛。西面的山形牆和門楣，都是以西方之神伐樓那為主角；北面山形牆則是北方之神俱毗羅。

　　南塔的蒂娃妲女神壁面浮雕，被譽為「東方的蒙娜麗莎」，曾於一九二三年被法國探險家馬爾羅竊取，還好即時被追回。這件事情引發國際轟動，成為著名的「馬爾羅事件」。馬爾羅自幼醉心文學與藝術，鬧出浮雕竊盜案時年僅二十二歲。當時他和朋友組了個探險隊，到柬埔寨尋找可以賣給法國藝品店與博物館的珍寶。奇妙的是，馬爾羅後來不但因為《人類的命運》一書榮獲龔固爾文學獎，還成為法國的文化部長，這件竊案也隨著馬爾羅的不朽而名垂青史。

9. 西二樓門

　　第一層圍牆的西一樓門因為改建成神龕而無法通行，西二樓門的東面山形牆上，以《羅摩衍那》中的猴王兄弟打架為主題，人物造型活靈活現，因此這裡總是人山人海。

西二樓門東面山形牆，猴兄弟爭奪王位。

北塔前的侍衛雕塑，金翅鳥。

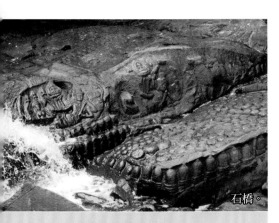

石橋。

建築年代：西元十一世紀
風格：巴蓬廟式
統治者：優陀耶迭多跋摩二世
推薦指數：★★★★
參觀時間：兩小時（含爬山）

四頭梵天坐在蓮花上。

高布思濱
Kbal Spean

　　吳哥著名的水底浮雕有兩處，一處為庫倫山國家公園，另一處即高布思濱。高布思濱在柬文中即「源頭橋」，意指河流源頭處有一座天然石橋。這裡的水底浮雕精采多樣，一路上蝴蝶翩飛，不時停駐在遊人身上，奇特的生態體驗與秀麗的山林水湄互相襯托，比荔枝山國家公園更具可看性。

　　高布思濱位於庫倫山脈西部，為暹粒河支流高布思濱河所流經的一部分山區。距離班迭絲雷廟大約十八公里，通常會與班迭絲雷廟安排在同一天參訪，而且門票已含在吳哥中心區的套票中，不用另外購買（開放時間為早上六點至下午三點）。可一早先去班迭絲雷廟，再到高布思濱享受沁涼的河水與綠蔭。但由於山徑泥濘，雨季時可能會無法通行；而且路途遙遠，不適合搭乘嘟嘟車，租汽車會是比較好的選擇。須注意的是，道路以外的地區仍可能埋有尚未清除的地雷，在合格導遊的帶領下前往方能確保安全。

1. 登山步道

　　一雙抓地力強的好鞋會是你的好朋友。進入登山入口後，接下來是大約四十分鐘的山路，有些路段須手腳並用，在巨大的砂岩石塊中爬上爬下。

　　行走大約二十分鐘之後，即可看到瀑布。由於上游的河床刻滿了諸神與林伽，在眾神的護佑下，高布思濱的河水也被視為具有靈力的聖水。在此洗手洗臉，即象徵了滌淨靈魂，也可以治病，是柬人祈求眾神庇護的風俗。在瀑布頂端有一些動物浮雕，最著名的是一隻牛和一隻青蛙。這裡也有一些碑銘，記錄了一〇五九年優陀耶迭多跋摩二世來此主持儀式的事跡，該儀式是為了奉祀一尊黃金林伽。

2. 林伽河床與濕婆夫妻

　　和庫倫山一樣，高布思濱的河床也刻滿了各式各樣的林伽和優尼，越過瀑布後，河床中的林伽群連綿不絕。度過第一座木橋，可以

毗濕奴生梵天。

林伽在優尼中排列成梅花形。

探看河岸附近的石塊，其中刻有濕婆與妻子騎著南迪的圖像。

3. 梵天與毗濕奴

沿著河一直往上游走，會發現類似的主題不斷出現。除了林伽，像是四個頭的梵天坐在蓮花上、毗濕奴躺臥在蛇神阿難陀身上，妻子拉克希米替祂按摩雙腳等。梵天是創造之神，毗濕奴生梵天則是印度的創世神話，大量使用這些元素，象徵著河流之源即生命之源。有許多浮雕都已被盜走，拉克希米的頭也是盜寶者的主要目標，沿途均可看見挖鑿的痕跡。

4. 石橋

高布思濱最引人注目的，就是位於上游的石橋。雖然被稱之為「石橋」，實際上是河床中高起的一片砂岩，並非人工造成的橋。毗濕奴生梵天的主題石雕沿著石壁連綿反覆，最右邊的則是濕婆與妻子騎乘南迪。清冽的河水將砂岩侵蝕出一道裂口，晶瑩的水花隨著高低起伏的地勢奔騰飛濺，是攝影愛好者取景的好地方。

5. 十首魔王羅波那

若路況許可，距離河床稍遠處，有一塊砂岩刻著十首魔王羅波那，二十隻手臂展成火焰狀，相當華麗。這塊浮雕不容易找到，須請導遊協助。

庫倫山國家公園入口。

建築年代：西元九世紀
風格：庫倫山式
統治者：闍耶跋摩二世
其他中譯名：荔枝山
推薦指數：★★
參觀時間：半天至一天

庫倫山
Phnom Kulen

　　庫倫山脈是高棉人的聖山，因為生滿了荔枝樹，又名「荔枝山」。它是吳哥王朝的開端、暹粒河的源頭，闍耶跋摩二世就是在此宣告王國成立，終於擺脫爪哇的控制，開啟了長達五個世紀的吳哥盛世。吳哥建築所使用的砂岩建材也是來自於此，利用河水運送到各地去。庫倫山脈現在已被畫定為國家公園，位於暹粒東北方，距離市區大約四十八公里。外國遊客通常被帶往參觀水底浮雕、臥佛與瀑布，其他深藏在叢林中的遺蹟雖然精采，但由於地雷遍布、道路難行，通常被略過不提。一般觀光客很少，但每逢假日或節慶，庫倫山人潮如織，是本地人重要的休閒、朝聖去處。

　　前往庫倫山的平穩道路屬「私人公路」，是由一位商人所修築的，他「承攬」庫倫山國家公園的經營權。從這條路進入庫倫山，外國遊客必須支付二十美金的「路費」。可以請你的當地導遊協助，在這位商人所經營的「城市吳哥旅館（City Angkor Hotel，在暹粒）」先購買「過路票」，二〇一一年的價格為十二美元。但由於票券上沒有印價格，如果你自行購票，很可能被要求支付二十美元。

　　庫倫山的入園時間至中午十二點為止，但如果是人數眾多的旅遊團，而且肯定會在山裡的各種商店花很多錢，所謂的入園時間就好商量。城市吳哥旅館的售票時間為上午七點至十一點，以及下午二點至五點。

1. 入口

　　從收費公路的售票處到公園的入口之間，須經過蜿蜒曲折的山路，耗時約四十分鐘。入口處築有現代的毗濕奴與金翅鳥雕塑，沿著階梯上山，即可看見現

臥佛。

代高棉風格的山門，那迦欄杆和石獅一樣都不缺，彩繪的兩隻看門虎頗有拙趣。沿途均是托缽化緣的修行者，當然也有攤販和乞丐。

2. 林伽水底浮雕

穿過入口後右轉，沿著河流大約走一公里，便可看見河中的水底浮雕。沿途景致秀麗，黃蝶翩翩，如果在雨季開始時前往，可以看見水底浮雕最美的風貌，河水明澈剔透，自河底滿滿的林伽雕刻間流過。若在乾季時來，河中無水；若在雨季中期前往，則河水渾濁。這裡也被稱為「千陽河」，闍耶跋摩二世建都於此，並宣告自己為「神王」，崇祀濕婆，因此將河床刻滿了林伽，象徵濕婆庇佑之水能廣澤全國。這些林伽具有不同的造型，有的是許多林伽並列於同一個優尼上，有的是一個優尼安置一個林伽，有的是兩個優尼與林伽構成回字，有的尺寸特別大，也有的排列成蓮花。

3. 臥佛

沿著道路繼續上山，距離林伽水底浮雕約五百公尺，即可到達臥

梵天與林伽。

考歐羅密雅斯廟遺蹟。

大瀑布全景。

佛雕像。由於此處為佛教聖地，參訪時須脫鞋除帽。有時會遇到以「保管鞋子」為由索取金錢的人，如果想避免這類層出不窮的索費事件，可以帶個袋子把鞋子裝進去，隨身攜帶。

臥佛被雕在一整塊砂岩的頂端，距離地面約二十公尺，為十六世紀的作品。佛身敷以金漆，呈現佛陀涅槃的姿態。它雖然不是柬埔寨最大的臥佛，卻是柬人重要的精神寄託。臥佛目前由一座現代鐵皮屋所保護。

在臥佛附近有一些小型的現代廟宇，也是佛寺。據說現代柬文的制定者是一位僧侶，他編寫的柬文字典影響深遠，這裡的綠色鐵皮屋就是他的故居。

4. 毗濕奴生梵天水底浮雕

沿著主要道路往回走，回到河邊，順著河水流向一路往前，會來到非常「觀光化」的市集，攤販密布，還有餐廳和野餐用的草棚。在這段河道中，有一塊毗濕奴躺臥在巨蟒身上、梵天端坐蓮花中的水底浮雕，梵天的右手邊也刻著林伽與優尼。浮雕四周用繩子框起，必須走進河裡才能觀賞。

5. 考歐羅密雅斯廟

餐廳旁有一座小橋，在小橋的另一端，是一座九世紀時的印度教寺廟——考歐羅密雅斯廟，也是安全道路上唯一一座吳哥王朝立國時期的遺蹟。這座磚紅壤構成的寺廟僅用木架支撐，以減緩毀圮的速度。它沉靜地端立於森林中，幾乎沒有遊客靠近，在其中漫步、觀賞光影在殘跡中的變化，彷彿身心都被滌淨了。

6. 瀑布

離開餐廳區，沿著河水繼續往下游走，不遠處有一座小瀑布，是來此休憩的柬人「必拍合照」的景

回字形優尼與林伽。

點；再往下是落差約二十公尺的大瀑布，景色秀美，很多人會在這裡游泳。如果受不了柬埔寨的熱，到這裡跳下水消消暑，保證樂趣無窮（而且不用換泳衣！）。

7. 四處逛逛

　　沿途可能會遇到各式各樣賣山產的小販，販售的物品琳琅滿目，包括用蛇浸泡的藥酒、熊皮、靈芝、作為食物的昆蟲，以及難以辨識的各類藥材。如果想多看一些九世紀時的遺蹟（這裡畢竟是吳哥王朝的第一座首都），比方巨型動物石雕（Sra Damrei，即「象池」。祂們是山林的守護者）、吳哥第一座廟山榮貞廟等，這些遺蹟都很難抵達，必須騎著摩托車在幾乎沒有路的林間穿梭，一定要找熟悉此地的導遊，才能避免迷路，尤其要小心地雷。

大廟金字塔。

建築年代：西元九世紀初，迄西元九四四
年
風格：科克式
統治者：闍耶跋摩四世、曷利沙跋摩二世
其他中文譯名：貢開
推薦指數：★★★★
參觀時間：半天，或兩天以上

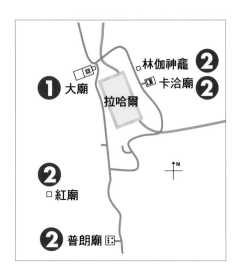

科克
Koh Ker

　　位於暹粒東北方約一百公里處的科克，是西元九世紀初由闍耶跋摩四世建立的國都，這一段時期吳哥王朝陷入奪位政爭，詳情可參見＜荳蔻廟＞的介紹。闍耶跋摩四世於西元九二八年正式即位，在短短的二十年間，科克地區不但完成了一座巨型水庫、大約三十座主要寺廟（均為印度教），被叢林湮沒的廣大荒野中，還藏了一百餘座小型寺廟等待發掘。除了建築本身，科克作為首都時，手藝精湛的工匠在此留下數量龐大的巨型雕塑，可以想見闍耶跋摩四世是以何等決心，傾全力在此打造一個全新的王國。這些雕塑品絕大多數都已被盜賣一空，大多收藏在巴黎的居美博物館。位於柬埔寨金邊的國立博物館收藏了一尊金翅鳥雕像，就安置在大廳入口處，雄渾威武。

　　西元九四四年，闍耶跋摩四世之子曷利沙跋摩二世結束了僅僅三年的執政生命（咸認為他是死於謀殺），吳哥的國都再次遷回吳哥中心區，科克的黃金年代也因此告一段落。但這個地區並沒有被執政者放棄，十三世紀時仍持續進行小型的建設，闍耶跋摩七世便曾在此建造醫院。

　　由於地處荒僻，科克地區的調查資料非常稀少，一九五〇至一九六〇年間，柬埔寨考古隊曾在此進行調查，然而隨之而來的赤束浩劫，不但將所有知識份子屠殺殆盡，這些調查成果也一併消失。赤束在此埋藏的綿密地雷，由於政府無力處理，至今只清除了一小部分，也是研究、維護工作難以進行的最大阻礙。一九九二年起，科克已列入UNESCO世界文化遺產的預備名單，靜待相關單位進一步的調查與規畫。

　　近年來由於收費公路開通，從暹粒至科克的車程縮短至三小時，科克逐漸成為古蹟愛好者的新興景點。從收費公路進入科克，須支付十美元的費用。前

往科克的路線與班梅雷雅廟為同一方向，通常導遊會安排一大早從暹粒出發，先參訪科克的大廟，回程再參訪班梅雷雅廟。但科克最美的時候是清晨，且大廟之外還有許多有趣的遺蹟，如果時間與預算允許，在鄰近村落居住一兩天，會是最好的安排。

相對於吳哥中心區的濕熱窒悶，科克氣候較為乾燥，林相清新，且遺蹟沒有經過修復，觀光的破壞之手亦尚未伸至此地。漫步其間，是相當舒暢安適、充滿驚喜的過程。也由於地雷尚未清除，千萬不要冒險離開道路、進入叢林。

大廟東參道柱廊。

1. 大廟

科克的城市設計相當獨特，不同於吳哥王朝大多以國廟為首都的中心，科克的城市中心是一座名叫「拉哈爾」的水庫（巴萊），長約一千二百公尺，寬約五百六十公尺，重要廟宇、主要道路均圍繞水庫而建。拉哈爾的南北軸線向西北傾斜約十五度，將河水儲存於此，以供灌溉、民生。與肥沃的吳哥中心區相較，科克沒有洞里薩湖的滋潤，土地貧瘠，拉哈爾是城市唯一的生命之源。

在拉哈爾的西方還有一座小的水池，從鄰近的木材殘跡研判，這裡應該是皇宮的所在地。闍耶跋摩四世的國廟「大廟」就位於皇宮北方不遠處，鄰近拉哈爾西北角。廟城的原文為「Prasat Thom」，也就是「大廟」的意思，也有中譯稱之為「大塔寺」。

大廟以其宏偉的金字塔聞名於世，常與馬雅的金字塔相提並論。但它的可觀之處其實不只是金字塔，大廟是一片結構繁複的建築群，形構與吳哥中心區的遺蹟差異甚大。

大廟分成三個部分，坐西朝東，以紅磚為主要建材，主祀三界之神特布瓦尼什瓦拉。第一部分是最東端，為兩座四合結構的方庭，分列於長參道的兩側。沿著長參道繼續向西，便可進入第二部分，是一座回字形的廟宇。廟宇的入口是一座十字形的門樓，南北兩端延伸成狹長的廊道；緊接在後的是另外兩座狹長的廂房，在進入第一層圍牆的東塔門之前，有兩座廟塔，南北分列於東參道兩側。

進入東塔門後，可以看到護城河包圍著寺廟，眼前的參道是柬埔寨建築史上獨一無二的設計，參道是墊高的土堤，左右兩側列柱，現在已傾頹倒塌。繼續深入，第二層圍牆包覆著第三層圍牆，圍牆內為連接成串的許多長形廂房，沿途可以看見殘破的南迪、優尼等砂岩石雕，南迪的造型憨厚可愛。經過層層疊疊的入口一路向西，回字形廟

大廟，回字形廟宇中央的九
座塔。

宇最中心的部分是九座小型廟塔，以前五後四的順序，在平台上排成
兩排。

穿過西塔門，眼前即是高聳巍峨的砂岩金字塔，矗立在原野中。
金字塔共有七層，高約四十公尺，收藏在金邊博物館的金翅鳥雕像就
是在這裡發現的，此外還挖掘出四十座重要的碑銘。通往塔頂的石階
非常危險，雖然搭有簡陋的木梯，但木梯已腐朽，不堪使用。現在這
座階梯已被封閉，若日後開放通行，從塔頂俯視科克的叢林與遺蹟，
是極為壯麗的美景。

2. 其他

如果有時間參觀科克的其他廟宇，有幾座廟值得特別留心：

紅廟（Prasat Kraham）：科克的第二大廟宇，因紅磚建材而
得名。這裡曾有精采的獅雕，但現已不存。雖然看不到獅子，但其他
雕飾也值得一看。

大廟護城河。

普朗廟（**Prasat Pram**）：沿著收費公路進入科克時，入口處的第一座廟。五座小塔中的其中兩座，被無花果樹緊密糾纏，令人聯想到電影「倩女幽魂」中樹妖盤踞的景象。

卡洽廟（**Prasat Kra Chap**）：塔門只剩單層的大型砂岩山形牆，無論是形式還是浮雕花紋均相當罕見。石柱上密密麻麻滿是碑銘，門楣浮雕以女性為中心人物，雙手緊抓藤形花蔓，亦是吳哥門楣中少見的特例。

林伽神龕（**Linga Shine**）：這裡有柬埔寨最大的林伽。

大廟中發現的金翅鳥，現藏於金邊國家博物館。

吳哥東南

羅洛士遺址群（**Roluos Group**）
神牛廟（**Preah Ko**）
巴孔廟（**Bakong**）
羅雷廟（**Lo Lei**）
班梅雷雅廟（**Beng Mealea**）

神牛廟的達拉
帕拉門神。

羅洛士遺址群 Roluos Group

羅洛士遺址群位於暹粒市東方，沿著國道六號向東走，大約在十三公里處。它是吳哥王朝第一座穩定發展的首都，在西元九世紀初，由國王闍耶跋摩二世奠定了基礎。和人潮洶湧的吳哥比起來，到羅洛士遺址群參觀的人比較少，安靜、莊嚴的氣氛濃厚，在這裡安靜的慢慢欣賞，更能深刻體會吳哥建築的空間藝術。

闍耶跋摩二世是吳哥皇朝的第一位國王，他本來是水真臘的王子，西元七七四年至七八七年間，位於爪哇的夏連特拉王朝（今印尼）大舉入侵中南半島，不但消滅了水真臘，還把年輕的王子抓到爪哇當人質。當時的爪哇是東南亞最強盛的島國，控制了海上貿易，但因為地型以火山為主，難以發展農業，便多次入侵中南半島，企圖占領肥沃的湄公河平原與洞里薩湖地區。在中南半島稱霸的水真臘也不遑多讓，覬覦爪哇掌控海洋貿易所獲得的豐厚利潤，在交戰多年之後，水真臘戰敗，遭逢滅國的命運。

真臘王子忍辱負重，在西元八世紀末葉，擺脫夏連特拉王朝的控制，回到中南半島，將真臘民族團結起來，獨立成一個統一的國家，在西元八〇二年，建立了舉世聞名的吳哥王朝。爪哇的建築藝術、宗教觀與政治觀也被引進吳哥。夏連特拉王朝與高棉人的古國扶南一樣，也深受印度教影響，採用「神王崇拜」的制度，國王是「山中國王」，山是神居住的地方，國王就是神的化身。闍耶跋摩二世恢復了這個傳統，請來印度的婆羅門在庫倫山（就是荔枝山）做法，宣告國王就是濕婆神的化身。而金字塔結構的神廟，就是神的住所——須彌山的象徵。

闍耶跋摩二世建國後，遷都遷了很多次，最後定都於此，將都城命名為訶里訶羅洛耶。傳到第三代國王因陀羅跋摩一世的時候，他開始大興土木，建築了巨大的水庫，也就是羅洛士遺址群北方的因陀羅塔塔迦湖，現在水庫已經乾涸，但水庫中央的寺廟羅雷廟仍保存下來。因陀羅跋摩一世在位期間，為自己的祖先建造了神牛廟、為國家建造了國廟巴孔廟，現在這三座寺廟：羅雷廟、神牛廟、巴孔廟，就是羅洛士遺址群最主要的景點。

神牛廟全景。

建築年代：西元八八〇年

風格：神牛廟式

統治者：因陀羅跋摩一世

其他中文譯名：神牛寺、聖牛寺

推薦指數：★★★

參觀時間：三十分鐘

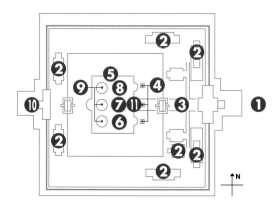

神牛廟
Preah Ko

　　從國道六號右轉進來，第一個景點就是神牛廟，這是國王在訶里訶羅洛耶的第一間寺廟，西元八八〇年落成。寺廟的風格和吳哥寺附近的很不一樣，因此以神牛廟為代表，稱為「神牛式風格」。它的名字Preah Ko，Preah就是「神聖的」，Ko就是「牛」，所以有的中文翻譯也稱它為「聖牛寺」。

1. 東塔門與參道

　　和吳哥寺一樣，神牛廟是三層同心圓的結構，中央第一圈是塔的基礎平台，塔是用紅磚堆成的；第二圈和第三圈是用磚紅壤堆成的圍牆，整體建築朝向東方。在第三圈外面本來有一圈護城河，利用洞里薩湖的水系，作為防禦和灌溉的基礎。護城河圈出來的範圍比起寺廟本身大很多，比例上很不合理，據推測，皇宮可能也在護城河圈起來的範圍內，但仍找不到證據證明。

　　這裡是第三圈圍牆外圍的東塔門入口處，可以看到這些巨大的紅色石塊，像麵包一樣有很多小洞。這種建築材料叫做磚紅壤，是一種含鐵量很高的黏土，剛從地下挖出來的時候，質地柔軟，適合製作大型磚塊。在烈日下曝曬後，便成為質地堅硬的建材，可作為建造耐久性建築的主要材料。原本土壤中飽滿的水分與空氣會因為乾燥而消失，形成許多小孔，不適合在表面進行裝飾性雕刻，古高棉人便在外層糊上一層灰泥，在灰泥上進行雕刻。這種在灰泥上雕刻的技術，可以在神牛廟的中央塔群中看得很清楚。

　　這座塔門是一個十字形的空間，上面有屋頂，沿著南北向延伸出去的這一圈，原本應該是有屋頂的迴廊，地面上殘餘的石塊仍可勉強辨識出其範圍。除了地基外，塔門結構只剩下三扇窗戶可供想像。

只剩殘跡的東塔門。

通過東塔門之後，沿著參道向中央塔前進，參道的左右兩側，安置著象徵界線的「界石」，界石為短柱狀，安置在方形的底座上，頂端雕成圓弧型，象徵蓮花的花苞。在印度教與佛教的建築藝術中，都會大量使用蓮花，象徵潔淨、神聖。參道的盡頭是第三層圍牆的東塔門，現在只剩下地基了。

2. 長廊與藏經閣

在中央塔四周，有一圈長方形的低矮建築，位置是對稱的，大部分都只剩下磚紅壤構成的地基。這些低矮建築的布局和班迭絲雷廟的長廊類似，推測可能是收藏寶物用的，也有人說是給僧侶用的。神牛廟的建築風格對班迭絲雷廟影響很大，無論是建築物排列的方式，還是裝飾的形態，都是班迭絲雷廟的先驅。

在東南方的長廊旁邊，有一座保存得比較完整的小型建築，建材是小塊的紅磚，上面還可以看到用磚塊砌成的蜂巢狀窗戶，以及直接在磚牆上鑿出來的浮雕。這棟建築物很可能就是早期的藏經閣。這種窗戶和雕刻方式在吳哥遺址群中並不多見。

3. 階梯

在第二圈圍牆東塔門的階梯上，可以低頭看看階梯的雕刻，雖然大部分都已經被歲月磨平了，還是可以在邊緣的地方看見，漩渦狀的花紋雕得非常精細。

4. 南迪雕像

在中央塔的前面，有三隻牛的石雕，面向中央塔。牛是印度教大神濕婆神的坐騎，名字叫做南迪。南迪是判斷一間寺廟是否祭祀濕婆神的重要線索。南迪雕塑的方向一定是頭朝向中央塔、尾巴朝向出口，呈現跪姿，表現出恭候濕婆神出來的樣貌。

這三隻南迪是這裡最大的特色，所以這座神廟就被取名為神牛廟。

南迪以可以耐久保存的砂岩雕刻，雕工細緻，經過一千三百多年，牛脖子上的項圈和腳上的蹄子，都還很清楚。砂岩是吳哥地區最高級的建材，耐久性最佳，又能在上面直接雕出非常複雜的花紋，舉世聞名的吳哥寺，就是以砂岩為主要的建材。

5. 中央塔群概說

在砂岩建造的基座上，可以看到六座塔，前面三座大的、後面三座小的，排成兩列。前面三座的正中央，這一座最大，位置比左右兩座稍微往後一點，表現出它特別尊貴。因為它是獻給至聖之神拜里迷蘇拉的。拜里迷蘇拉的意思就是「最偉大的天神」，是濕婆神的稱號之一，也是吳哥王朝開國國王──闍耶跋摩二世的諡號。「跋摩」這個詞原來的發音是「Varman」，在梵文中是「保護者」的意思，這個詞流傳到東南亞，尤其是占婆和吳哥文明，君主的名諱就常常把這個詞放在結尾的地方，作為敬稱。名字的前面則使用神明的名字，以神牛廟的建造者因陀羅跋摩一世為例，「因陀羅」是印度教的大神，國王就是神明的化身，是國家的保護者。對王朝的子民而言，闍耶跋摩二世就是濕婆神的化身，死後再回歸天上。

在你的右手邊，也就是北邊的這座塔，是獻給因陀羅跋摩一世的祖父留陀羅跋摩的；而南邊的這一座，則是獻給他父親毗梨基婆因陀羅跋摩的。後面的三座塔，分別獻給這三位國王的皇后，所以規模比較小。

神牛南迪。

南迪在廟前等待濕婆。

6. 東南角塔

6-1. 東面門楣：面向東方的正門，門楣浮雕的布局活潑大膽，風格特出，被視為是高棉藝術的顛峰之作。中間長得有點像獅子的神獸，是時間之神卡拉。卡拉頭上的男性神像身分不明。卡拉嘴裡咬著的條狀物像是藤蔓，也像是蛇的身體。條狀裝飾的盡頭則是魚龍。魚龍是水神伐樓那的坐騎，身體像獅子，鼻子像大象，它和那迦一樣，都是水的象徵。從浪花中跳出左右對稱的四個騎士。在卡拉的下方，有六隻三個頭的那迦，各有一位天神騎在那迦頭上，右手拿著法器，左手出手印，這個手印和佛教的「施無畏印」很像，「施無畏」是告訴世人不要懼怕的意思。但佛教的施無畏印是用右手打的，在這裡天神用左手打手印，究竟是象徵什麼意思，還有待考證。

在門楣的最上緣，有一排雙手合十的人，表現出對濕婆神虔誠的信仰。

在門楣的下緣，則雕著一排蓮花花瓣，類似佛教的蓮花座。

門楣下方的門柱為八角形，蓮花的元素也被大量使用，花紋精緻。從這裡我們就可以看得出來，雖然這個時候，吳哥王朝才建國不到一百年，國家就已經很富強，文化也發展得很興盛了，才有能力設

中央塔南面門楣，金翅
鳥緊抓那迦尾巴。

計、建造這麼精美的建築物。

6-2. 達拉帕拉門神：在門框左右側的牆上，各有一位天神的雕
刻。這個天神叫做達拉帕拉，是神廟的守護者，祂的角色類似門神。
在吳哥遺蹟中，達拉帕拉門神與蒂娃妲女神是很普遍的裝飾元素。達
拉帕拉門神為砂岩材質，其他牆上細膩的紋飾，則是用灰泥糊上去再
雕出來的。從斑駁剝落的殘跡中，可以看出這座塔，是先以紅磚砌
成，再嵌入雕刻完成的砂岩浮雕，最後敷上白色的灰泥。整座建築原
本應該都是白色的，但灰泥很容易風化，不利於保存。

6-3. 南面假門：這六座塔的每一面都有門，但只有向東的那一面
是真的門，其他都是假門。假門的浮雕也很精采，類似火焰或花朵的
造型，細膩而且對稱工整，值得細細欣賞。南面假門的門楣上，刻著
六位騎著那迦的女神，乳房豐滿、腰肢纖細。

6-4. 北面假門：北面的門楣保存狀況很好，和東面的門楣基本上
是一樣的，但上緣那一排雙手合十的人像幾乎沒有受損，可以看得更
清楚。

7. 中央塔

　　這座塔是六座塔中最巨大的，是獻給吳哥開國君主闍耶跋摩二世的塔，向東的這座門楣，雕刻的內容也是騎士從浪花中跳出來，和我們剛剛看過的那一座是一樣的，但保存狀況比較差一點。

　　7-1. 碑銘：在門框上，刻著很長的碑銘。這三座塔的門框上都刻有碑銘，因此我們才知道這座神廟落成的時間、獻給誰。因為吳哥王朝沒有留下任何史書，遺蹟上的碑銘就是了解吳哥歷史最直接有力的證據。

　　7-2. 南面門楣：在其他三面假門上方，門楣浮雕的主角是金翅鳥。強壯的金翅鳥拉著兩隻那迦的尾巴，蛇的身上還有左右各兩個像是徽章的花朵裝飾。仔細看，這裡的那迦長得特別肥壯，下面還有兩隻獅子很吃力的托著那迦，看起來很逗趣呢！

8. 北塔

　　這座塔是獻給國王的祖父，也有一說是外祖父，至於國王是不是開國君主闍耶跋摩二世的直系子孫，仍有待考據。

　　8-1. 北面門楣：與前面兩座塔不同的是，在北塔北面，假門的門楣上刻著大象。大象在印度教中象徵吉祥，也是天神因陀羅的坐騎。在中央大象的左右兩側，從浪花中出現的小象，不但長著一雙翅膀，胸部還微微鼓起，想像力十足。

　　下面騎著那迦的天神，髮型是男性的髮型，但腰部特別纖細，胸部也很豐滿，這可能是受到爪哇藝術風格的影響。

　　8-2. 東面灰泥浮雕：北塔的灰泥浮雕保存得很好，就在達拉帕拉門神的上方，可以看到精細的裝飾花紋，像火焰也像浪花，也像翻飛的葉子。神獸的表情兇猛生動，嘴部下方還雕著一位在蓮花座上跳舞的小人。

9. 獻給皇后的塔

　　後面的這三座小塔，則是獻給這三位國王的妻子，也是獻給濕婆的妻子薩蒂，所以蓋得比較小，浮雕的保存狀況也比較差。這三座塔的裝飾和前面的三座也不太一樣，原本放置達拉帕拉門神的地方，在這裡則是刻著蒂娃妲女神。蒂娃

後排為獻給皇后的小塔。

小塔門楣採用灰泥雕刻，大部分都已剝蝕。

姐女神和達拉帕拉一樣，他們的角色都是門神。

　　9-1 小南塔：這座塔南面的灰泥浮雕保存得還不錯，整體的裝飾風格表現出女性的嫻靜、優雅，與國王塔威嚴勇猛的氣氛是完全不同的。獻給國王的塔，雕刻以兇猛的神獸為主，但這裡就只有在蓮花座上安靜祈禱的小人。

　　9-2 小北塔：這座塔表面的灰泥已經脫落得差不多了，但我們仍然可以在磚塊上看到金翅鳥緊抓那迦的雕刻痕跡。這是吳哥早期建築很重要的特色，一開始神廟建築僅用磚塊堆疊，直接在紅磚上進行雕刻，灰泥可能僅作為改變顏色之用，之後才發展成用灰泥和砂岩作為雕刻的主要材質。

10. 西門

　　這座小小的石門，就是神牛廟西邊門樓的遺蹟，目前只殘存一點點，可以想像規模應該比東邊正式的入口小很多。

11. 石獅

　　羅洛士遺址群的石獅，和吳哥寺附近的石獅相比，體型較胖，鬃毛蓬鬆，臀部也比較貼近地面。吳哥王朝的雕刻家對石獅的肛門造型特別用心，可以仔細比較每一間廟，石獅的肛門風格也不太一樣哦！

巴孔廟
Bakong

巴孔廟是羅洛士遺址群中規模最大的廟宇，位於神牛廟南方約五百公尺處，為首都訶里訶羅洛耶的國廟，也是吳哥王朝第一座成熟的廟山建築。根據碑銘記載，巴孔廟的立祀時間為西元八八一年，供奉的主神是濕婆。歷經都城遷往荔枝山復又遷回的過程，巴孔廟至少經過兩位國王的修建，一開始為磚紅壤建築，後來才以砂岩進行整修。尤其是中央塔，是吳哥寺風格，修築年代遲至十二世紀。

巴孔廟全景。

建築年代：西元九世紀末（881年）
風格：神牛廟式
統治者：因陀羅跋摩一世
其他中文譯名：巴孔寺
推薦指數：★★★★
參觀時間：一小時

1. 護城河與參道

你的導遊或司機會將你帶到東參道的遊客入口處放你下車，但這裡其實不是巴孔廟的正門，嚴格來說應該算是「內門」，因為巴孔廟擁有兩條護城河，圍繞著中央塔形成回字形，你看到的就是內護城河。外護城河與東參道的起點還在很遙遠的地方，偏僻荒涼，與內護城河之間還有二十二座磚塔的殘跡，但除非是極為熱中的吳哥迷，一般不會建議去探訪。

巴孔廟坐西朝東，東參道與內護城河交界的塔門只剩幾根砂岩製成的石柱。參道兩側設有那迦圍欄，但那迦的體型肥厚粗笨，而且沒有架高，是直接放在地上的。很可能是還在摸索這個新的形式，因為在此之後的廟宇，那迦欄杆便一律架高，且造型也變得輕巧許多。

接近巴孔廟第一圍圍牆時，會發現右手邊有一區是現代的佛教僧院，香火鼎盛，十分熱鬧。

東側的紅磚塔。

2. 有窗孔的紅磚塔

走進磚紅壤砌成的第一圍圍牆，眼前各式各樣的遺蹟總是讓人目不暇給。先從東側圍牆最有特色的紅磚塔開始看起吧。

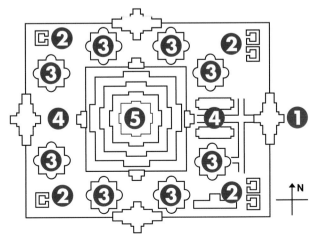

濕婆化身塔的門楣浮雕。

西參道上的南迪石雕。

和神牛廟的紅磚塔是同一類型的建築，在巴孔廟內共有六座，東面的南、北兩側各有兩座，朝西開口；西面的南北兩側則各有一座，朝東開口。砂岩製成的窗櫺看似假窗，仔細看卻會發現小孔，與紅磚壁面上的小孔彼此呼應。

在紅磚塔附近有好幾處砂岩材質的長形廂房遺蹟，可能是休息室或儲物間，分立於東參道兩側、東塔門兩側。東塔門兩側的廂房只剩下一點點地基，參道兩側的廂房倒是保存完好，形式是吳哥寺式，也是後來增建的。

3. 濕婆八化身塔

中央塔的四周圍繞著八座高聳的磚塔，東、南、西、北四方各有兩座。傳說這八座磚塔供奉的是濕婆的八個化身，裡頭確實是供奉著林伽。經過法國團隊的精心修復，相當值得一看。東面的兩座磚塔只剩殘跡，砂岩建材的部分保存得很好，尤其是門楣浮雕與砂岩假門。假門最特殊的地方是門扉上的兩個獅頭鈕；紅磚壁面上的灰泥雕刻有些也保存得很不錯；塔門有鬃毛蓬鬆的石獅看守，造型可愛。

4. 南迪

在東西軸線的參道上，各有一隻砂岩製的神牛南迪面向中央塔跪坐著。東參道上的南迪雕像已經碎成一堆破片，並被遊客疊放祈福的小石頭淹沒。疊石頭祈福是許多古老文明中的祈福儀式，在吳哥遺蹟中，四處都可以看見來自世界各地的遊客，利用遺蹟的碎石片堆疊成塔。

5. 中央塔

中央塔為一座五層金字塔，底層留了一塊空缺，讓裡面的磚紅壤露出來，由此可知砂岩是後來才堆疊上去的。東、南、西、北各有一座階梯直達塔頂，東面樓梯外的轉角處還可見到排水口。階梯兩側有石獅護持，由下往上逐漸收窄，使塔身看起來更為高聳。階梯斜度陡峭，且立足點窄小，須雙手雙腳謹慎攀爬。金字塔的每一層都象徵了一個世界：

第一層（底層）：那迦；

第二層：金翅鳥；

第三層：羅剎；

第四層：夜叉；

第五層：神。

金字塔的第一層至第三層，每個轉角都有一隻砂岩製成的大象。第四層圍繞著十二座小塔，這些小塔都是神龕，原本應是祭祀著印度教的諸神。第五層的壁面原本飾有砂岩浮雕，但大多已崩失，只有一塊砂岩神奇的留有清晰的阿修羅等神話人物。

中央塔為吳哥寺式，外觀依蓮花苞的形象打造，壁面上的蒂娃妲女神栩栩如生，靜靜佇立在小型神殿中。由於吳哥王國的宮殿是木構建築，現在都已經看不到了，我們仍可以從浮雕的畫面中揣想皇宮的形象。山形牆的浮雕風化嚴重，勉強可以看出印度教的神話內容：

東門：濕婆跳毀滅之舞；

蓮花苞造型的中央塔。

金字塔第四層的小型神龕。

金字塔階梯旁護持的石獅。

西門：毗濕奴仰臥在蛇神阿難陀身上，妻子拉克希米為祂按摩雙腿；

南門：乳海攪拌；

北門：《羅摩衍那》的神話場景，羅什曼那被蛇箭所縛，猴軍焦急地圍繞著他。

中央塔的另外一個亮點是細長的八角石柱，在門框兩側，柱腳刻有婆羅門隱士，上面雕飾著長著小翅膀的仙人和動物，並以花朵、浪花、珠串為飾，非常精采。

金字塔第五層壁面的阿修羅浮雕。

羅雷廟
Lo Lei

位在神牛廟東北方、因陀羅塔塔迦湖中央偏北的羅雷廟，是羅洛士遺址群中最晚建造的廟宇，也是吳哥建築史中第一座湖心廟。保存情況不佳，但雕飾風格是同時期遺址中最華美的，如果有時間，不妨繞過去走走。

西元八七七年，因陀羅跋摩一世即位後，迅速地做了決定，在第五天即下令建造因陀羅塔塔迦湖，這也是吳哥王朝的第一座水庫，可惜他沒有機會看到水庫落成就已經去世。羅雷廟之所以位置偏北，很可能是因為繼位的耶輸跋摩一世已決定遷都，因此水庫的北側尚未完工，羅雷廟也還有兩座塔尚未施工。

現在的因陀羅塔塔迦湖已經乾涸，羅雷廟也只有四座塔佇立在方形的雙層台基上，台基以磚紅壤築成，北面的兩座小塔尚未興建。現存的四座塔以紅磚砌成，東面的兩座較大，是獻給祖父與父親的，牆上的守護神為男性的達拉帕拉門神；西面的兩座較小，獻給祖母與母親，牆上的守護神是女性的蒂娃妲女神。碑銘上說明這座廟宇獻予四位神祇（吳哥的歷代國王與皇后，均為神的化身），很可能一開始的計畫是四座塔，是施工過程中才調整成六座塔的設計。

蒂娃妲女神與達拉帕拉門神均為砂岩雕刻，事後嵌入紅磚壁面；假門也是由一整塊砂岩製成。但壁面的其他裝飾則保留了使用灰泥進行雕琢的傳統，現在灰泥也都已經不存。東北塔的門楣還可辨識出因陀羅騎乘愛羅婆多的形象，西北塔的門楣則是金翅鳥口啣花蔓，下方有一隻三頭那迦，兩側的小人兒自浪花中躍出。

羅雷廟最特別的地方，是四座塔中央的林伽。林伽安在十字形的砂岩引水渠道上，這是國王舉行儀式的裝置，在林伽頂端淋水，水便會沿著渠道流入因陀羅塔塔迦湖，除了祈求水源穩定不竭，也是國王展現國家治水能力的工具。

羅雷廟東面入口。

建築年代：西元九世紀末（西元八九三年）
風格：神牛廟式
統治者：耶輸跋摩二世
其他中文譯名：羅雷寺、羅萊廟、洛俐廟
推薦指數：★★
參觀時間：十分鐘

羅雷廟只剩四座塔。

右邊為較大的東塔，左邊為較小的西塔。

位於東南角的神龕。

建築年代：西元十二世紀中葉
風格：吳哥寺式
統治者：蘇耶跋摩二世
其他中文譯名：崩密列寺
推薦指數：★★★
參觀時間：一～二小時

班梅雷雅廟
Beng Mealea

　　班梅雷雅廟位於吳哥中心區東方大約四十公里處，須在路上另外購買門票，票價五美元。沿著這條古代的「皇家高速公路」，往東可以直達位於磅柴的聖劍寺（Prah Khan，建立於十一世紀的宏偉神廟群，距離吳哥中心區約一百公里），往北可抵達科克。班梅雷雅廟位於這個重要的分岔路口，它的位置反映了當年交通與城市發展的規畫意義，很可能也反映了政治與權力布局的意義。

　　班梅雷雅廟的柬文原意為「蓮花池塘」，不過現場沒有池塘也沒有蓮花，只有一片破敗倒塌的砂岩廢墟，以及在廢墟中恣意生長的熱帶叢林。泛著藍青色的砂岩建材產自當地，建造吳哥寺的砂岩也是來自這裡，順著水路運送到位於下游的吳哥中心區。由於未

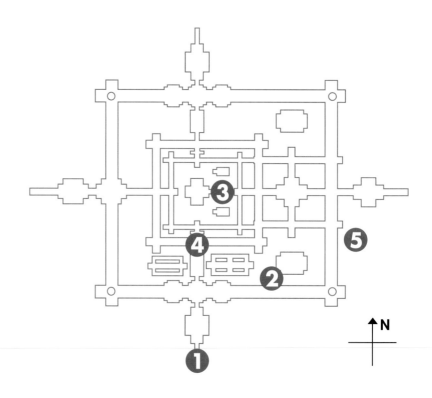

經修復且路途遙遠（「古代皇家高速公路」的路況可能比「古代」更差），使得班梅雷雅廟比塔普倫寺更原始、更荒涼、更具神祕感。然而隨著遊客逐年增多，班梅雷雅廟的破敗與混亂，不但可能造成遊客受傷，遊客也可能在攀高爬低時毀損古蹟，現在已鋪好了木棧道，沿著木棧道行走，即可輕鬆參觀。

你可能會被很多當地小孩、穿著制服的成人所圍繞，每個人都聲稱自己可以帶你去看別人不知道的隱密風景，需要離開木棧道鑽進傾頹的砂岩堆中。請務必評估安全風險，以及，先談妥價碼，這不是免費導覽，他們也不是領有執照的導遊。

南參道那迦與已坍塌的南塔門。

1. 南參道

那迦欄杆護持著的南參道跨越了護城河，這條護城河圍繞著班梅雷雅廟，東、南、西、北四個方位各有一條相同的參道，參道上也都築有十字形平台。如果你在南參道入口處附近的小吃店吃壞了肚子，沿著南參道往寺廟的路上，東方設有一間廁所，記得要帶夠衛生紙，這裡畢竟是物資缺乏的鄉下。

在參道的東北側，有一尊七頭那迦的石雕特別精細完好，正面和背面都頗可觀，不妨花點時間駐足欣賞。

參道盡頭是一處較小的十字形平台，連接著的南塔門已經坍塌，須從北側的泥土路穿過樹林，架高的木棧道將引領你跨越迴廊，進入寺廟內。

2. 東南角

班梅雷雅廟由三層同心圓的迴廊所構成，每個轉角均有塔樓，第三層迴廊的南側已坍塌，但東南角的塔樓還算穩固。沿著木棧道往北，你右手邊的這棟、有著漂亮大窗櫺的石屋，是班梅雷雅廟的神龕（也有人認為是藏經閣）。同樣的神龕共有兩座，一座在寺廟的東南角，一座在東北角，位置對稱，並設有通道，與東塔門後方的十字形迴廊相連。

攀在中央塔迴廊上的絞殺榕。

　　在你左手邊的是一座「田」字形迴廊，這座迴廊不合理地「塞」在第三層迴廊與第二層迴廊之間，可能是後來的增建物。由南向北共有三座門，南端和北端均為假門，中間門朝東開口，設有門樓，因陀羅騎乘三頭象愛羅婆多的門楣浮雕特別引人注目。南門的山形牆上刻有火神阿耆尼騎乘犀牛的浮雕，阿耆尼是東南方的守護神。北門山形牆上刻畫的是《羅摩衍那》的故事「悉多烈火驗堅貞」，歷劫歸來的悉多被眾人認為已受姦辱，便躍入烈焰中以證清白，阿耆尼將毫髮未損的悉多自火焰中托起，證明了悉多的貞潔。

3. 中央塔

　　木棧道在東塔門後方的十字形迴廊南端左轉，穿過陰暗的叢林與亂石，在第一圍迴廊東南角轉向北。沿途可以盡情欣賞坍塌的迴廊穹頂，從剖面研究古代吳哥如何施展穹頂的建造技術。

　　繼續向北，在你左手邊的小型砂岩建築是藏經閣，立在架高的石基上。雨季時內庭積水，看起來就像泡在水裡的小孤島。藏經閣有兩

第三層迴廊外圍壁面上的蒂娃妲女神浮雕。

座，分立於中央塔的南北兩側，開口朝西。但中央塔已經徹底塌成碎片，北側的藏經閣也不遑多讓。木棧道從北藏經閣上方向西延伸，這裡擱著一塊門楣，浮雕以乳海攪拌為題材，底下作為支柱的烏龜相當搶眼。

　　經過乳海攪拌門楣後，木棧道的右側有一條支線，經過第一層迴廊往北，向第二層迴廊延伸。你可以走進去看看迴廊，再沿著原路回到中央塔。

4. 第一層迴廊南塔門
　　沿著木棧道穿過「亂石崩雲」的中央塔庭院，登上第一層迴廊南塔門，可以在平台上俯瞰班梅雷雅廟各區域的坍塌風景。有的山形牆刻畫著佛教主題，說明了班梅雷雅廟曾經歷不同宗教政權的輪替。

5. 第三層迴廊外圍
　　沿著木棧道原路退回第三層迴廊外圍，不妨沿著迴廊四處走走看看，美麗的蒂娃妲女神巧笑倩兮、腰肢纖細。其中有一位仙女，一手抓著長髮，一手托著豐滿的乳房，你是否能在亂石堆中找出來呢？

北藏經閣木棧道上擱著一塊門楣。

吳哥西區

西梅蓬（West Mebon）

亞揚廟（Ak Yum）

豬山廟（Phnom Krom）

西梅蓬東面塔樓。

建築年代：西元十一世紀中期
風格：巴蓬廟式
統治者：蘇耶跋摩一世始建，優陀耶迭
多跋摩二世完成
其他中文譯名：西梅奔、西美朋
推薦指數：★★★
參觀時間：四十分鐘（含船程）

塔樓以動物作為浮雕裝飾。

西梅蓬 West Mebon

位於吳哥中心區西北方的西梅蓬，本身已經頹圮得只剩一點點殘跡，但它所處的西巴萊湖倒是很值得一訪。

西巴萊湖是由蘇耶跋摩一世始建，是一座長八公里，寬二點二公里的巨大水庫，也是吳哥現存最大的水庫。根據碑銘記載，一〇六六年時，優陀耶迭多跋摩二世在湖中建造了湖心廟，即西梅蓬，水庫才告正式完成。從這座水庫延伸出去的水利系統繁複綿密，澆灌了萬頃良田，可謂是吳哥王朝的心臟。它至今依然是柬埔寨重要的水源，我們在暹粒使用的水即來自於此。

由於氣候變化劇烈，西巴萊湖雨季和乾季的水位差距也相當大，雨季時水庫幾乎盈滿，乾季時只剩下不到一半。這座水庫主要是依賴歐柯樂克河（O Klok River）的河水，並築有兩條水渠，用以收集河水與雨水，也具有排洪的功能。

西巴萊湖也是現代柬人重要的遊憩場所，堤岸築有野餐用的高腳屋，旁邊的攤販販售各式各樣的食物，像是烤雞、炸昆蟲等當地美食。每到假日，家家戶戶便來此租個草棚，躺在吊床上乘涼賞景，或跳下水游泳，熱鬧非凡。

西梅蓬位於水庫中央的小島上，可以從水庫東南角的碼頭乘船前往。這座正方形的寺廟目前只剩下一排砂岩石牆，勉強可以看出每邊原有三座塔樓。塔樓以動物和火焰狀的花紋作為裝飾。正方形地基的中心是一口深井，現藏於金邊國家博物館的毗濕奴銅像，就是在這裡發現的。島上有占卜服務，如果你想試試，可以請僧侶用棕櫚葉幫你算個命（別忘了給點香油錢哦！）。

關於這座水庫有個古老但不符合歷史的傳說：很

久很久以前，有一位七彩公主，她在森林中遊玩時撿
到一顆蛋，便帶回宮中孵育。從蛋裡孵出了一條鱷
魚，公主對鱷魚疼愛有加，國王便修建了這座湖，讓
公主與鱷魚一起住在湖中央。公主慢慢長成少女，到
了要出嫁的年紀，國王要安排公主嫁給鄰國的王子，
悲傷的公主不想嫁，跑到湖邊向鱷魚哭訴。深愛公主
的鱷魚心生一計，說：「那我把妳藏在肚子裡，我們
一起逃走吧！我保證不會讓妳受到任何傷害。」公主
就躲進鱷魚的大嘴中，順著河流逃亡。

　　然而舉國上下都以為鱷魚將公主吃了，連夜追
趕，終於把鱷魚抓起來亂棒打死，公主也因此死亡。
在公主的葬禮上，鱷魚被當作罪魁禍首吊屍示眾，後
來這個風俗就流傳下來，在葬禮中要吊掛紙剪的鱷
魚。

毗濕奴銅像的發現處。

亞揚廟殘跡。

建築年代：西元七世紀至九世紀
風格：不詳
統治者：不詳
其他中文譯名：亞揚寺
推薦指數：★
參觀時間：十至十五分鐘

土堆

亞揚廟
Ak Yum

　　亞揚廟是吳哥第一座金字塔型的印度教「廟山」結構建築，它是其他廟山結構寺廟的原型，建造於大約西元七世紀至九世紀之間，使用時間超過三個世紀。有一塊十一世紀的碑銘表示，亞揚廟是獻給「甘畢爾史跋羅」，即「隱密的濕婆」。部分遺蹟在西巴萊湖建造時沉在水裡，而每年季風帶來豐沛的雨量，將泥沙沖積到水庫（湖）的四周，餘下的遺蹟也被大量土石覆蓋，因此亞揚廟沒有任何修復計畫，僅將水庫外圍的遺蹟清理出來。

1.小徑

　　亞揚廟位於西巴萊湖西南方，可從碼頭沿著湖邊往西邊走，進入泥土小徑後繼續前進大約四百公尺，左手邊的小土堆上有一些磚石遺蹟，就是亞揚廟。包括進入的小徑，以及切入亞揚廟的斜坡，都屬於西巴萊湖的堤岸區域。

2.亞揚廟

　　亞揚廟極為隱密，一直到一九三二年才被發現，一九三五年清理完畢後，即開放參觀。中央塔為三層結構，地基上方是一塊正方形砂岩，現在已裂成兩半。中間有一個洞，曾經安置著象徵濕婆神的林伽。這個洞向下的深度約一二‧二五公尺，底下埋著兩片金葉子，刻著大象圖案，現已被挪到其他地方收藏。

　　亞揚廟由磚頭和石灰岩這兩種建材混合構成，有些砂岩建材是從其他更古老的寺廟拆解而來的。可能使用木製屋頂，但已經消失，找不到任何木片殘跡。聖殿主入口的門框碑銘鐫刻的時間，推算後為西元六七四年六月十日星期六，這是闍耶跋摩一世的年代，門楣則是典型的前吳哥時期風格，刻畫著獎章與

周圍神龕。

吊墜。其他的門楣則刻有動物圖案，延伸出樹葉的造型；小圓柱裝飾著葉子和珠串紋飾。這些浮雕現在大多已被植物覆蓋。

3.聖水流入的洞穴

在中央塔的頂部，靠近從斜坡上下來的地方有一個洞，傳說是讓聖水流進去的地方。不過在其他寺廟並未聽說有類似構造，可能只是穿鑿附會的一個說法。

聖水流入的洞穴。

4.周圍神龕

和變相廟、東梅蓬一樣，神龕分布在中央塔四周，對稱坐落。目前只能看到地面上的神龕基座，中間有各種不同形狀的溝槽，可能是為了嵌入神像而鑿出的。

古代的神龕已經消失，但現代的柬埔寨人仍然相信這裡有神，因此在樹下供奉了不少小乘佛教的神龕。

中央塔群。

建築年代：西元九世紀末

風格：巴肯山式

統治者：耶輸跋摩一世

其他中文譯名：豬山寺

推薦指數：★★

參觀時間：一小時以上（看日出或日落
會更久）

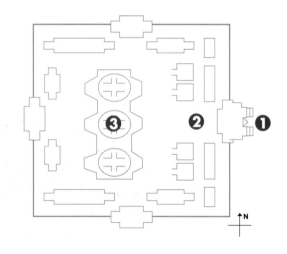

豬山廟
Phnom Krom

　　位於洞里薩湖北邊的豬山廟，是耶輸跋摩一世在西元九世紀末所建設的「吳哥三聖山」之一，其他兩座分別是巴肯山和博山（Phnom Bok）。「Krom」在柬文中就是「豬」，「Phnom」則是「山」的意思。順著暹粒河一路往南，沿著六十三號公路走即可抵達。豬山廟的海拔雖然不高，僅一百四十公尺，但由於四周地勢低平、視野絕佳，在這裡可以三百六十度欣賞湖區風光，日出與日落變幻莫測的奇異天光倒映在連綿不絕的水田中，綴以水中高腳屋的剪影，美不勝收。

　　使用吳哥中心區的門票即可參觀豬山廟。但由於此地治安不佳，女性最好不要隻身前往。

1. 入口

　　爬上被遊客稱為「天梯」的登山步道，會先看到一座樸素的現代佛寺，雕塑造形很有趣味性。經過這座佛寺後繼續往山頂前進，便可來到豬山廟。

　　和巴肯山一樣，豬山廟也是建造者將丘陵頂端削去後，在平坦的高地上建造的。規模不大，在洞里薩湖的強風吹拂下，千餘年的風化作用讓整座廟看起來像是融化一般，被侵蝕得面貌模糊。修復團隊已盡了最大的努力將石塊拼湊回去，但石塊的毀損情況很嚴重，仍須使用各式各樣的支撐方式避免散落，使得豬山廟看起來就像一綑綑五花大綁的粽子。

2. 磚塔與石塔

　　穿過只剩下殘跡的東塔門，可以看見東塔門和圍牆是以磚紅壤為建材，沿著圍牆內圍，原築有一圈長方形短廊，現在都只剩下地基。圍牆的四個方向都有開口，中央塔群以南北軸向坐西朝東。東塔門與中央

九星守護神。

塔群之間，有四座方形小塔，也是依南北軸並
排成一列，開口朝西，它們可能是藏經閣或儲
藏室。南北軸兩端的兩座為磚造，中間的兩座
建材為砂岩，原本應該是山形牆的位置上方，
設有菱形小孔，和巴肯山前方的小塔有著相同
的設計。

　　有一條刻有「九星守護神」的砂岩浮雕被
安放在北端的砂岩小塔基座上，很明顯不屬於
這個位置，因此顯得特別有趣。浮雕表面已模
糊難辨，只能看到小人兒各自騎著不同種類的
動物。排成一橫排的「九星守護神」是吳哥建
築常用的浮雕主題，但露天遺蹟中已經很難見
到，必須到博物館裡才可以看見保存良好的版
本。

磚塔與石塔。

3. 中央塔群
　　這三座塔以中央塔最大，奉祀濕婆；北塔

砂岩雕製的蒂娃妲女神。

和南塔較小，北塔奉祀毗濕奴，南塔奉祀梵天，塔內雕刻精美的神像都已經被移到法國的居美博物館收藏。三座塔都是東西開口，南北側則為假門，平台上雙邊皆設有樓梯可供上下，這個設計和博山山頂的寺廟一樣，這也是判斷博山與豬山屬於同一時期的線索。

塔的頂部為層層縮小的設計，由砂岩雕成、具體而微的迷你版廟塔，被用來裝飾每一層簷角。南塔保存狀況較好，勉強可以看見牆面上的蒂娃妲女神與達拉帕拉門神，假門的花紋也很精緻。

除了收藏在居美博物館的三尊主要神像，其他在豬山廟發現的神像和雕刻品，均收藏在柬埔寨的吳哥保存中心。

只剩地基的東塔門。

附錄

塔普倫寺第一層迴廊內的蒂娃妲女神。

建議行程 （僅供參考，詳細行程請與當地旅行社確認）

吳哥遺蹟數量繁多，想要在短時間內全部看完恐怕有點難度，在體力、時間都有限的情況下，本書依據大部分的使用者需求，規畫了幾種主題行程，提供您作為參考。

吳哥門票採通行券形式，本書所介紹的景點，除了庫倫山、班迭桑雷廟、科克這三個地方需要另外購票，其他景點都包含在同一張吳哥通行券（Angkor pass）中。購買通行券時，售票處會拍攝您的照片列印在票券上，如果票券遺失或相片無法辨識，都必須重新購票，可以帶個證件套，將門票掛在身上。票券依使用天數區分價格：

一日券：美金37元

三日券：美金62元（10日內有效）

七日券：美金72元（30日內有效）

依參觀時間安排

一日行程：大吳哥城南門─巴戎寺─鬥象台─癲王台─塔普倫寺─吳哥寺

三日行程：

第一日：大吳哥城南門─巴戎寺─巴蓬廟─鬥象台─癲王台─南北喀霖寺─十二塔─巴肯山（日落）

第二日：吳哥寺（日出）─荳蔻廟─皇家浴池─塔普倫寺─塔高廟─變相廟（日落）

第三日：班迭絲雷廟─高布斯濱─班迭桑雷廟─羅洛士遺址群

七日行程：

第一日：巴塞增空金字塔─大吳哥城南門─帕沙青戎廟─巴戎寺─巴肯山（日落）

第二日：吳哥寺（日出與東面迴廊）─塔普倫哥寺─帕沙貝廟─吳哥寺（西面）

第三日：皇家浴池（日出）─荳蔻廟─巴瓊寺─班迭喀蒂寺─塔普倫寺─塔高廟─塔內寺─周薩神廟─塔瑪儂廟─思賓瑪石橋─勝利門─南北喀霖寺─十二塔─鬥象台

第四日：變相廟（日出）─東梅蓬─達松寺─蟠蛇殿─聖劍寺─北門─提琶南寺─聖琶麗寺─聖皮度寺群─癲王台─古皇宮

第五日：班迭絲雷廟─高布斯濱─班迭桑

雷廟

第六日：西巴萊湖—亞揚廟—豬山與洞里薩湖（日落）

第七日：班梅雷雅廟—羅雷廟—神牛廟—巴孔廟

傳統大、小圈路線

旅遊業習慣將吳哥路線規畫成大圈、小圈兩條環狀線，可參考兩條路線，再依時間和需求規畫取捨。需注意的是，羅洛士遺址群、科克、班迭絲雷廟、高布斯濱、庫倫山、豬山、西巴萊湖、班迭桑雷廟、班梅雷雅廟等景點，因為距離較遠，並不在大、小圈的範圍中。

大圈：荳蔻廟—皇家浴池—塔普倫寺—班迭喀蒂寺—變相廟—東梅蓬—達松寺—蟠蛇殿—牛場寺—聖劍寺—巴戎寺—塔瑪儂廟—周薩神廟—思賓瑪石橋—塔高廟

小圈：吳哥寺—巴肯山—大吳哥城（包括南門與城內各遺蹟）

建築歷史路線

第一日：羅洛士遺址群—荳蔻廟—變相廟—東梅蓬—班迭絲雷廟

第二日：巴塞增空金字塔—巴肯山—南門—巴蓬廟—塔高廟—吳哥寺

第三日：皇家浴池—塔普倫寺—巴戎寺—鬥象台—聖劍寺—蟠蛇殿

浮雕壁畫路線

第一日：荳蔻廟—羅洛士遺址群—吳哥寺

第二日：班迭絲雷廟—高布斯濱—班迭桑雷—東梅蓬—變相廟

第三日：巴戎寺—巴蓬廟—鬥象台—癲王台—聖皮度寺群—塔瑪儂廟—周薩神廟—塔普倫寺

單車慢騎路線

第一日：吳哥寺—大吳哥城城牆一圈

第二日：羅洛士遺址群—豬山

第三日：大吳哥城漫遊

第四日：皇家浴池—變相廟—班迭桑雷廟—博山

第五日：西巴萊湖—亞揚廟

吳哥寺西參道入口。

經典美景

日出與日落

　　日出與日落時，豔麗霞光與雲彩籠罩大地，吳哥遺蹟也在金色的陽光中閃閃發亮。此時若來到高處或水邊，平靜的水面映著雲影天光，景致更是美不生收。大部分的寺廟朝東，趁著東面太陽升起時前往，最能體會廟宇的神聖感，但通常參訪時間有限，不可能每一座廟宇都趕在日出時參觀，以下僅列出需要在特定時段前往的景點：

　　一、吳哥寺：在西面水池前欣賞太陽自吳哥寺後方升起，水池反映著朝霞與吳哥寺的剪影，為吳哥遺蹟中名氣最大的勝景。看完日出後，可直接進入寺內，參觀東面的壁面浮雕。日落之前，陽光自西面斜斜照映，此時西面精采的浮雕被斜射光刻畫得更深刻。

　　二、皇家浴池：皇家浴池坐西朝東，水面映照朝霞與晚霞，日出和日落都很精采。在平台上觀賞、野餐，甚是宜人。

　　三、變相廟：在此看日出的遊客很少，可以望見太陽自無垠的原野盡頭升起，曙光將變相廟點亮成金橘色的聖殿。日落時的風景和日出相似，但觀光人潮較多，氣氛較浮躁喧鬧。

　　四、豬山廟：豬山廟為洞里薩湖畔的制高點，日落時遼闊的水田反映天光，高腳村屋靜靜佇立，充滿柬埔寨特有的生活風情。由於路途遙遠且沒有照明，不建議日出之前前往。

　　五、巴肯山：在巴肯山看日出，必須在黑暗中摸索爬山，但視野極佳，可以俯瞰鄰近遺蹟在黎明時分的光采。而且因為巴肯山本身極為雄偉，面向朝東，日出時向東方望去，很能體會當時耶輸跋摩一世要在這裡建立霸業的雄心壯志。

　　巴肯山日落是所有旅行團的固定行程，景致與日出相近。雖然不用摸黑上山，但人潮洶湧、萬頭鑽動，不太推薦。

清晨

　　柬埔寨氣候炎熱，早上六點至九點是遊訪吳哥遺蹟最舒適的時間，清新涼爽。以下為幾處最好趕在早上十點前參訪完畢：

　　一、班迭絲雷廟：班迭絲雷廟為吳哥遺蹟之鑽，坐西朝東，粉紅色砂岩在清晨金色的斜

射光中通體金橘，浮雕的光影也最為銳利。由於路途距離暹粒較遠，建議天一亮立刻出發。

二、塔普倫寺：由於樹根盤踞遺蹟的畫面行銷全球，塔普倫寺的熱門程度僅次於吳哥寺。位於森林中的塔普倫寺總是人馬雜沓。七點之前，森林中的晨霧尚未散去，陽光穿過葉隙，在林間行程一束束光芒，此時在遺蹟中穿梭，所見所感，甚是動人。

三、鬥象台：立於主要幹道之旁，早上九點之後車水馬龍，塵埃滿天。由於坐西朝東，清晨的斜射光打亮壁面浮雕，是鬥象台最美的時刻。下午之後太陽在西邊，鬥象台看起來就顯得灰暗無味。

四、荳蔻廟：雖然荳蔻廟常被排在比較不重要的位置，但錯過它的磚雕實在太可惜了。壯觀的室內磚雕尺寸龐大，由於荳蔻廟開口朝東，只有在清晨的斜射光照進來時可以得見全貌。九點之後太陽升到較高的位置，室內幽暗，即使帶了手電筒也沒辦法看得很清楚。

中午

東埔寨有午休的習慣，中午時段，導遊和司機都要午睡，旅行團也會被留在餐廳或飯店中，此時所有景點幾乎都沒有人。如果是自由旅行者，建議可以帶著簡便的午餐上路。可以先和司機約定好下午集合的時間和地點，這樣司機可以自己安排吃飯和午睡，不用彼此牽制。

一、聖皮度寺群：雨季或雨季剛過的時候，位於森林中的聖皮度寺群附近，護城河與河流蓄滿了水，映照著藍天綠樹。

二、巴蓬廟與古皇宮之間：這裡的林帶涼風徐徐，是野餐打盹的好地方。

三、南北喀霖寺：在大樹的遮蔭下，南北喀霖寺也是難得的涼爽之處，而且鄰近公廁，很適合在這裡休息。

四、吳哥寺：吳哥寺的迴廊浮雕總是人滿為患，想仔細欣賞的話，中午時段是人最少的時候。

從巴肯山遠眺吳哥寺。

中外文對照表

安娜‧李奧諾文斯　Anna Leonowens
安嘎達　Angada
安潔莉娜裘莉　Angelina Jolie
考恩迪尼亞　Kaundinya
考歐羅密雅斯廟　Pasat Krau Romeas
血湖地獄　Asrikpurnahrada
西巴萊湖　West Baray

七畫

亨利‧穆奧　Henri Mouhot
伽摩　Kama
伽羅尼彌　Kalanemi
吳哥古蹟群　Les Monuments du groupe d'Angkor
吳哥寺　Angkor Wat
吳哥保存中心　Siem Reap Conservation d'Angkor
希蘭耶格西布　Hiranyakashapu
束髮　Shikhandi
赤柬　Khmer Rouge
那吉妮　Nāgiṇi
那阮塔卡　Narantaka
那迦　Naga
那羅　Nala
那羅吉裏　Nalagiri

八畫

乳海攪拌　Churning of the Ocean of Milk / Samudra Manthan
亞揚廟　Ak Yum
侏儒往世書　Vamana Purana
呵叻高原　Khorat Plateau
夜叉　Yaksha
周薩神廟　Chau Say Thevoda
孟族　Mon people

居美博物館　Musee Guimet
帕沙貝廟　Prasat Bei
帕沙青戎廟　Prasat Chrung
帕拉瓦　Pallava
帕儂藍廟　Prasart Panomrung
怖軍　Bhima
拉克希米　Lakshmi
拉哈爾　Rahal
披邁寺　Prasat Phimai
明光　Pradyuma
東巴萊湖　East Baray
東梅蓬　East Mebon
林伽　Linga
林伽神龕　Linga Shine
波瓦婆羅王國　Bhavapura
炎熱地獄　Santapana
空中宮殿　Phimeanakas
舍利塔　Stuba
舍脂　Shachi
金翅鳥　Garuda
金葉　Gold leaf
金邊　Phnom Penh
門楣　lintel
阿周那　Arjuna
阿帕莎拉　Apsara
阿帕莎拉蒂羅塔瑪　apsara Tilottama
阿帕莎拉管理局　APSARA Authority for the Protection and Management of Angkor and the Region of Siem Reap
阿底提　Aditi
阿修羅　Asura
阿修羅王 巴里　Maha Bali
阿庫拉　Akrura
阿耆尼　Agni
阿鼻地獄　Avici hell

採訪撰搞／攝影 **張蘊之**

台灣永續旅行協會副秘書長，臺北藝術大學戲劇碩士，現正於建築與文化資產研究所修業中。曾做過劇場演員、製作人、動畫編劇、記者、出版企畫與編輯，熱愛苦行式長旅，專注探索已消逝的人類文明，以傳遞死人骨頭留下的智慧為己任。著有《澳洲不思議》，並彙編有《圖解100個印度史詩神話故事》一書。

攝影 **許紘捷（Dog Face）**

1973年生，自由攝影。2010年8月首次進入柬埔寨之後，深受當地文化與民情震撼，於2011年1月開始長期旅居吳哥，駐地經營民宿之餘，同時從事長期紀實攝影與投入國際人道救援工作。

Love in Cambodia 攝影計畫發起人，台灣希望之芽柬埔寨兒童創作計畫駐地工作人員。

dogface2010@gmail.com

吳哥深度導覽：神廟建築、神話傳說、藝術解析完整版
（隨書附贈吳哥寺經典長廊壁畫書衣海報）

企畫彙編	貓頭鷹編輯室
採訪撰稿	張蘊之
攝　　影	許紘捷、張蘊之
責任編輯	陳妍妏（初版）、王正緯（二版）
協力編輯	蔡怡君
專業校對	魏秋綢
封面設計	陳文綺
美術編輯	劉曜徵
行銷業務	鄭詠文、陳昱甄
總編輯	謝宜英

國家圖書館出版品預行編目(CIP)資料

吳哥深度導覽：神廟建築、神話傳說、藝術解析完整版/ 張蘊之採訪撰稿. -- 二版. -- 台北市：貓頭鷹出版：家庭傳媒城邦分公司發行, 2019.05
　面；　公分

ISBN 978-986-262-381-7(精裝)

1.旅遊 2.吳哥窟古城 3.柬埔寨

738.49　　　　　　　　　108006156

出 版 者　貓頭鷹出版
發 行 人　凃玉雲
發　　行　英屬蓋曼群島商家庭傳媒股份有限公司城邦分公司
　　　　　104台北市民生東路二段141號11樓
　　　　　劃撥帳號：19863813；戶名：書虫股份有限公司
城邦讀書花園：www.cite.com.tw 購書服務信箱：service@readingclub.com.tw
購書服務專線：02-25007718～9（週一至週五上午09:30-12:00；下午13:30-17:00）
24 小時傳真專線：02-25001990～1
香港發行所　城邦（香港）出版集團
　　　　　　電話：852-28778606／傳真：852-25789337
馬新發行所　城邦（馬新）出版集團
　　　　　　電話：603-90563833／傳真：603-90576622
印 製 廠　中原造像股份有限公司
初　　版　2014年9月　二版　2019年5月
定　　價　新台幣1380元／港幣460元
I S B N　978-986-262-381-7

讀者意見信箱 owl@cph.com.tw
貓頭鷹知識網 www.owls.tw
貓頭鷹臉書 facebook.com/owlpublishing/
歡迎上網訂購；大量團購請洽專線 (02)2500-1919

城邦讀書花園
www.cite.com.tw